존속살해 무기수의 이야기심리학적 심리전기

심리전기와 상담

박 순 지음

Σ 시그마프레스

심리전기와 상담

존속살해 무기수의 이야기심리학적 심리전기

발행일 | 2009년 4월 1일 1쇄 발행
2024년 3월 5일 2쇄 발행

저자 | 박순
발행인 | 강학경
발행처 | (주) 시그마프레스
디자인 | 홍선희
편집 | 김은실

등록번호 | 제10-2642호
주소 | 서울특별시 영등포구 양평로 22길 21 선유도코오롱디지털타워 A401~402호
전자우편 | sigma@spress.co.kr
홈페이지 | http://www.sigmapress.co.kr
전화 | (02)323-4845, (02)2062-5184~8
팩스 | (02)323-4197

ISBN | 978-89-5832-656-4

사랑하는 나의 아버지 고 박상래 교수님과

한없이 존경하는 나의 어머니 고 김효원 전도사님,

두 분의 영전에 이 책을 바칩니다.

책머리에

만남이 성장을 가져온다는 말은 실질적으로 경험되는 진실입니다. 『심리전기와 상담』의 주인공 바오로를 미디어에서 보고 개인적 만남을 시작한 것이 2000년 5월이었습니다. 그 당시에 바오로의 나이 24. 그리고 그는 지난 24년간 장기수의 삶을 살았습니다.

필자가 박사과정을 하고 있을 때 연세대에 초빙교수로 와서 가정폭력/성폭력, 목회신학에 관해 강의를 해주셨던 James Poling은 재소자 관련 논문을 쓰기보다는 우리나라의 교정정책에 관해서 관심을 가지도록 권해주셨습니다. 지도교수님을 정말 존경하였지만 학위논문은 한 사람 바오로에 관한 이야기심리학적 심리전기로 귀결되었습니다. 2000년 6월 11일 수원구치소에서의 첫 면회부터 최근 2024년 1월 받은 그의 편지는 누군가의 손길에 의한 만남이라고 고백하지 않을 수 없습니다. 필자의 깊은 무의식이 바오로를 찾아가게 하였고 오늘날까지 이끌고 있다고 생각합니다.

무엇보다도 책의 주인공 덕분에 인간의 본성에 대해서 더 궁구하게 되었습니다. 인간을 '피해자라고 착각하는 가해자', '선을 행한다고 착각하는 위선자' 라고 이해하게 되었습니다. 또한 700만 년의 진화과정에서 인간의 '속이는 원형' (Trickster)이 더욱 더 심화되는 것도 부인할 수 없습니다. 인간을 마냥 해맑은 존재로만 바라보기는 불가능합니다. 자연과 인간과 AI가 어떻게 상호작용할지 알 수 없는 문명변천의 소용돌이 한복판에서 헤파이스토스의 원형을 지닌 한 사람을 다시 한 번 더 생각하게 됩니다.

최근에 안나 도스토옙스카야가 저술한 회고록을 읽으면서 또한 바오로를 생각하였습니다. 도스토예프스키 전집 번역, 헨리 제임스 전집 번역 등의 꿈을 가지고 있는 그에게 어떤 앞날이 있을지요? 무엇보다도 어느 날 자유의 몸이 될지 알 수 없지만 누구보다도 성실하게 살고 있는 그에게 하늘의 축복이 넘치시리라는 믿음이 더욱 단단해집니다.

최근에 이 책을 종이책으로 갖고 싶다는 동북중학교 김희진 선생님의 소소한 바람을 위해서 절판되었던 책을 다시 펴냅니다. ㈜시그마프레스의 강학경 사장님, 최성복 과장님과 편집부 직원들의 노고에 깊이 감사드립니다.

2024년 1월 23일

다움상담코칭센터에서

박 순 Ph.D

머리말

박사학위 논문을 쓰는 3년 내내 출판은 하지 않는다는 원칙으로 연구에 임하였다. 연세대학교 신과대학 권수영 부학장님을 비롯한 여러 지도교수님들께서 출판을 권유해 주실 때에도 연구참여자와 출판하지 않기로 약속했다는 대답으로 일관했었다. 그런데 논문 심사가 끝나고 마음의 여유가 조금 생기기 시작할 즈음 한 번 의사라도 타진해 본다는 마음으로 조심스럽게 말문을 열었다. 놀랍고 감사하게도 연구참여자는 학술출판에 동의해 주었다.

그리하여 일 년 전에 이미 책으로 출판하는 일을 구체화하기 시작하였으나 현실의 또 다른 벽에 부딪혀서 길을 찾지 못하고 있었다. 그때 뜻밖의 곳에서 힘을 얻게 되었다. 한국상담연구원의 구현 원장님께서 논문을 보시고는 50권을 보내달라는 것이었다. 그 이야기를 들은 며칠 후에 마음의 결정을 내렸고 때마침 논문 지도교수님이신 연세대학교 연합신학대학원 정석환 원장님께서 '심리전기와 상담'이라는 새로운 과목을 강의할 수 있도록 기회를 주셔서 출판을 미룰 수 없게 되었다.

이제 분명해졌다. 한국에서 최초로 심리전기방법론으로 수행된 상담학 박사학위 논문은 「심리전기와 상담」이라는 단행본으로 출판되어 상담학과 문학의 학자 및 후학들에게 평가와 비판을 받아야 한다는 당위를 발견하였다. 이 연구를 기점으로 심리전기적 상담연구 방법론이 활발하게 연구되고 적용되어 심층적이고 전인적인 인간이해의 도구로 그 쓰임이 확장되기를 바란다. 이 책에서는 학위논문 가운데서 심리전기적 상담연구 방법론의 이론과 그 실제적 적용을 보여주는 일부만을 발췌하여 교재로 사용할 수 있도록 재구성하였다. 무엇보다도 심리전기만을 대상으로 하는 강의가 개설되는 연세대학교 연합신학대학원 상담전문반의 학구파들과 함께 이 분야를 연구하고자 하는 의욕이 새롭게 넘쳐나고 있다.

연구참여자 바오로에게 깊은 감사를 드린다. 자신의 모든 이야기가 출판되는 것을 동의해 준 용단에 나의 옷깃을 여민다. 그는 이제 전문적 저술이 두 권이나 이루어진 인간학 연구의 소중한 대상이다. 그리고 그가 그토록 갈망하고 추구하고 있는 인간본성에 대한 탐구와 자기 자신에 대한 심리분석이 기필코 이루어져서 마음의 행복을 누리기를 진심으로 소원한다.

최근에 발생한 강호순의 연쇄살인사건으로 말미암아 존속살해 무기수를 연구한 나에게 질문의 화살이 쏟아질 때가 종종 있다. 학자로서 살인자들의 이상심리를 연구하였기에 일반인들에게 사이코패스(사회병질자)와 존속살해의 명백한 차이점을 설명하게 된다. 사회병질자들은 환경적 요인보다는 유전적인 기질에 의해서 나타난다고 보아야 하며, 존속살해자들은 대체로 세 부류로 분류할 수 있는데, 원한에 의한 보복과 금전적 목적, 기타 정신장애에 의한 범죄로 나눈다. 저자가 연구한 바오로는 평소 부모에게 순종하고 학교와 군대에서 동료들이 이해 못할 정도로 모든 규율을 준수한 청년이었다. 뉴스에 보도된 그를 어머니의 학대와 아버지의 방임과 부모님의 연합적인 편애와 차별대우를 감내하려던 모든 노력이 삶의 전환기에 자그마한 계기로 무산된 결과에 의해서 자신을 파멸시키는 행동을 저지하지 못한 피해자라고 인식하였기에 아무 두려움 없이 그에게 접근할 수 있었다. 그는 사이코패스의 저 반대편에 위치해 있는 사람이다. 한참 시중의 화제가 되고 있는 용산 참사의 여섯 생명의 희생과 강호순에 의한 여성들의 희생이 '타의에 의한 희생' 이라는 점에서 같지만, 그 행위에 대해서 전혀 다른 해석을 할 수밖에 없는 것과 마찬가지 이치이다. 강호순이 어떤 인물인지는 사건 표면만을 보아서는 알 수 없고, 심층적 분석을 통해서만 그를 알 수 있을 것이다. 사이코패스인지 쾌락추구형 성범죄자인지 학자들의 연구가 요청된다. 존속살해자들은 대체로 사건 후 현장에서 도망가는 법도 없으며 사건의 결과상 재범도 없다. 기독신앙을 표방하는 부모에 대한 납득되지 않는 실망감과 뼛속 깊은 원한이 사건의 한 원인이라고 판단하였기에 기독가정의 문제점에 대해서 늘 궁금해오던 저자는 그에게 다가갈 수 있었고, 그와의 지난 10년의 만남은 하늘이 중재한 '축복' 이라고 담대히 증언할 수 있다.

상담학 연구 방법론을 강의하면서 창의적 글쓰기, 특히 전기문을 쓰는 제자가 많이 나오기를 바란다는 정석환 원장님의 말씀이 항상 나의 마음에 새겨져 있었다. 남들이 너무 늦었다고 말하기에도 한참 때가 지나버린 늦깎이 제자를 박사과정에 받아주시고 학업과 직장 사이에서 동분서주하는 모습도 다 지켜봐 주시고, 논문의 방향을 잡지 못해 엉뚱한 글 조각을 들고 갔을 때도 "박 선생님, 글을 써오세요. 이런 개념 추출 말고……" 하시면서 지도해 주신 덕분에 결국 뚱뚱한 우량아 논문을 완성할 수 있었다. 이렇게 여러 모로 돌봐 주신 정석환 원장님의 '아줌마 제자' 사랑을 머리 숙여 감사드리고자 한다.

내 안에 계신 나보다 크신 나의 디자이너께서 나의 인생행로를 어디로 인도하실지 두려움과 설레임으로 하루하루를 맞이하고 있다. 아내의 특별한 행보를 지원해준 남편 이길종 장로와 엄마의 자아실현을 든든히 성원해 준 두 아들 이규일 집사와 이규봉 집사에게 마음속 깊이 감사의 마음을 전한다. 또한 바쁜 일정에도 불구하고 꼼꼼하게 교정을 도와준 A씨에게도 고마움을 전한다. 출판의 문을 처음 두드리는 나에게 따뜻하고 구체적인 조언으로 힘을 실어준 이호선 · 김학철 부부교수의 상담 덕분으로 (주)시그마프레스와 만나게 되었고, 이 새로운 분야에 대한 출판을 기꺼이 허락해 준 출판사에도 깊이 감사드린다.

2009년 2월 10일

연세대학교 상담 · 코칭지원센터에서

박 순

추천사

박순 박사님이 자신의 학위논문인 "학대받은 존속살해 무기수의 이야기심리학적 심리전기"를 「심리전기와 상담」이란 제목으로 출간하게 됨을 축하합니다. 박순 박사님은 우리대학교 대학원에서 박사학위과정을 성실하게 마치고 현재 연합신학대학원 겸임교수로서 강의를 맡고 있습니다.

박순 박사님의 논문은 우리 사회에 충격을 안겨주었던 부모살해라는 끔찍한 범죄를 저지르고 무기수로서 수형생활을 하는 실제 인물을 중심으로 9년간 카운슬러로서 그를 돌보고 관찰하며 관계를 가져왔던 경험과 서신 왕래의 기록들을 질적 연구방법론을 활용한 심리전기적 방법론을 통하여 분석한 아주 독특하고 뛰어난 논문입니다. 논문은 심리전기적 방법론이라는 창의적이고 독특한 방법론을 적절하게 잘 활용했을 뿐 아니라 연구대상과의 오랜 세월 동안 교류한 서신들의 자료 등에서 나타나는 대상인물의 심리적 변화와 자기정체성의 확인과정을 최신의 이론인 이야기심리학적 방법론과 목회상담학의 여러 이론들을 활용하여 구체적이고도 심도 깊은 매우 창의적인 연구결실을 보였습니다.

이 연구물은 이와 유사한 형태의 범죄들이 증가하고 있는 한국의 상황 속에 많은 통찰과 임상에서의 적용가능성을 보여주는 아주 우수한 연구라 생각되어 지도교수로서 적극 추천합니다.

2009년 3월

연세대학교 신과대학장 겸 연합신학대학원장

정석환

contents

차례

part 1 심리전기적 상담연구 방법론

part 2 심리전기적 연구 방법론 적용사례

part

01

심리전기적 상담연구 방법론

01

심리전기론

심리전기의 정의와 목적

심리전기는 전기에 공식적이고 체계적인 심리학을 명시적으로 사용하는 것이다. 과거에는 심리전기를 전기에 정신분석학적 이론을 적용하는 것, 즉 정신분석적 개념을 전기에 응용하는 것으로 정의하였는데(Friedlander, 1978, p. 29; Runyan, 1982 재인용), Runyan은 정신분석이론만이 아니라 어떠한 명시적이고 공식적인 심리학 이론을 전기에 적용하는 것이 심리전기라고 그 정의를 확장하였다(Runyan, 1982, pp. 200-202). 정신분석이론을 적용한 것은 정신분석적 심리전기로서 심리전기의 한 분야가 될 수 있고 행동주의 심리전기, 현상학적 심리전기 등이 있을 수 있다. 심리전기에서는 주로 유명하거나, 수수께기 같은 인물이거나, 패러다임적인 인물의 삶이 관심사가 된다. 심리전기는 전기에 심리학을 활용하는 것이고, 심리역사(psychohistory)는 역사에 심리학을 적용하는 것이다. McAdams는 Erikson의 인간연구 방법론을 현재까지 가장 잘 소화하고 발달시킨 학자로 평가되는 이야기심리학자인데, 그는 심리전기적 방법론을 **"단편적이고 흩어져 있는 한 인간 삶의 전기적 자료들을 통전되고 선명한 하나의 이야기로 전환시키기 위하여 심리학적 이론을 체계적으로 이용하는 방법론"**이라고 정의하였다(McAdams & Ochberg, 1988, p. 2).

학자들이 다양하게 정의하는 것을 살펴보면, Glad(1973; Runyan, 1982 재인용)는 심리전기를 명시적인 성격이론을 적용하는 생애사로서 정의하고 있고, Tucker(1973, p. 606; Runyan, 1982 재인용)는 심리전기가 피험자의 성격에 대한 철저한 심리적 해석을 하기 위해서 성격심리학에 단단히 심취하는 특성을 갖는다고 하였다. 심리전기는 전기에 성격이론을 적용할 뿐만 아니라, 여러 심리학 분파의 심리학적 개념들, 자료, 방법론을 사용하며 발전하고 있다.

Sarbin(1986; 정석환, 2002a 재인용)은 「Narrative Psychology」에서 이야기가 인간의 행동과 경험을 이해할 수 있는 근원적 은유가 될 수 있다는 흥미로운 가능성을 제시하였다. 최초의 심리전기 작가인 Freud는 정신분석을 이용하였으나, 최근에는 학자들이 심리전기에 대하여 절충적이고 분화된 자아 개념을 가지고 있다. 이제껏 논의를 정리해 보면, 정신분석, 현상학적 이론, 특성이론, 사회학습이론, 사회/발달심리, 인지/이상심리 등 어떠한 형식 혹은 체계를 지닌 심리학을 명시적으로 사용하는 전기적 연구를 심리전기라고 한다(McAdams & Ochberg, 1988, p. 296).

심리전기의 모든 방법론을 최근에 집대성한 William Todd Schultz(2005)에 의하면 일반적인 방법론이 확립되어 있지 않으므로, 심리전기란 마치 인간을 이해하려는 사람들이나 무지개를 찾는 사람들처럼 이론과 연구 방법론으로 무장하고서 다른 사람의 세부적인 사항까지 알고자 하는 것이다. Schultz는 지난 20년간의 노력을 통해서 심리전기가 심리학의 주류에 포함되려 한다고 말한다. 그렇다면 심리전기가 심리학에 기여하는 바는 무엇인가? 인생사 연구의 배경이 되는 개인심리학자 Kluckhohn과 Murray(1953; Runyan, 1982 재인용)의 고전적인 견해로 보면,

모든 인간은 확실한 성향을 갖는데, 1) 우리 인간은 다른 사람들과 같다는 것, 2) 몇몇 사람들과 더 같다는 것, 3) 어떤 사람과도 같지 않다는 것이다. 심리전기는 개인이 얼마나 독특하며, 어떤 다른 참조 그룹과도 다르게 기능하며, 그들과 관계없음을 밝히는 작업이라고 할 수 있다. 연구의 대상들은 대체로 우리가 더 많이 알고 더 가깝게 앎으로써 이득을 얻을 수 있는 사람들이다. 간디, 히틀러, 피카소, 반 고흐 같은 인물들은 인간정신이라는 건축물의 한계와 그 공포, 그리고 광대함을 보여주는 인물들이다. Schultz는 이제 우리에게 필요한 것은 인간에 관한 과학이며 그것을 가지고 다시 우리 인간에게로 돌아와야 한다고 말한다.

Schultz는 심리전기의 목적이 다른 사람을 설득력 있게 아는 것과 우리 자신을 아는 것이라고 두 가지로 압축한다. 심리전기는 적절한 때에 다른 사람들과 구별되는 공식적인 제안을 내어 놓을 수 있는 직관과 강한 예감, 통찰력을 만들어 낸다. Freud의 정신분석, Jung의 분석심리학, Maslow, Piaget, Erikson, Laing, Murray, Allport, Tomkins 등의 학자들이 개인적으로, 혹은 몇몇의 개인들과 함께 작업을 하다가 이론을 만들어 내었고, 이제 우리 모두가 그것을 적용하게 되었다.

심리전기는 무엇을 제공하는가? 그것은 바로 적합성이다. Elms가 표현한 대로 심리전기는 통계적 실험으로 연구할 수 없는 개인의 중요성을 연구하는 방법론이다(Schultz, 2005, p. 12). Elms가 그의 책 마지막에 기록한 대로 심리전기는 방황하게 하는 것이 아니라 집으로 돌아오게 해 주는 것이다(1994. p. 256; Schultz, 2005 재인용).

심리전기의 역사적 발전

Freud(1910)의 「레오나르도 다빈치의 생애」를 심리전기의 첫 작품이라고 한다면, Erikson의 「Young Man Luther」(1958)와 「Gandhi's Truth」(1969)는 조금 더 성숙한 작품으로 평가받고 있다. 좋은 심리전기에 대한 열쇠는 Erikson(1963)이 주장한 대로 3중 기록에 있다. 1차로 신체적 차원과 개인에게 부여된 모든 제도를 참조하고, 2차로는 자아의 수준으로, 주인공이 자신의 경험을 이 세상에서 의미 있게 하기 위하여, 또한 불안과 갈등에 대처하기 위하여 종합하는 특이한 방식을 참조한다. 3차로는 가족과 사회의 수준을 나타내는 가족 내에서의 개인의 발달사를 조사하고, 특히 사회적, 문화적, 역사적 정서를 이해하며, 특별한 인물들의 개별사에서는 연구대상자에 의해 형성된 사회, 문화, 역사적 정서를 이해한다. 이것이 3중 기록 방법이다(McAdams & Ochberg, p. 5).

Murray는 TAT, 자서전, 이야기 줄거리를 활용하였을 뿐만 아니라, 개인의 삶을 이야기로 이해하였다. 하버드 대학생의 자서전 연구인 'Icarus Complex' 이외에도 행동, 기간, 연속성, 연속적인 프로그램, 주제, 통일된 주제 등이 그의 성격심리학의 주제이다. 그는 "유기체의 역사는 유기체다"라고 하였다(Murray, 1938).

표 1-1 인간학적 심리학 전통의 역사적 발전 (Wiggins, 2003으로부터 인용)

연 도	작 품
최초	Freud(1910) *Leonardo da Vinci and a Memory of His Childhood*
1930년대	Allport(1937) *Personality: A Psychological Interpretation*
1940년대	Murray(1948) *Assesment of Men*
1950년대	Erikson(1958) *Young Man Luther*
1960년대	Erikson(1969) *Gandhi's Truth*
1970년대	Levinson(1978) *The Seasons of a Man's Life*
1980년대	Runyan(1982) *Life Histories and Psychobiography*
1990년대	Alexander(1990) *Personology: Method and Content in Personality Assessment and Psychobiography* Elms(1994) *Uncovering Lives: The Uneasy Alliance of Biography and Psychology*
2000년대	McAdams(2001) *The Person,* 3rd ed. Wiggins(2003) *Paradigms of Personality Assessment* Schultz(2005) *Handbook of Psychobiography*

〈표 1-1〉은 Schultz(2005)가 집대성한 것으로 1세기에 걸친 인간학적 심리학의 발자취를 보여주는 역작들을 정리한 것이다.

William Gilmore의 「Psychohistorical Inquiry: A Comprehensive Research Bibliography」(1984)는 4,000편이 넘는 글 가운데서 심리전기적 연구 총 617편을 5년마다 미국 · 유럽으로 나누어서 분류하였다(McAdams & Ochberg, 1988 p. 299-304). Runyan은 집단심리역사, 인생주기에 관한 역사, 방법론적인 것들을 제외시키고 심리전기적 연구를 집중적으로 분석하였다. 〈표 1-2〉에 의하면 심리전기는 1920~1950년까지는 적은 편(5년에 5~26편 정도)이고 1960년대에 편수가 증가 추세를 보이다가 1970년대에는 가속화되어 1970~1979년 사이에 617편 중 58%인 361편이 발간되었다. 이것을 다시 학위논문, 기사, 저술로 분류한 〈표 1-3〉에서 보면 1960년대까지 심리전기에 관한 학위논문이 없다가 1960년대에 유럽에서 5편, 1970년대에는 미국과 유럽을 합쳐서 35편이 발표되었음을 볼 수 있다. 1950년대부터 1970년대 말까지 총 43편의 학위논문이 발표되었는데, 전체의 81%인 35편이 1970~1979년 사이에 발표되었다. Schultz에 의하면 실험적, 통계적, 양적 연구전통이 우세인 미국의 심리학계 토양에서 심리전기로 박사학위 논문을 제출하는 것은 아직도 그리 용이한 일이 아니라고 한다.

Schultz(2005)는 심리전기를 1986년에 Alan Elms의 학과목에서 처음 발견하였다고 한다(p. 13). 따라서 Elms에 의해 심리전기가 경험적이 되었다고 할 수 있다. 심리전기는 Runyan이 가르치는 버클리 대학 외에서는 금기시되는 터부의 학문이

표 1-2 심리전기 출판의 증가

연도 / 구분	Pre-1920	1920-24	1025-29	1930-34	1935-39	1940-44	1945-49	1950-54	1955-59	1960-64	1965-69	1970-74	1975-79	합계
USA	1	6	6	3	2	2	2	4	10	17	37	56	91	237
Europe	22	5	9	4	13	4	16	6	16	24	47	93	121	380
Subtotal	23	11	15	7	15	6	18	10	26	41	84	149	212	617

표 1-3 심리전기에 관한 학위논문, 기사, 저술의 증가

연도 / 구분	Pre-1920	1920-24	1025-29	1930-34	1935-39	1940-44	1945-49	1950-54	1955-59	1960-64	1965-69	1970-74	1975-79	합계
USA														
Dissertations	0	0	0	0	0	0	0	0	1	0	0	7	18	26
Articles	1	2	2	2	2	2	1	2	7	12	30	30	58	151
Books	0	4	4	1	0	0	1	2	2	5	7	19	15	60
Subtotal	1	6	6	3	2	2	2	4	19	17	37	56	91	237
Europe														
Dissertations	1	0	1	0	0	0	0	0	0	1	4	5	5	17
Articles	17	4	5	1	7	4	9	5	13	5	31	67	102	280
Books	4	1	3	3	6	0	7	1	3	8	12	21	14	83
Subtotal	22	5	9	4	13	4	16	6	16	24	47	93	121	380
Subtotal	23	11	15	7	15	6	18	10	26	41	84	149	212	617

었다. 학계에서 거부하는 이유는, 그것이 지나칠 정도로 주관적이다, 한 사례에 지나치게 집중한다, 정신분석에 과잉의존한다, 실험적이 아니다, 통계를 사용하지 않는다, 심리학이 아니다 등이었다. 그러나 1980년대부터는 심리학 이외의 분야에서는 많이 받아들여지고 있다. Schultz가 논문들과 전기적 자료를 관찰하고 이것을 이론적으로 해석한 것이 심리전기가 경험적 학문으로 자리매김하는 데 큰 역할을 하고 있다. 심리전기는 심리학은 아니었으나 심리학과 매우 유사하여 학계에서 거절할 수 없는 지경이었다. Runyan의 「Life Histories and Psychobiography」가 Schultz의 바이블이었다. 그 다음에 그는 Runayn을 통해서 Henry Murray(1981)의 「Endeavor's in Psychology」를 연구하게 되었다. Murray가 인간학적 심리학(personology)이라 부른 그의 예술적인 기술은 한 인간의 삶에 대한 검사 도구였다. Murray는 1936년에 심리전기가 부분적으로 쓰인 「Explorations in

Personality」(1938)를 가지고 하버드에 정교수로 부임하였는데, Allport 교수는 Murray를 William James의 후계자라고 칭찬하였고, 인본주의적 심리학 발전의 중요성을 강조하였다. 물론 이런 평가에 대한 반대 의견도 있었다. 반대자는 Murray를 과거의 인본주의적 철학적 심리학과, 그 보다 정확하고 과학적인 객관적 · 생물학적 접근 사이의 긴장을 나타내는 인물로 보았다. 당시는 심리학의 개념을 두고 자연과학과 인문과학 사이에 긴장이 아직 사라지지 않고 있었다. Runyan이 1969~1975년 동안 하버드에 있을 때는 개인 생애사에 대한 관심은 과학적인 것이 아니었다. Schultz는 학사, 석사 논문을 쓸 때에 질적 연구를 한다는 이유로 많은 어려움을 겪었는데 그가 다닌 데이비스 대학은 1990~1992년까지도 경험적, 양적 연구만 인정하는 관행이 팽배해 있었다. 1994년에 Elms의 「Uncovering Lives」는 심리전기 작가에게는 필독서가 되었다.

심리전기의 대상은 주로 예술가, 정치적 인물, 심리학자/사상가—Freud, Jung, Sullivan, Laing, Allport, Piaget—등이다. 이론은 정신분석과 대상관계이론 및 심리학이 절충적으로 사용되고 있으며 유명한 학자는 Runyan(1982), Alexander (1990), Elms(1994) 등이다. Murray와 다른 사람들이 이어온 심리전기, 심리역사적 전통은 McAdams와 Ochberg(1989)와 Runyan(1982, 1988)에 의해서 확장되었다. 인간학적 전통의 학자로는 McAdams, Josselson, Alexander, Gragg, Singer 등을 꼽을 수 있다. 이야기심리학이 주류를 이루면서 심리전기도 이야기심리학적으로 발전하게 된다. McAdams의 정체성 모델과 이야기심리학의 생활사 모델은 모두 질적 연구나 심리전기에 우호적이다(McAdams et al., 2001; Josselson et al., 2003; Schultz, 2005 재인용).

심리전기는 다양한 방법론을 적용할 수 있고 이론적으로 자유롭다. 그러나 심리전기 작가들은, 항상은 아니지만 대체적으로 이야기심리학적 배경을 따른다. 마음이 본문이다. 자기는 이야기이고 이야기는 픽션이다. 이야기 뒤에는 무엇이 있는가? 사실 아무것도 없다. 이야기가 그곳에 있는 전부인 것이다. 다수의 심리전기작가들은 그 이야기 줄거리를 따라간다. 그러나 그렇지 않은 사람들도 있다. 지난 15년을 볼 때 심리전기적 방법은 더욱 활발해졌고 심리학 주류에서도 인정받기 시작하고 있다.

심리전기와 심리학

Runyan(1982, p. 214)은 인간 연구에 다음과 같은 3단계의 목표가 있다고 생각하였다. 1) 모든 인간 존재의 진실은 무엇인가? 2) 인간 존재 그룹의 진실은 무엇인가? 3) 성, 경쟁, 사회적 계급, 문화, 역사적인 시대상, 직업, 그리고 이러한 것들과 다른 특유한 것들과의 결합에 의해 구분되는 어떤 계층에서는 어떤 사고를 했을까? 전기는 '개인의 진실은 무엇인가?'에 초점을 두고 개인 경험 뒤의 의미, 즉 '카펫 아래의 존재(figure under the carpet)' (Edel, 1984; Denzin & Lincoln eds., 1994 재인용)를 그리려고 한다는 점에서 현상학적이다. 또한 추상파 그림이 난해한 것처럼 사람 얼굴을 새롭게 재구성하여, 괴물과 사람 사이에 구별이 안 되는 새로운 의미의 형상을 표현하려 하며, 존재의 진실을 재구성하고 새 시각을 제공하여 개인의 경험을 일반화하고, 설명하고 미래를 예견하려는 목적을 갖는다. 이는 개인, 일부의 사람들, 그리고 모든 사람들이라는 세 차원에서 발생하는 의도적인 행동의 변화이다.

심리학은 아동기 경험과 성인기 행동을 인과적으로 연결시키는 일 외에도 현재 행동의 패턴을 알아내고, 경험을 분석하는 개념과 범주를 제공하며, 개인의 환경이나 사건들의 의미에 관한 가설을 제시하고, 관심 있는 현상에 관한 규범적이거나 비교적인 데이터를 제공할 뿐만 아니라 전기적인 증거들을 분석하는 데 사용하는 방법론을 제시하는 등 다양한 목적으로 사용될 수 있다. **전기에 대한 심리학의 가장 큰 공헌은 바로 성인기의 행동을 늘상 하던 대로 아동기 경험에 연결시키는 대신에 전기적 증거를 개념화하고 해석하게 하는 데 있다**(Runyan, 1984). 정신분석 이외의 접근들로는 성격심리학, 사회인지심리학, 발달심리학이 있다(Runyan, 1982, pp.

222-230). 이 분야에 대해 꾸준히 연구하고 있는 Runyan(2006)은 심리전기와 심리학의 관계에 대해서 심리학자들의 삶과 업적의 상관관계를 가지고 접근한 논문을 발표하였다. 그는 Freud, Horney, Murray, Skinner, Meehl의 다섯 심리학자

표 1-4 좋은 심리전기의 특징

구 분	특 성
설득력	기본적인 해석적 설득력. 최상의 전기는 독자를 자연스럽게 설득한다.
이야기구조	배열된 자료로부터 결론이 자연스럽게 따라오도록 한다.
포괄적임	문제의 행위에 대해 더 많은 해석의 양상을 밝히는 것이 중심적 세부사항에 대한 설명을 놓치는 것보다 더 설득력이 있다.
자료 수집	해석을 뒷받침하는 더 많은 자료, 더 많은 자원들
급작스런 설득력	최상의 해석은 애초에 설득력이 없던 것을 설득력 있게 하는 것이다. 신비한 해명은 심리전기에서 가장 중요한 목적이다.
논리적 구조	논리적 비일관성 혹은 자기모순으로부터 자유로움
일관성	가용한 모든 범위의 증거 및 인간에 대한 일반적인 지식과 일치
생동감	허위적인 시도를 견뎌내는 능력

표 1-5 좋지 않은 심리전기의 특징

구 분	특 성
병리전기	진단 혹은 전체 성격의 콤플렉스를 통계적인 정신병리적 범주나 증상으로 간주한다.
단일이유	해석을 제공하는 데 있어서 한 가지의 자료에 지나치게 의존한다.
재구성	심리적 사실에 대해서 직접적인 증거 없이 추론을 만들어 내는 것. 종종 아동기의 이야기에 대한 확정적인 자료가 없을 때 그러하다.
환원주의	성인의 특성과 행위를 전적으로 아동기의 경험에 관련해서 설명하고 그 후의 영향력을 무시한다.
이론 선택의 실수	그 분야에서 실험적 지지 혹은 타당도가 부족한 이론을 사용한다.
어설픈 이야기구조	예술성 없이, 조심스럽게 증거를 사전에 설명하지 않고 그냥 단순하게 말하고 결론을 맺는다.

의 구체적인 삶과 그들의 업적이 어떻게 연관을 맺고 있는가를 연구하고, 단정할 수는 없지만 확실하게 연관이 있는 부분들을 제시하며 심리전기가 실험적인 심리학이 과학이 되는 길에 보완적인 역할을 담당한다는 입장을 표명하였다.

심리전기의 진실

시카고 대학의 행동과학 교수인 Bertram J. Cohler는 Runyan의 「Life Histories and Psychobiography: Explorations in theory and Method」를 Murray의 「Explorations in Personality」 이후에 단일 사례 연구를 위한 인생사 접근에 가장 중요한 공헌을 한 저술로서 이론적으로 세련되고 방법론적으로 풍성하다고 평가하고 있다(Runyan, 1982). 이제는 심리학을 사용할 것인가 말 것인가의 문제가 아니라, 전기 작가는 상식과 개인적인 경험은 물론이고 심리학적인 수련에도 관심을 기울여야 한다는 것이다.

한편으로 심리전기에 대한 비평을 보면, 전체적 과제가 '실망스러웠다'는 것이 많다. 어린 시절 경험의 증거가 취약한 점, 성인 행동에 대한 인과적 연결이 의심스러운 점, 종교, 경제, 정치, 사회 등의 거대한 역사적 변화 과정의 영향이 소홀한 점 등을 그 이유로 제기하고 있다(Stone, 1981, pp. 220-221; Runyan, 1982 재인용).

무엇이 좋은 심리전기를 만드는가? 지나친 해체주의는 생명이 다한 것 같다는 의견이 지배적이다. 심리전기는 구조주의적인 노력이라고 할 수 있다. 사람들은 시(詩)다. Runyan은 소수의 학생들에게 이야기하기를, 모든 시처럼 모든 사람들은 다른 방식으로 해석될 수 있고 서로 모순되게도 해석될 수 있다고 하였다. 시와 마찬가지로 사람들도 이해된 만큼 설명되지 못한다는 특징이 있는데, 심리전기를 쓰는 사람은 그것을 가지고 의미를 구성한다는 것이다.

:: 심리전기적 에세이의 구조

전기의 가장 유용한 목적은 신비에 대한 설명이다. 전기 작가는 선(禪)에 나오는

'관(觀)'으로 시작한다. 해석을 필요로 하는 역설적이고, 알기 어려운 구절, 혹은 에피소드를 가지고 또 다른 단계의 깨달음을 위한 '관'을 하는 것이다. 주문을 외우고(Shazam), 신비를 풀고, 주인공 조차도 할 수 없었던 것을 조형화할 수 있다. 전기 작가는 이 목표를 가지고 다시 자료를 본다. 그리하여 말로 나타낼 수 없는 것을 말로 표현(effing the ineffable)할 수 있게 되는데, 작가의 창의력과 재능이 바로 거기에서 나오는 것이다. 신비한 것을 찾아내는 것과 그것을 해석하는 것 중에서 무엇이 더 어려운지는 말하기 힘들다. 신비의 설득이 심리전기의 핵심이다(Mystery coaxing). 불분명한 것을 분명하게 하는 것이 중요하다.

심리전기는 심리적인 사실을 부정하기 않고, 주인공의 내부세계, 그의 생애사가 그의 정신과 행위에 미친 영향을 사람중심으로 채집하여 내어 놓는 것이다. 질문을 가지고 다시 자료로 되돌아가는 작업을 반복한다. Alexander(1990)가 말하듯이 자료에게 질문하고 다시 자료로 하여금 스스로를 드러내도록 하는 것이다. 인생은 스스로 이론들과 조사해야 할 연구 자료들을 제시한다. 자료가 바로 해석의 도구이다.

통찰, 영감, 의구심, 그리고 인내가 가장 기본적인 덕목이다. 어떤 생각이라도 너무 일찍 배제하지 말아야 한다. 최상의 것이라고 느껴질 때까지 아무 생각도 배제해서는 안 된다. 마침내 최상의 것이라고, 가장 명확한 것이라고, 삶과 일치한다고 느낄 때까지 어느 한 생각도 소홀히 배제할 일이 아니다. 이야기의 구조화를 위한 사전 구도는 없다. 우리는 인간이라는 시를 해석하는 것이다. 특정인물의 미스터리에 대해 궁금해하는 독자들에게 그들이 매혹당한 미스터리에 관해서 해석을 해 주어야 한다. 미스터리가 왜 미스터리인지를 말하고, 그것을 밝혀야 할 이유를 말해준다. 미스터리에 밀접한 관계가 있는 증거들을 이야기해서, 독자가 자신의 영감을 사용하여, 스스로 생각하도록 하는 기회를 준다. Ogilvie와 Elms는 심리전기에 관한 세 가지 최상의 예를 제공해 준다. 1) 미스터리가 예술적으로 명료화된다. 2) 이론과 연구결과가 검토된다. 3) 새로운 통합이 소개된다. 이렇게 되면 독자들을 설득할 수 있고, 일관성을 얻게 된다(Schultz, 2005).

해석을 일련의 증거와, 삶에서 채취하여 증거를 지지하는 사실들의 그물에 함께 묶는다. Runyan은 그 모든 것을 한 깃발에 묶는 것, 정확한 증거들이 유출되는 사건으로부터 해석상 거리를 유지하는 것이 중요하다고 한다. 심리전기란 온통 사실에 대한 해석이다. 그러므로 심리전기를 쓸 때 성인의 특성과 행위를 가지고 전적으로 아동기의 경험에 관련해서 설명하고 그 후의 영향력을 무시하는 것을 피해야 한다(Runyan, 1982, p. 208–209).

:: 부적절한 증거의 문제

역사가들이 심리전기에 심각하게 반대하는 가장 큰 이유는 빈약한 증거에 근거해서 행동이나 성격에 대해 선언한다는 점 때문이다(Anderson, 1978, p. 11; Runyan, 1982 재인용). 예를 들면 Langer의 「The Mind of Adolf Hitler」(1972)를 살펴본 평자는 Langer 저술의 가장 중요한 결론들이 실제 존재하지 않고, 믿을 수 없고, 잘못 해석된 증거에 근거해서 만들어졌다고 주장한다(Gatazke, 1973, p. 400; Runyan, 1982 재인용).

역사적인 인물에 대한 심층적인 이해에 도달하고자 하거나 역사적 사건의 재구성에서 심리적인 자료를 사용하기 원하는 사람은 증거를 다루는 문제에 봉착하게 된다. 대상 인물을 카우치에 누일 수도 없고, 인물의 무의식 탐색에 핵심적인 도구인 자유연상도 없이 진행해야 한다(Kohut, 1960, p. 571; Runyan, 1982 재인용). 정신분석 연구자는 자유연상, 해석, 훈습의 과정을 거쳐서 환자의 과거력, 동기, 갈등, 자아강도에 관련된 체계적인 자료를 얻을 수도 있다. 저항과 자아 방어왜곡이 있더라도, 바로 이 왜곡이 그 다음 분석과 타당도의 주제가 될 수 있다. 그러나 역사적인 인물에 대해서 심리학적 방법론을 적용하려 할 때, 우리는 그런 협력을 기대할 수 없고, 정보를 습득할 유사한 체계도 없다는 것이다(Mack, 1971, p. 153; Runyan, 1982 재인용). Barzun(1974)이 주장하듯이 심리역사가가 사용하는 '도구', '방법', '자료'는 간접적인 것이고 희미한 것들이다. 직접 다룰 수 있는 환자는 옆에 있지 않고 그들이 남겼을 만한 실마리들은 우연한 것들이다. 일기, 편지, 문학 작품 등은 무작위적인 기록을 만들지만, 그것들은 행위의 증거라기보다는 종종 기분(mood)의 표현이며 '꿈-자료'는 극히 드물다. 얻을 수 있는 것들도 치료 중인 환자에게서 얻는 자료와 비교할 때 매우 부족한 자료들이라서 거의 무시해도 좋은 것들일 수가 있다(p. 46; Runyan, 1982 재인용). 대상 인물의 초기는 어린 시절에 특별하게 영향을 준 최소한의 정보를 얻을 수 있는 시기이다. Freud 심리학은 침실, 욕실, 유아실을 투시할 줄 모르는 역사가들에게 별로 유용하지 못하다(Stone, 1981, p. 53; Runyan, 1982 재인용).

Freud의 Leonardo Da Vinci 연구, Erikson의 Luther 분석은 모두 초기 경험의 부적절한 자료로부터 심리학적 해석을 발전시킨 점에서 호된 비판을 받았다. 하지만 심리전기 작업과 심리치료를 비교해 볼 때, 심리전기 작가들은 심리치료사보다는 증거의 이점들을 가지고 있기에 증거의 문제가 애초에 생각했던 것처럼 그렇게 심각한 것은 아니라는 것이다. 1) 확실히 심리전기 작가는 정신분석가보다는 자유연상, 꿈, 전이 반응 등을 접할 기회가 적다는 것은 부인할 수 없다. 그러나 살아 있는 환자를 대하는 분석가보다는 심리전기 작가들이 다양한 경험을 가진 수십 년에 걸치는 풍부한 삶 전체의 자료를 가지고 있다. 2) 심리전기 작가들은 분석가들이 피험자로부터 오는 정보만 얻는 것과는 달리 '외부 자원'에 많은 관심을 기울일 수 있다. 또한 피험자의 경험에 대한 다양한 사람들의 반응을 알 수 있다. 공인들의 경우 비밀정보들은(성적 경험에 대한 자료, 예외적인 가족환경, 그들 삶의 모순된 국면들) 본인이나 가까운 가족의 사망 이전까지는 노출되지 않는다. 3) 피험자가 문학적이거나 창의적인 사람이라면, 심리전기 작가들은 그 인물의 내면적 심리 상태와 갈등을 표현하는 창의적인 자료들을 많이 가질 수 있기 때문에, 그 자료들을 바탕으로 조심스럽게 그들의 성격을 해석할 수 있다. 예를 들어 많은 심리전기작가들이 Emily Dickson의 시와 삶과의 관계를 즐겨 분석했다. 4) 개인의 꿈이나 자유연상의 보충적인 자료들, 그림, 대화, 책들이 있다. 5) 심리전기에서 사용된 증거는 모든 사람들에게 유용하다. 그래서 최초의 해석이 비판적으로 검토되고 대안들이 제기되고 검증될 수 있다. 하지만 심리치료에서는 공개가 불가하고 그러한 교정 과정이 있을 수 없다.

아동기 경험의 증거는 대체로 소량이지만, 정신분석 이론에서 차지하는 그 경험의 중요성 때문에, 심리전기 작가들은 때로 아동기에 발생했음에 틀림없는 것들을 정신분석이론으로 재구성하거나 혹은 사후기록을 하였다. 이런 작업에는 추론적 재구성이 있을 수 있는데, 이것이 비판받는 부분이다. 성인전기 작가(hagiographer)의 경우가 가장 극단적인 경우이다. 거슬러 기록하는 행위는 역사가들과 정신분석가들에 의해 비판받아 왔다(Wyatt, 1956; Runyan, 1982 재인용). 마치 추락한 항공기를 다시 조립하듯이, 고생물학자가 해골의 화석을 다시 조립하는 것과 같이, 피험자의 단편을 가지고 거슬러 기록하고, 재구성하는 것은 바른 작업이 아니라는 것이다.

심리적 요인이 다른 외부적인 사회적 역사적 요인들에 비해 지나치게 강조된다는 환원주의에 대한 비평이 있다. "개인이 살고 있는 외부 맥락을 무시하는 심리학적 훈련만으로는, 피험자 '심리'의 원천이 되는 경제적, 사회적, 정치적 혹은 종교적 영향을 무시하게 된다. 피험자의 정신 상태만이 모든 다른 변인들을 결정하고, 그 변인들에 반응한다"는 비평이 있으며(Anderson, 1978, p. 15; Runyan, 1982 재인용) 심리전기는 정신병리적 과정에 과도하게 집중하고 정상성과 창의성에 충분히 집중하지 못하고 있다는 비판을 받는다. 초기에는 병리전기, 이상성, 비정상성의 강조가 많았다. 초기 아동기의 경험에 의해서 성인의 성격과 행위를 설명하고 그 이후의 형성 과정이나 영향력을 무시하는 우를 비판받는다. 그리고 사건주의도 비판받는다. 즉 한 가지의 삽화적 사건으로 모든 행위의 원형을 규명하려 하고 또한 한 사건 때문에 그 이후의 부수적인 사건이나 일이 파생되었다는 견해는 비판을 면하기 어렵다. 종합적으로 볼 때 심리전기는 심리학적인 것, 병리학적인 것, 아동기 갈등을 지나치게 강조하는 심리적인 것을 사회적, 역사적인 것과 통합하고, 병리적인 것을 분석할 뿐더러 강도와 적응능력을 분석하며, 아동기만이 아니라 인생 전반에 걸친 성격형성기 영향력을 연구함으로써 위의 비판을 피하고 있다(Mack, 1976; Tucker, 1973; Runyan, 1982 재인용).

:: 아동기 경험과 성인행동의 관계성

심리전기의 가장 큰 난제는 아동기 경험이 성인의 성격과 행위에 미치는 영향력을 평가하는 일이다. 정신분석적 심리전기에서는 '초기 발달은 성인들의 사건으로부터 연역되고, 다시 그 사건들을 설명하게 된다'는 가설이 있다(Izenberg, 1975, p. 139; Runyan, 1982 재인용). 보다 다행한 경우는 아동기 경험의 유용한 증거가 성인의 성격과 행동에서 중요한 인과적 결정인자로 해석되는 것이다. 정통 정신분석과 같은 이론이다. Freud(1938)는 이르기를, "분석적 경험을 통해 확신하게 된 것은 어린이는 심리적으로 성인의 아버지이며, 초기의 사건들은 그의 후기 삶 전체에 굉장히 중요하다"고 하였다(Runyan, 1982, p. 187 재인용). 아동기의 경험을 개인 행위의 원인의 일부나 혹은 관계 있는 것으로 보는 것과 절대적인(the) 요인으로 보는 것에는 차이가 있다. 전자에 대한 비판으로는 Erikson(1969)의 '기원론(originology)'과 Mack(1971)이 중요한 단 하나의 시기나 사건을 부수적인 모든 발달을 가져오는 결정적 시기나 사건이라고 해석하는 오류를 지적한 비판이 정신분석적 심리전기작가들에게서 나왔다.

Runyan(1984, pp. 209–214)의 임상적 경험에 의하면 아동기 경험과 성인기 행동 사이에는 확실한 연결이 있다는 것이다. 방법론적인 기술이 있는 것이 아니라 모두에게는 아니지만 어떤 개인들에게는 그런 연결이 확고하게 존재한다는 것이며, 보다 최근의 정신분석이론가 Mahler, Winnicott, Kohut은 아동기 경험과 성인기 행동의 연계에 대한 보다 확고한 근거를 제공할 수 있는 아동기 경험 분석의 복합적인 방법들을 제공하고 있다고 Runyan은 보았다. 아동기 경험에 대한 연구는, 비록 양자 사이의 인과적 연계는 명시적으로 논쟁되지 않는다 하더라도, 성인의 행동에 대한 해석을 발달시키거나 성인 행동의 의미에 대한 가설을 제공하는 데는 유용하다. 심리전기에서 아동기 경험 연구는 중요하다. 정통 정신분석이론과는 대조적으로 초기의 결핍이 후기의 경험에 의해서 부수적으로 수정될 수 있고, 행위와 성격은 일생을 통해서 형성되고 변화된다는 것이다. 초기 아동기 경험이 영향이 없다는 것이 아니라 오히려 그러한 경험들이 중재적인 경험과 부수적인 사건에 의해 중화되고, 성격과 행위는 지속적으로 인생주기 내내 형성된다는 것이 현대학자들의 주된 견해이다. Watchel(1977)은 이것을 초기 경험은 초기의 성격을 형성하고 후기의 환경은 후기의 성격형성에 영향을 미친다는 견해로 정리하였다.

Runyan(1978, ch. 6)은 초기경험은 일종의 행위결정적, 개인결정적, 상황결정적 과정의 사슬을 일생 내내 갖게 한다고 밝히고 있다. 심리전기는 성인 심리가 직접적으로 아동기의 특수한 경험으로 귀인될 수 없고, 특히 수유, 대소변 가리기 같은 행동은 경험적으로 볼 때 성인 행동의 결정인자가 아니며 다른 경로나 과정이 있을 때는 사후기록은 피할 수 있다고 하였다. 그리고 그는 초기 경험의 증거가 확고하면 그러한 경험의 영향을 성인의 성격에 직접적으로 적용할 것이 아니라 중재적인 단계와 과정의 연속을 통해서 추적되어야 한다고 보았으며, Emily Dickinson의 어머니에 대한 적개심이 일생에 걸쳐 종교, 신, 사회에 대한 적의로 나타난 사례를 들어 이를 주장하였다.

결론적으로 볼 때 심리전기에서 증거가 불충분한 아동기는 이제 그렇게 중요한 기간이 아니다. 에릭슨학파의 이점은 특성과 정체성은 후기에 형성되므로 심리전기 작가들은 대상자 삶에서 이러한 기간에 대한 유용한 증거를 확보할 수 있다는 것이다(Stone, 1981, p. 53; Runyan, 1982 재인용).

02

이야기심리학의 심리전기적 연구 방법론

이야기심리학의 인간탐구에서 널리 채용되고 있는 연구 방법론은 심리전기적 방법론이다. 정석환은 심리전기적 인간탐구의 역사에 중요한 영향을 끼친 네 명의 고전적 학자인 William James, Sigmund Freud, Henry Murray, Erik Erikson의 방법론과, 현대의 심리학자인 Tomkins와 McAdmas의 심리전기적 방법론을 소개하고 있다(정석환, 2002a, pp. 123–148). 이 장에서는 Tomkins와 McAdams 그리고 Irving Alexander와 William M. Runyan의 방법론을 살피고자 한다.

Tomkins의 대본이론(script theory)

Tomkins는 인간 체험의 본능적인 이야기적 구조를 파악하기 위해 체험을 장면, 주인공, 행동, 감정의 양태로 나누어 분석하여 핵 사건의 대본, 헌신의 대본, 사상적 대본, 감정의 대본으로 구분한다. Tomkins는 이 중에서도 핵사건 대본(nuclear)을 이야기 분석의 중요한 틀로서 취급했는데, 그 이유는 소설이나 문학작품 등에서 보는 바와 같이 핵심적 사건의 대본 틀 속에는 밀집된 감정의 형태들이 잘 드러나 있기 때문이다. 전형적으로 이 핵사건의 대본 속에는 좋은 사건이 나쁜 결과로 드러나는 전환의 체험들을 내포하고 있다. 즉 한 개인의 이야기 속에서 중요한 사건으로서 핵심적 역할을 하는 핵 사건의 대본은 그 개인이 삶을 살면서 계속해서 반복하는 경향을 지니는데, 그 개인이 아무리 노력을 기울여서 좋은 상태로 유지하려고 해도 결국은 나쁜 결론으로 드러나는 대본을 말한다. 가장 적절한 예를 Tomkins는 Freud의 오이디푸스 콤플렉스의 대본으로 들고 있다.

Tomkins는 Freud보다는 개방적인 태도로 핵사건의 대본을 취급한다. 어떤 이들에게는 이 핵사건의 대본이 운명의 힘처럼 따라다니며 반복되는 삶의 이야기 대본이 될 수도 있으나, 다른 이들에게는 똑같은 충격적 경험을 체험한 핵사건의 대본이 있다 하더라도 그가 지닌 다른 이야기 자료들의 여건에 따라 좀 덜 영향을 미치며 덜 반복적일 수 있다. 더 나아가 Tomkins는 인간은 무의식적-자동적으로 형성된 삶의 자기대본을 앵무새처럼 자동으로 반복하는 생각 없는 연극배우가 아니라, 자신의 삶의 대본을 수정하고 직접 쓰는 능력을 지닌 이야기의 구축자라는 사상을 그의 이론을 통해 강조하고 있다(Tomkins, 1979; 정석환 2002a 재인용; Carlson, 1988). Tomkins의 이론은 이처럼 한 인간의 이야기 안에 담겨진 체험의 구조가 어떻게 개인의 삶의 이야기 안에 핵심적 요인으로써 작용하고 있는지를 잘 파악하게 해 주는 좋은 도구가 되고 있다. Tomkins가 인간을 이해하는 바에 의하면, 인간은 전기적으로 추적해 보면 스스로 자신의 삶의 대본을 쓰고 그 대본을 연기하며 살아가는 '이야기적 연기자'라고 말할 수 있다.

McAdams의 '전체로서의 인간'에 대한 접근법과 '인생의 주기에 따른 심리전기적 방법론'

McAdmas는 Murray와 그의 동료였던 Erikson을 적절하게 잘 종합하여 자신의 연구 방법론을 개발한 학자라고 말할 수 있다. 그는 인간이란 '이야기를 살아가는 이야기하는 인간(storyteller)' (McAdams, 1994, p. 176; 정석환, 2002a 재인용)이라고 하면서, 인간이 청소년기 이후에 삶의 정체성에 대한 물음을 어떻게 '자신만의 신화' 세계 안에서 구축하면서 독특하게 이야기적 형태로 삶을 구성하는가에 관심을 기울였다(정석환, 1998). 인간에게는 자신의 이야기를 스스로 구축하고 편집할 수 있는 능력이 존재한다는 사실이 핵심이다.

이야기심리학을 바탕으로 인간이해에 필수적인 기초자료는 연구의 대상이 되는 한 인간의 자전적 이야기이다. 연구자는 이러한 기본적 자료를 수집하기 위하여 필수적으로 심층면담의 방법론으로 접근한다. 이야기심리학에서 주로 채택하는 심층면담의 장점은, 연구의 대상이 되는 한 인간의 삶의 이야기를 개방적이고 자유스런 분위기 속에서 면담하면서 자연스럽게 이끌어 낸다는 데 있다. 이 과정에서 면담을 이끌어 가는 연구자는 준비된 질문을 적절한 시점에서 묻고, 이야기의 흐름에 방해가 되는 일을 하지 않는 것이 중요하다. 이 점에서 심층면담의 방법론에서 가장 중요한 요인은, 잘 준비된 인터뷰 질문들과 더불어, 연구자가 말하는 자로 하여금 이야기를 연속적으로 할 수 있도록 진지하게 듣는 경청자로서의 태도를 지녀야 한다는 점이다. 듣는 자의 태도에서 가장 중요한 요인은 역시 한 인간에 대한 긍정적, 개방적, 수용적 태도이다. 연구자는 단지 자신의 연구적 필요에 의해 한 인간을 이용하는 것이 아니라, 그 인간의 삶의 이야기 과정의 소중한 한 순간에 초대받은 손님으로 존경과 예의를 가지고 말하는 자의 삶에 함께 동참하는 친구됨의 자세로 상대방에 대한 섬세한 주의와 배려가 필요하다. 동시에 듣는 자는 인간의 발달 단계에 맞는 이야기 전개의 과정에 대한 구체적 지식과 이를 바탕으로 한 면담의 도구가 되는 질문들을 잘 준비해 두어야 한다(정석환, 1998).

McAdmas는 이야기 인터뷰에 필수적인 인터뷰 방법의 일곱 가지 항목을 자신의 이야기심리학이론에 근거를 두며 제시하고 있다. 첫째는, 말하는 자로 하여금 자연스럽게 지금까지 살아온 자신의 삶을 회고해 보며, 자신의 삶을 마치 한편의 책이라고 생각하면서, 그 책의 장들을 분류해 보고, 각 장마다에 적절한 제목들을 부쳐 보도록 인도하는 일이다. 둘째는, 보다 구체적으로 말하는 자로 하여금 자신의 삶과 관련된 여덟 가지 중요 사건들에 얽힌 기억들을 회상해 보도록 인도하는 일이다. 이 여덟 가지 중요 사건들이란 말 그대로 내담자의 삶의 이야기에 결정적 영향을 주는 기억의 모습들이다. 그 여덟 가지 중요사건들은 다음과 같다. 1) 삶의 성취와 동기를 밝혀주는 최상의 경험에 얽힌 이야기, 2) 삶의 최저점이라 생각되는 실패와 상처의 경험 이야기, 3) 삶을 새롭게 전환시켰던 경험의 이야기, 4) 자신의 삶의 이야기를 떠올릴 때마다 기억되는 가장 오래된 어린 시절의 이야기, 5) 어린 시절의 중요했던 기억들과 그에 얽힌 삶의 이야기, 6) 사춘기 시절의 중요했던 긍정적이고 부정적인 기억들, 7) 사춘기를 지나 성인이 된 후의 이야기, 그리고 그 밖의 8) 다른 중요한 삶의 기억들에 얽힌 이야기들이다. McAdmas가 제시한 인터뷰 방법의 셋째로, 내담자로 하여금 그의 삶에서 중요한 영향을 준 중요인물들(적어도 3~4명에 얽힌 이야기)에 대해 말하게 한다. 넷째로, 내담자로 하여금 이제 과거의 회상에서부터 시선을 돌려 미래의 설계에 대해서 이야기하게 한다. 이 질문들의 심리학적 동기는 앞서 말한 '삶의 중요한 여덟 가지 사건들'에서와 마찬가지로 내담자의 삶에 대한 꿈과 희망을 말하게 함으로써 그 안에 담긴 이야기의 동기와 주제들을 읽어내기 위함이다. 다섯째로, 내담자로 하여금 자신의 삶에서 아직 풀리지 않은 삶의 문제들과 갈등에 대해서 말하게 한다. 이 단계에서 연구자는 그 동안의 내담자 이야기를 경청함으로써 형성된 신뢰 관계를 바탕으로 내담자의 삶 속에 담겨 있는 삶의 고뇌와 갈등, 아직 풀지 못한 숙제들, 원망, 무거운 짐 등에 대한 이야기로 깊이를 더할 수 있다. 여섯째로, 내담자의 개인적 신념과 가치관, 종교적 신념과 신앙에 대한 이야기를 묻는다. 한 사람의 이야기 안에 보이는 혹은 보이지 않는 뼈대를 형성하게 되는 이 요소들은 한 인간의 이야기를 구조화하는 데 있어서 꼭 필요한 요소라 하겠다. 마지막으로 일곱째로는, 다시 한번 내담자로 하여금 자신의 삶을 지배해 왔던 커다란 삶의 주제에 대해서 회고해 보며 이야기하게 하는 것이다. 한 인간이 어떠한 이야기 주제를 가지고 그의 생애를 전개해 왔는가를 알면 그 인간의 이야기 세계의 둥지가 보이는 것이고 그 안에 무엇이 담겨 있을까, 무엇이 담길 수 있을까를 우리는 보다 잘 이해할 수 있게 되는 것이다(정석환, 1988, pp. 203-240).

Alexander의 심리평가와 심리전기에 의한 인간학적 접근

「Psychobiography and life Narratives」를 공동 편집한 이 분야의 대가들인 McAdams와 Ochberg(1988)에 의하면, 심리전기의 방법론은 꾸준히 발전되었고, 특히 미시간 대학에서 생활사 연구가 10여 년간 꾸준히 이루어졌으며, Irving E. Alexander에 의해서 방법론과 연구 과정의 핵심이 구체적으로 제시되었다. **연구 핵심은 바로 자료로 하여금 인물에 관해서 스스로를 드러내게 하고 이야기의 전체적인 윤곽을 위해서는 다시 자료에게 질문을 하라는 것이다.** Alexander는 소위 말하는 대본, 주제, 유도적인 메시지를 위하여 1) 자료 스스로가 드러내도록 하는 것, 2) 자료에게 질문하는 것이 가장 중요한 방법론의 핵심이라고 강조하였고 심리전기를 쓰는 사람은 인간학적 심리학자로서의 정체성을 가지고 글을 기록해야 한다고 말하였다. 어떻게 자료가 스스로 분명한 특징과 개인적인 성격을 드러내게 하는가에 개인의 심리전기를 기술하는 핵심적 방법론이 있는 것이다.

자료가 말하게 하는 방법으로는 Alexander(1988/1990)의 아홉 가지 가이드라인이 있어 어떤 자료를 활용하고 어떤 자료를 버려야 할 것인가에 규준으로 참조할 수 있다. Alexander의 관심은 인간의 성격을 아는 일, 즉 어떻게 우리가 인간의 얼굴의 특이성을 인지하듯이 개인의 독특한 성격을 알 수 있을까 하는 문제를 가지고 고심하였다. 각 사람의 얼굴을 우리가 구별할 수 있듯이 성격도 그러한 면이 있는데, 바로 이러한 특이성을 구별해 내는 것이 심리전기 작가의 몫이라고 하겠다. 개인의 독특성을 나타내는 것으로서는 얼굴과 이름이 대표적인 예인데 성격 영역에 있어서 몸/얼굴과 유사한 메타포를 차용한다면, 특성, 형태, 유형, 동기, 사상, 태도, 감정적 성향, 정신병리적 범주 등이다. 얼굴에 대해서 Alexander(1988)는

Murray(1938)의 '주제'와 Tomkins(1979)의 '대본'을 성격 규명의 특징요소로 지적한다. 개인의 특징 찾기가 방법론의 중요한 핵심이 될 것이다. 그는 개인의 특징을 아는 것은 불가능하고 그래서 과학적일 수 없기에 포기하고자 한다면, 인간이 알지 못하는 우주를 향해서 나아가는 것을 이야기하고 싶다고 말한다. 우주 탐험을 하듯이 그렇게 신비를 벗기면서 개인의 특징을 연구하고자 하는 것이 인간학적 심리학자들의 과제이다. 성격에 대한 Allport의 정의를 보면 '환경에 독특하게 반응하는 것을 결정하는 정신생리 체계를 지닌 개인의 역동적 조직'이다(1937, p. 48; Alexander, 1990 재인용). 이를 변형한 Alexander의 성격에 대한 정의는 '세계에 대한 개인의 접근을 특징짓는 인간 속성의 역동적인 조직'이다(1990, p. 3). 그는 개인에 관한 연구를 위해서는 자료의 원천을 가지고 과학적-개별사례적 논의, 면담을 비롯한 다양한 방법과 로르샤흐 검사를 비롯한 다양한 검사를 사용하여 결과를 인과응보적으로 기술하기보다는 투사적 자료를 가지고 추론하는 자세를 제시하였다.

Alexander는 살아있어서 진보하고 있는 사람, 즉 산 사람의 성격에 대한 연구와 이미 살았던 사람, 즉 죽은 사람에 대한 심리전기는 접근과 관심에 있어서 각기 다른 접근방법을 드러낸다고 함으로써 심리전기가 이미 죽은 사람에 대한 것이라는 견해를 피력하였는데, 이는 Alexander 개인의 견해라고 볼 수 있다. 그러나 생존인물에 대한 많은 책들이 심리전기의 이름으로 출간되고 있다(Richard Nixon, 1972). 개인 연구에 대한 결정적 기술 단위는 1) 아동기, 노년기 등 특정한 시기에 대한 기술과 2) 그런 사건에 영향을 주거나 결정적이었던 요소들과의 연결에 있다.

선호하는 자료와 제안된 방안으로서의 두 가지의 접근에 관하여 Alexander가 생각하는 최상의 것은 개인의 여러 경험에 대한 자발적인 회상이다. 이것은 마치 자서전적인 에세이나 체험에 대한 구조화된 면담을 하듯이 하는 것이다. 그가 가장 중요시하는 것은 자료로 하여금 말하게 하기인데, 자료의 분류에 관해서는 '현저한 것에 대한 기본적인 구분'으로 그는 다음의 아홉 가지 가이드라인을 제시하였다.

:: 우선성(primacy)

초기 아동기 경험은 정신분석적 사고에서 나온 열쇠로서 '기초석'이 된다.

:: 빈도(frequency)

빈도가 많은 것은 적어도 정당화될 수 있는 여지가 있어야 하나 빈도가 많은 것이 반드시 중요한 것은 아니다. 빈도가 증가하면 눈에 띄지 않는 수도 있다. 경험적으로 볼 때 관련된 것이 현저히 감소하는 것은 '부재'와 대조되어 다시 나와서 소개되기 위함이다. 꿈이 이 분야에 해당한다. 꿈은 그 전지전능에 의해서 그 중요성이 저평가될 수도 있다. 빈도는 강력하고도 의식적이며 가치 있는 쉐마의 표현일 수도 있다.

:: 독특성(uniqueness)

특별한 이야기, 범상하지 않은 이야기, 전에 없던 이야기, 내용상 특이한 것에 주목한다.

:: 부정(negation)

빈도, 독특성과 함께 부정도 현저한 특징이 된다. Freud는 일찍이 1925년 분석에서 환자가 부정하는 것의 중요성을 이야기하였다. 억압, 무의식적인 내용물이 그럴 수 없는 모습이나 불가능한 것으로 위장하고 나올 수가 있다. 아버지 이야기를 제안하는 분석가에게 "다른 것을 합시다. 아버지 이야기를 하면 화가 나는 것이 아니라 무기력감을 느낍니다"라고 한다면 이때의 부정은 아버지에 대한 화를 부정하는 것일 수가 있다.

:: 강조(emphasis)

일반적으로 "당신이 꼭 알기를 바랍니다……" "내 생애에서 결정적인 사건은……"

"나는 그때의 따뜻함을 일생 기억할 것입니다"로 시작되는 특별한 형태의 이야기들에 주목한다. 말로 하였든 글자로 기록하였든지 간에 위와 같은 내용으로 강조된 부분에 유의한다.

:: 생략(omission)

완성이 되어가는 마당에 기본적인 것이 부족하다고 생각되면 완성에 무엇이 부족한지 다시 시작해 보아야 한다. 예를 들어 자서전에서 모든 가족을 언급하고 이야기하는데, 한 명과의 이야기만 생략된다면 유의해 보아야 한다. 문화적인 요인으로는 고교 시절에 친구 이름이나 동아리 활동 등의 언급이 없다면 유의해서 다시 질문을 할 수도 있다.

:: 실수 혹은 왜곡(error or distortion)

Freud의 「Psychopathology of Everyday Life」(1938)에서 보면 많은 부분이 이 실수—말의 실수, 왜곡 등이 감추어진 중요한 동기의 왜곡으로 다루어진다. 그는 말로나 글로나 수많은 예를 들고 있다. 실수의 표시는 피험자의 관심을 끄는 것일 수가 있다. 시간, 장소, 사람 왜곡, 잘못 인용 등의 실수는 의미가 있다.

:: 고립(isolation)

현저한 고립은 '적합성'의 규준에 의해 인지된다. 이야기를 읽거나 듣는 중에 "어디에서 그것이 왔는가?" 혹은 "그렇게 흘러가서는 안 될 것 같은데" 등의 경우이다. 이럴 경우 중요한 개인적인 자료가 의사소통 가운데 들어 있는 것이다. 초기에는 감추어진 어려움을 내포하는 것일 수도 있다.

:: 미완성(incompletion)

어떤 시제가 나타나서 과정이 이어지고 결말이 나기 전에 끝나는 것이다. 때로 피험자는 이야기할 때 일어나는 것을 의식하지만 지속하면 괴로울 것 같기에 어색하게 중단할 수 있다. 경우에 따라서는 이야기가 딴 방향으로 흘러갔는데 다시 원래의 이야기로 돌아오지 않을 때 그 이야기의 흐름에 미완성이 있는 것이다.

Runyan의 8단계 모델

인간학적 입장이 발달한 것은 Runyan의 공로가 큰데, 그는 성격평가가 성격이론, 정신진단, 심리치료의 문제와 연관이 있다고 가르친다. 그는 임상심리사이자 대학원 교수로서 30대에 하버드에서 **Henry Murray로부터 자료를 읽고, 훑어 보고, 직면해 보고, 분석해 보는 훈련을 받았다.** 과학적인 심리학이 예측에 초점을 둔다면 개별사례적인 것은 이해에 초점이 있다(Alexander, 1990, PP. 1-61). Runyan(1984)은 심리전기 연구는 진보적인가, 과연 무엇이 진보인가라고 물으며 진보에 대한 개념을 분명히 하고자 하였다. 그의 정의에 의하면 진보란 "바람직하고 선호되는 방향으로 시간에 따라서 변화하는 것이다. 일시적이든 어떠하든 역사적 요소와 평가적 구성요소는 필수이다. 인식론적 문제도 포함되어야 한다"고 하였다. 진보적이고 동시에 퇴행적일 수도 있다. 그가 말하는 진보의 기준은 1) 증거의 기본적 자료에 대한 이해, 2) 해석에 대한 통찰과 설득력, 3) 담화 내용의 문학적 혹은 미학적 어필이다. Runyan의 〈그림 2-1〉에 대해서 여덟 가지 과정을 살펴보면 보다 자세한 이해를 얻을 수 있다. Runyan의 글은 증거와 해석의 질에 더욱 유의하고 있다. 도덕적 정확성, 은유적 표현성 혹은 정치적 정확성은 예외로 한다(McAdams & Ochberg, 1988, pp. 295-321).

:: 증거와 자료수집의 과정

추가적인 편지나 일기를 발견하기, 추가 면담하기, 추가적인 기록 보관 혹은 신체적 증거의 발견이다.

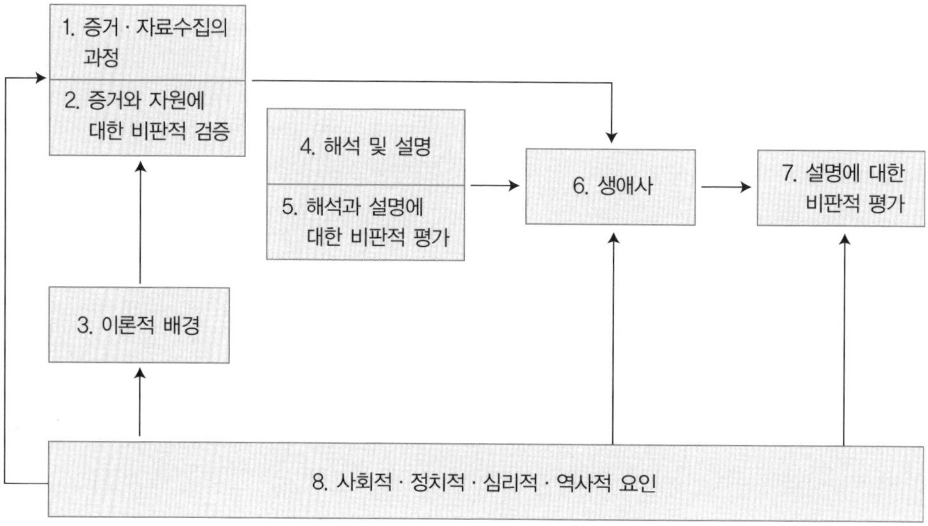

그림 2-1 개인의 삶에 대한 앎과 이해의 진보 : 구성 과정에 대한 단순모델

:: 증거와 자료에 대한 비판적 검증

기본 증거 자료의 위조나 허위를 찾아내고, 다른 증거에 대한 간증들에 대해서 어느 정도 신뢰할지를 알도록 한다.

:: 이론적 배경과 지식

개별사를 해석하면서, 심리발달이론, 상관 있는 문화적 역사적 배경에 대한 이해, 상관 있는 의학적 조건과 생물학적 과정을 포함시킨다.

:: 해석과 설명

개별사에 대한 새로운 해석과 설명을 기술한다.

:: 제기된 해석에 대한 비판적 평가, 허위 검증 시도, 입증, 반증, 논파

:: 삶의 이야기적 설명의 생성

여러 가지 특수한 해석과 설명을 통합한다. 그리고 삶에 대한 부가적인 자료의 양을 구조화하고, 이론적 배경과 지식을 이끌어 온다.

:: 담화적 설명에 대한 비판적 평가

증거의 적합성, 이론적 배경의 적절성, 제기된 해석의 신뢰성을 (전기를 위한) 책서평회 혹은 사례발표회(임상사례) 형식으로 고찰한다.

:: 각 과정에 영향을 미치는 사회적, 정치적, 심리적 역사적 요인

내러티브 연구에는 신뢰성에 대한 전통적 개념이 적용되지 않으며, 타당성은 본질적으로 다시 개념화되어야만 한다. 진실성이 아닌 신빙성(trustworthiness)이 중요한 의미론적인 차이를 갖는다. 수많은 공론을 거친 내러티브를 개인 내레이터가 평가할 수는 없다. 내러티브 분석에서는 연구자의 관점과 연구참여자의 관점을 명확히 구별하는 것이 중요하다. 최종 분석에서의 원고는 바로 연구자가 저술한 것이다. 이의 진실성에 대한 책임은 연구자에게 있다. 내레이터의 가치관과 관심에 따라 확연히 다른 방식으로 동일한 사건을 서술하는 것은 항시 가능하다. 과거는 선택적 재구성이기 때문에 복잡하고 골치 아픈 사건에 대한 이야기는 다양해질 수밖에 없다. 최종자료에서 누구의 목소리가 발현되는가, 텍스트는 여타 해석에 대하여 얼마나 개방되었는가, 연구자가 수집해서 분석하는 개인적 내러티브에서 연구자 자신은 어떤 위치를 차지하는가. Riessman의 견해로는 독자에게 이와 같은 해석상의 이슈를 제시하는 것이 꼭 필요하다고 본다(2005).

03

심리전기에 관한 선행연구

심리전기에 대한 선행연구는 1) 심리전기 학위논문과 2) 심리전기에 대한 저술로 나누어 고찰하고자 한다. 학위논문을 국내 학위논문과 국외 학위논문으로 구별하여 살피며, 마찬가지로 심리전기에 대한 저술도 국내의 저술과 국외의 저술로 구별하여 현재까지 수행된 연구의 일부를 고찰하고자 한다.

저자는 국외의 박사학위논문 23편을 통해서 심리전기적 연구의 진척상황과 나아가는 방향을 가늠할 수 있었으며 자신의 학위논문을 수행하는 데 커다란 도움을 받은 바 있어서 비교적 상세하게 소개하고자 한다. 여기에서는 연구대상 인물의 직업적 특성에 따라서 분류하였거니와 향후에는 심리전기 수행에 명시적으로 사용한 심리학적 이론과 배경에 따라서 심리전기 연구물을 구분하여 그 특성과 발달을 기술하고자 한다.

학위논문

:: 국내 학위논문

김대용(2003)의 **모세에 대한 심리전기적 연구**는 모세에 대한 심리전기를 발달심리학적인 관점과 이야기심리학적인 관점에서 통합한 연구이다. 한 사람의 인생이 유아기 및 아동기의 경험들, 무의식적인 과정들에 전적으로 얽매여 있지 않고, 삶의 이야기를 창조하고 변화시키는 데에 있어서 결코 수동적이지 않으며, 지속적으로 발달하는 존재임을 깨닫게 해 준 것이 이 연구의 성과라고 할 수 있다. 지연숙(2003)의 **고황경에 대한 심리전기적 분석**은 이야기심리학적인 방법으로 연구 대상인 고황경을 한 사람의 크리스천 멘토의 모델로서 연구하였다. 고황경의 삶을 Erikson의 심리사회적 8단계에 따라서 분석하는 방법으로 연구를 수행하였다.

박순(2008)의 **학대받은 존속살해 무기수의 이야기심리학적 심리전기**는 한국에서 심리전기적 연구 방법론을 사용하여 박사학위 논문을 취득한 최초의 논문이라는 위치를 차지한다. 이 연구는 또한 존속살해자에 대한 질적 연구 및 종단적 연구, 그리고 이야기심리학적 심리전기라는 독특성을 지닌다. 연구자는 연구대상자인 바오로 김○○와의 8년에 걸친 서신교환과 면회, 특별교화접견, 심층면접 등을 통해 그의 가슴 속 깊은 곳에 맺힌 이야기가 외부로 울려 나오도록 하는 통로 역할을 하였다. 이 과정을 마치 목회신학자 James Newton Poling이 다른 사람들의 필요에 응하는 모든 사람들에게 필요한 변형의 과정을 기술한 저술 「Render Unto God」(Poling, 2002)에서 말하는 선을 행하는 영성의 9단계 영적 성장 이론에 비추어서 성찰하였다. 1) 개방적인 수용, 2) 경청과 신뢰, 3) 지식을 구함, 4) 용감하게 행동, 5) 동행, 6) 자기와 회중의 변혁, 7) 장기적 헌신, 8) 예언적 행위, 9) 예배와 공동체 생활의 변혁이라는 상담자와 내담자가 함께 성장하는 9단계의 영적 성장 과정 중에서 바오로와의 관계가 장기적인 헌신 단계에 이르렀으며, 학위 논문 이후의 관계의 지속을 통해서 이 만남이 예언적인 행위에까지 이르고 예배와 공동체 생활의 변혁을 도모하기를 희망하고 있다.

앞으로 기술하겠지만 전인권(2006)의 박정희 평전이 정치인물에 대한 전기적 연구물임이 분명하나 심리전기적인 방법론을 사용한 전기로 보기에는 무리가 있음을 저자가 스스로 밝히고 있다.

:: 국외 학위논문

박사학위 연구 논문으로는 1978년부터 2006년 사이에 미국과 캐나다에서 연구된 총 23편을 살펴보고자 한다. 이들은 작가 5명, 시인 3명, 화가 4명, 심리학자들에 관한 연구 4편, 왕실에 관한 연구 2편과 기타로는 성녀, 연쇄살인범(serial killer), 세계일주 항해자, 기업의 중역, 폭력에 노출된 도심 청소년에 대한 연구 등으로 분류할 수 있다.

작가

Sharon M. ZeBrack(2001)의 「Ernest Hemingway: A Levinsonian Study Of Mental Illness In Middle Adulthood」는 Levinson의 생애발달이론을 가지고 헤밍웨이의 중년기의 정신질환을 심리전기적으로 접근하여 그의 인생행로가 대체로 Levinson이 규명한 발달유형과 일치함을 제시하고 있다. 이 글에서는 헤밍웨이의 삶이 각 연령대에 따르는 안정기와 전환기로 교차되어 있으며 각기 특별한 발달과제가 있었음을 밝혀내고 있다.

Richard F. Francis(1997)의 「Inferring Authors' Personalities Through Their Work: Testing Leopold Bellak's Method」는 작품을 통해서 작가의 성격을 추론하는 연구로서 도스토예프스키의 열 개의 작품을 세 명의 임상심리학자가 읽고 그의 어린 시절과 성장기를 Leopold Bellak의 자아정신분석적 방법론을 사용하여 추론하는 질적 및 양적 연구를 통합한 심리전기 연구이다.

Julie Anne Taddeo(1996)의 「The Last Eminent Victorian: Lytton Strachey and the Myth of the Modernist Rebellion」은 20세기 영국의 모더니즘 운동의

리더였으며 빅토리아 시대의 최후 저명인사인 Lytton Starchey(1880-1932)의 삶과 작품을 분석하여 심리전기를 구성한 것이다. 연구자는 그의 문화적, 성적, 정치적, 아방가르드적 삶을 그의 작품과 산문, 시, 일기, 편지 등을 연구해서 조명하였으며 현대의 여성주의적 시각에서 모더니즘의 성에 대해 이야기하였다.

Ruth A. Bard(1995)의 「Charlotte Perkins Gilman: A Psychobiography」는 미국의 여성주의 작가이며, 동시에 여성학 강사이고 활동가인 Gilman(1860-1935)의 삶을 대상관계이론가인 Klein, Fairbairn, Winnicott, Mahler, Kavaler-Adler의 이론으로 조명한 글이다. 연구자는 창조적 활동이 초기의 상실을 애도하는 데 유용한지를 대상관계이론으로 논의하여, 그녀의 미출간된 작품 숫자까지 고려하여 그녀의 활동의 변화를 측정한다.

Susan Mary Mccafferty(1994)의 「Psychobiography of Lou Andreas-Salome」는 20세기 초 유럽의 여류작가이면서 사상가인 러시아 쌍트페테르부르그의 상류가정 출신인 Andreas-Salome(1861-1937)를 Alice Miller의 자기애 이론으로 분석하여 Miller의 「The Drama of the Gifted Child」에 소개되기도 하였다.

시인

Geoff Thompson(2004)의 「A Touch of the Poet: A Psychobiography of Eugene O'Neill's Recovery From Alcoholism」은 실존심리에 의거한 알코올중독 치료프로그램의 검증으로 시작하는데 Victor Frankl의 의미요법과 Paul T. P. Wong의 의미중심요법(meaning-centered therapy)을 중독자의 삶에 대한 이해증진의 실질적 도구로 소개하며 극작가이며 시인인 Eugene O'Neill의 알코올중독 극복 노력을 심리전기적으로 조명하여 그의 노력과 실존심리학적 작업이 매우 적절한 조화를 이루었음을 밝혀낸다.

Kelly Sue Lynch(2002)의 「Each A Lens: A Transpersonal Perspective of Emily Dickinson's Creative Process」는 미국의 여류시인 Emily Dickinson(1830-1886)

의 창조적인 과정을 초개인적 관점에서 심리전기적으로 조명한 연구이다. Emily Dickinson이라는 개인과 그녀의 시에 깊이 심취한 연구자 Lynch는 시인의 자기 실현적 창조적 삶을 탐색하기 위하여 심리전기적 방법으로 삶을 조명하고 해석학적 방법론으로 그녀의 시와 편지들을 연구하였다.

Lisa Marie Scalapino(1999)의 「Anne Sexton: A Psychological Portrait」는 미국의 여류시인 Anne Sexton을 현상학적 미학과 이야기적 정신역동이론을 통해서 왜 시인의 시가 자신을 자살로부터 보호하지 못했는가를 파헤친 심리전기이다. Dilthey의 해석학과 Habermas의 '사적으로 중요한 의미 코드' 및 Spence의 구성된 이야기의 진실(Narrative truth) 방법을 통해서 분석가는 이야기의 편집자로서 연구대상의 성격형성을 이야기 이론과 해석학적으로 추적하였다. 결론적으로 연구자는 Gadamer와 Derrida의 주장을 따르면서 심리전기는 한 개인에 대한 설명이라기보다는 주어진 개인에 대한 하나의 이해라고 말한다.

화가

Bradley I. Collins. Jr.(1995)의 「Psychoanalytic Biography and Art History: A Critical Study of Psychobiographical Approaches to Leonardo Da Vinci」는 Leonardo Da Vinci를 정신분석학 및 예술사적으로 접근한 심리전기이다. 1910년 Freud가 그에 대한 심리전기를 발표한 이후에 그는 어떤 화가보다도 많은 심리전기 작가들의 선호대상이었기에 그에 대한 심리전기 자체가 예술사에 영향을 미쳤음을 고찰하고 있다. 이 글에서는 Freud 외에도 Kurt Eissler, Andre Green, Jean-Pierre Maidani-Gerard 등의 정신분석가와 예술사가 Meyer Schapiro 등이 이미 기록한 심리전기를 비교 검토하고 있다.

Adrian Walker(1995)의 「Paula Modersohn-Becker: An Exploratory Psychobiographic Study of Creativity, Identity, and Individuation」은 독일의 여류 화가 Paula Modersohn-Becker(1876-1907)의 창조성, 정체성, 개성화에 대해 정신

분석적으로 탐색한 심리전기이다. 이 논문은 20세기 초기의 젊은 여류 화가의 정서적 면모와 창조성과의 관계성을 탐색하는 것을 목적으로 여성 예술가의 창조성에 관한 정신분석학적 문헌으로 작성되었다.

Susan Brook(1984)의 「Toulouse-Lautrec: Victory of the Death Instinct」는 프랑스의 인상주의 점묘파 화가 Toulouse-Lautrec(1864-1901)에 대한 정신분석적 심리전기이다. 이 연구는 Freud의 이중적 욕동이론에 근거하여 Lautrec의 공격성과 성적 충동 및 그 결과들을 작품세계와 연관하여 밝혀낸다.

Stephen T. Walrod(1978)의 「Egon Schiele: A Psychobiography」는 비엔나의 화가 Egon Schiele에 대한 심리전기이다. 이 글은 20세기 초 비엔나의 화가 Egon Schiele가 제기한 질문들에 대답하는 심리전기로서 작품과 작가와의 관계, 작가의 경험과 작품세계와의 관계, 작가의 성격 표출 여부, 작품 활동이 병리적 성격의 표현인가 치료적 행위인가 등의 질문에 대해서 개인적 및 사회적, 역사적인 해석으로서 양자 간의 관계를 규명하는 연구논문이다. 연구자는 화가들은 사회적 관습에 적응하지 않는다는 주장을 제기한다.

심리학자들을 비롯한 학자들

John L. Bennett(2006)의 「Professional Work From Life: Lived-Experience and the Formation of the Professional Work of Scholar-Practioners」는 학자-임상가의 체험과 전문적 수행 간의 관계를 연구한 논문으로서 수상 경력이 있고, 기관을 발전시킨 경력이 있는 65세 이상의 인물인 Billie Alban, Warner Burke, Edgar Schein, Charlie Seashore, Edie Seashore 5인에 대한 연구이다. 각 인물의 삶의 체험이 자신들의 학자-임상가의 전문적 수행에 미친 영향을 심리전기적으로 또한 이야기적 근거이론에 의해서 작성하였다. 이 연구는 학자-임상가, 교육자, 연구자, 기관, 임상가들에게 개인적 체험과 직업 수행과의 관계성에 대한 관심을 갖게 하였다. 개인이 아닌 다수에게 적용한 희귀한 심리전기 사례라는 특징을 갖는 이 글은 기관의 발달이 각 분야 선각자들의 삶, 영향과 업적에 의해 이루어진다는 점을 보여주는 논문이다.

Barclay J. Erickson(2003)의 「A Psychobiography of Richard Price: Co-Founder of Esalen Institute」는 Esalen 기관의 공동설립자인 Richard Price에 대한 심리전기인데 상호주관성 이론을 배경으로 연구되었다. 서로 다른 주관적인 세계를 하나의 지성적인 통합으로 연결하는 Richard Price의 주관적 세계에 반복되는 유형, 주제, 중심사상을 규명하고 그 지식을 지식인 공동체에 전달하는 것이 연구의 목적이다. 이 글에서는 어떻게 개인의 주관적 경험의 구조가 개인을 형성하는 결정적 사건들 속에서 발생하는가를 보여주고자 한다. 주관적 요인들이 어떻게 하나의 심리학 이론을 선택하여 동화하고 적용하는 데 관련되는가를 밝히고 있는 논문이다.

Lisa M. Cohn(1997)의 「The Life Story of Jean Baker Miller: Toward and Understanding of Women's Lifespan Developments」는 여성의 생애발달이론으로 여성주의자 정신과 의사인 Jean Baker Miller의 생애사를 연구한 논문이다. 이 글에서는 여성발달에 있어서 사춘기와 중년기가 여성발달의 중추적 시기(pivotal period)임을 확증하며, 여성의 삶에 멘토링이 얼마나 중요한가를 본보기로 보여준다. 연구자는 관계적 관점과 성인발달 관점에서 Miller의 삶을 보고 현재의 발달이론이 관계 패러다임의 후반부에 대해서 이론적 결핍을 나타내고 있음을 지적하면서 성인발달이론의 발전을 촉구한다.

Richard Preston Charles(1990)의 「William James: A Damaged Self Journeys Toward Reparation」은 최초의 종교심리학자라고 할 수 있는 William James의 self 및 사상체계 구축 과정에 초점을 맞춘 심리전기이다. 그의 삶이 거절당하고 분리된 자기를 전체로서 통합하는 보상 과정에 바쳐졌음을 조명하며, 그의 하버드 대학 첫 제자이며 일생의 동료가 된 W. E. B. DuBois와의 관계도 병행적 영향력 연구를 위하여 탐색되었다. Melanie Klein의 정신분석적 이론이 자기(self)의 분열과 통합

노력을 조명하기 위한 도구로 적용된 연구이다.

왕실에 관련된 연구

하나는 러시아 제국 말년의 수도승 Rasputin에 관한 것이고 다른 하나는 영국왕실에 관한 것이다. Susanne Frick Nishino(2005)의 「Rasputin: A Psychobiography」는 러시아의 신비주의자인 Rasputin(1869-1916)의 전기이다. 그는 1차 세계대전 중인 1915년 9월 러시아의 마지막 황제 니콜라이 2세 왕비의 개인 고문 역할을 맡았고 황태자 알렉세이의 유전병인 혈우병이 발발할 때마다 신통력 있는 치유로 신임을 한몸에 받은 인물이다. 이 논문은 개인심리학을 배경으로 현상학적 연구와 해석학적 연구를 통합한 연구이다. Rasputin의 개인심리학은 무엇이었으며 Rasputin의 성격은 그의 대인관계와 관련하여 어떻게 상호작용을 일으키고 협력하였는가? 어떻게 역사, 문화, 환경, 종교, 그리고 집합적인 무의식이 Rasputin의 생애와 시대에 영향을 미쳤는가 하는 연구이다. 이 논문에서는 사례연구와 병합하여 해석학적 방법을 사용하여 전기적, 역사적, 철학적, 종교적 자료들을 검토하고 있다. 이를 바탕으로 연구대상자의 생애와 시대를 둘러싼 개인적이고 집합적인 심리적 시대 분위기가 어떻게 일반적인 체제와 의미에 연결되는가를 검토하였다. 이 연구는 Rasputin의 운명, 러시아 제국의 황실가문, 러시아의 집합적 정서가 서로 얽혀서, 개인의 심리적인 반경을 넘어서 거대한 보편적이고 집합적인 세계에 어떠한 영향을 주는지를, 또한 역사의 의식적, 무의식적 힘의 작용에 의한 대서사시가 어떻게 만들어지는가를 보여준다.

Annette K. Schreiber(2002)의 「A Transgenerational Psychobiography of the British Royal Family: From Victoria to Charles and Diana」는 영국왕실 가문의 Victoria 여왕(1819-1901) 시대부터 찰스 왕세자와 고 다이애나 왕세자비에 이르기까지 200년 동안의 시대를 Bowen의 가족치료 이론에 근거해 분석한 심리전기이다. Henry VII부터 현재에 이르는 각 가문을 Bowen의 이론을 적용하여 분석하

였다. 그리고 왕실의 결혼에 대해서 다루었다. Bowen의 이론 가운데서 자아분화, 미분화된 가족자아군집, 융합, 삼각관계, 정서적 거리, 부부갈등, 부부역기능의 자녀에 대한 투사, 형제간 출생순위, 다세대간 투사 과정, 반복유형, 정서적 단절, 상실에 의한 정서적 충격파 등을 주안점으로 각 세대를 세심하게 고찰하였다. 이 연구는 일반적인 개인들을 대상으로 수행된 연구에서 설정된 하나의 개별적인 이론이 유명하거나 악명 높은 개인들에게 반복되며, 심리학적인 연구가 특수한 사람들의 행위를 설명하는 데 도움이 된다는 Simonton(1993, pp. 425-451; Schreiber, 2002 재인용)의 심리전기의 목적을 잘 보여주고 있다. 연구결과는 영국 왕실가문의 많은 구성원들이 높은 자아미분화 현상을 보이고 있으며, 이것이 수백 년 동안 세대에서 세대로 전수되고 있음을 보여주고 있다. 결론적으로는 주요한 가족의 역기능에도 불구하고 빅토리아 여왕으로부터의 대부분의 군주가 훌륭한 통치를 해오고 있다는 것이다.

기타 성녀, 연쇄살인범, 세계일주 운항자 등

Amy King Martellock(2003)의 「She Who Is Not: A Psychobiography of Catherine of Siena Using the Theories of D. W. Winnicott」을 소개하고자 한다. 이 연구는 성녀 Catherine of Siena(1347-1380)를 Winnicott의 이론으로 연구한 심리전기이다. 그녀는 매우 유명하고 신비적이며, 정치적 활동을 하였고 33세에 식욕부진증으로 사망하였다. 연구의 목적은 특별한 여성의 삶을 이해하는 방안을 강구하고, 복합적이고 매우 종교적인 개인에게 Winnicott의 이론을 적용했을 때의 위력을 탐색하는 것이다. 역사적으로 오래된 인물에 대한 심리전기에는 제한점이 있기에 'as-if' 조사방법론(마치 제한점이 없는 것처럼 진행하는 것)을 사용하였고, Winnicott이 말하는 이론과 주어진 자료 사이의 '놀이'가 가능했다. 이 심리전기는 Winnicott의 두 갈래로 가르는 연구방법—아동의 직접적 관찰과 병행하여 성인의 회상적 분석의 사용—을 채택하였다.

Theresa I. DeSantis(2002)의 「A Psychobiography Study of Joel D. Rifkin」은 연쇄살인범(serial killer) Jeol D. Rifkin의 심리전기를 정신분석적으로 연구한 논문이다. 이 연구는 확정된 연쇄살인범인 그의 성격구조와 심리사회적 역사에 대한 심층적 이해를 얻기 위하여 이루어졌다. Freud, Alexander, Kernberg, Meloy, Kirschner 등의 정신분석이론을 적용하는 문제를 검토하여 이를 그의 삶에 적용하였다. Rifkin의 미술 작품들과 로르샤흐 투사검사 반응의 결과는 정신분석적 발견을 더욱 뒷받침해 주고 있다. 자료를 통해서 발육정지 단계, 대상 관계, 환상, 피해자 선택과 살해 방법 등에 대한 심층적 이해가 주어지고 있을 뿐만 아니라, 역전이의 문제가 논의되고 있는데, 예를 들면 이 극단적인 병적 심리를 가진 개인과의 원초적 심리적 병합이 논의되었다.

Devorah Burdett Schiavone(2000)의 「A Descriptive Study of the Effects of Exposure to Violence in an Inner City Community of an Aspects of Adolescent Identity Development During This Critical Phase」는 폭력의 노출이 도심에 사는 청소년의 위기 국면에서의 정체성 발달에 미치는 영향을 연구한 간호학 논문이다. 폭력의 사회적 영향은 청소년기뿐 아니라 그들이 성인기로 성숙할 때에도 지속된다. 연령대별로 폭력에 노출된 경험을 통계적으로 조사하였고, 자료 분석은 이야기의 지속적 비교방법으로 이루어졌다. 도심지 폭력에 노출되었던 그들은 불신, 거부, 거절, 최소화의 전략을 사용하고 있는 것으로 드러났는데 가장 주요한 주제가 바로 억압의 문제였다.

Nancy W. Read(1994)의 「Patterns of Consistency and Change The Five-Factor Model and the Life Story Model in the Life Voyage of Dodge Morgan」은 1986년에 배로 논스톱 세계일주를 감행하여 세계 기록을 경신한 Dodge Morgan의 인생 항해에 대한 생애사 연구로서 다섯 가지 요인 모델의 지속성과 변화에 대한 인간학적 연구이다. 이 연구는 질적, 양적 연구의 통합적 연구로서 전기 및 자서전을 주요 자료로 활용하였다. Morgan의 성격을 다섯 가지 요인 모델 및 McAdams의 성인

발달에 관한 생애사 모델에 의해서 이야기심리학적 이론으로 분석하여 심리전기 연구를 수행하였다.

끝으로 예일대의 John Rhea Kofodimos(1986)의 「Paul Simmons, Executive: A Psychological Biography」는 한 사람의 중역에 대한 연구이다. 연구의 목적은 바로 성공적인 회사중역인 Paul Simmons의 삶과 일을 심층면담 방법을 사용하여 조사하는 데 있었다. 연구자는 먼저 행정가적인 특성으로서의 Paul과 둘째로는 그의 생애사와 어떻게 대인관계, 인생 경험, 삶이라는 환경이 그라는 인물을 만들어 냈는지를 탐구하고, 셋째로는 그의 생애사와 그의 행정가로서의 특징에 나와 있는 바, 그의 내면적인 성격을 조사하는 데 연구의 목적을 두고 있었다.

이상 23편의 심리전기에 관한 학위논문을 살펴보면서 연구자에게 주목된 사실은 23편의 연구논문 중에서 오직 7편만이 남성학자에 의해서 수행되었고 나머지 16편이 여성학자들의 학위논문이었다는 점이었다. 대체로 여성심리학자들이 남성심리학자들보다 심리전기적 연구를 선호하는 특별한 이유와 배경이 있는지 또 다른 연구주제가 될 수 있다고 본다.

심리전기적 저술

:: 국내 심리전기적 저술

첫 번째로 살펴보고자 하는 작품은 전인권(2000)의 「아름다운 사람 이중섭」이다. 앞부분은 이중섭(1916-1956)의 작품세계에 관한 것이고 후반부는 그의 생애에 관한 것이다. 물론 이 책은 작품세계 분석에 더 중점을 두었기에 본격적인 심리전기라고는 할 수 없다. 전인권은 이 책을 쓴 가장 큰 목적으로 이중섭을 지배하는 정신적 배경을 규명하는 것이라고 하였기에 연구자는 이 저술이 심리전기로서의 면모를 갖추고 있다고 판단하고 선행연구에 포함시킨다. 그는 이 책의 맨 뒤에 '황소그림의 의미와 모성 콤플렉스'를 보론(補論)으로 실었는데, 이는 정신분석학적인 논의일 뿐만 아니라 한국인의 정신세계에 관한 분석이기도 하다고 저자는 설명하고 있다. 그중에 매우 중요한 부분을 보면 '이중섭의 소 그림'과 '이중섭의 모성 콤플렉스'이다. 전인권은 이중섭의 모성 콤플렉스는 너무도 현저할 뿐만 아니라 이중섭의 모든 작품에 영향을 미치고 있으며 그의 생애에도 결정적 영향을 미쳤다고 분석한다.

두 번째로 살펴보고자 하는 선행연구는 바로 전인권(2006)의 박정희 평전: 박정희의 정치사상과 행동에 관한 전기적 연구이다. 이 책은 박정희의 정치사상과 행동이 그의 성장 과정과 개인사적 경험에 의해 형성됐고, 그의 심리적 요인과 체계적인 관련이 있다고 보고 그의 성격 · 사상 · 행동방식이 형성되고 발전되는 과정을 연대기적으로 제시한다. 전인권은 박정희의 삶과 사상을 '심리적 고아'라는 개념으로 분석했다. 이 책은 '심리적 고아'의 특성이 '유기(遺棄) 불안'과 함께 5 · 16 쿠데타와 유신 추진 등과 같은 결정의 원형이었으며, 국가주의 사상과 밀접한 관계가 있다고 주장한다. 그는 원래 우리나라를 비롯한 동양권에서 전(傳)은 인물에 대한 기록, 기(記)는 사건에 대한 기록을 의미하는 유교문화권의 전통적인 저술 문화이었음을 지적한다. 그러면서 그는 Erikson이 임상에서 만나는 환자 한 사람 한 사람(one-body-psychology)을 '역사에 대한 연구'라고 보았듯이 이를 다시 '정치에 대한 연구'로도 볼 수 있다고 보았다.

반드시 심리전기가 아니더라도 자신에 관한 평전(전인권, 2004)을 이미 내었고 요절한 국민화가 이중섭과 5 · 16 혁명을 일으켰으며 영부인 육영수의 암살에 이어 자신도 중정부장 김재규의 정치적 암살에 의해 삶을 마감한 박정희 대통령이라는 우리나라의 역사적인 유명인사에 대한 전기저술을 시작한 그가 이른 나이로 타계한 것은 전기적 연구의 진척을 위해서는 매우 유감스러운 일이라고 생각한다.

:: 국외 심리전기적 저술

국외 심리전기적 작품으로 Donald Capps(2000)의 「Jesus: A Psychological Biography(예수 : 심리전기적 접근)」을 살피고자 한다. 그는 목회상담학자로서 예수에 대한 심리적 전기접근을 시도했다. 저자는 성서신학계에 일대 혁신을 몰고 왔던 '예수 세미나'에서 다루어진 예수에 대한 재해석과 재평가들을 다루고 있다. Capps는 이 저술에서 예수의 개인적 정체성과 그의 자기이해를 입증하기 위하여 역사적, 사회학적 그리고 심리학적 방법을 사용한다. 이미 사용된 형태로서의 내러티브로 이해된 신화는 당연히 자기이해와 세계이해의 방식이다. Capps 책의 가치는 예수에 관해서 전해 주는 지식에 있다기보다는 독자들의 내면에 줄 수 있는 변형의 영향력에 있다. 정신분석학적 그리고 발달심리학적 이론들은 자료적이고 개인주의적이기 때문에 제한되어 있다. Jung의 분석학적 심리학과 James Hillman의 원형심리학이 예수의 성격에 대한 Capps의 초인간적 차원에 기여하고 있다.

마지막으로 살펴보고자 하는 심리전기 저술은 Alma Halbert Bond(1989)의 「Who Killed Virginia Woolf: A Psychobiography」이다. 그녀의 자살의 원인은 무엇인가를 정신분석 전문의인 Bond는 그녀의 비극적 종말, 그녀의 결혼의 진정한 모습, 성적 불안정의 고통, 자기존중감의 결핍 등에 대한 이야기 줄거리를 좇아가면서 밝힌다. 영국에서 정신분석이 활발하던 시기에 Virginia는 정신분석을 거부하였거니와 Bond는 수십 년 후에 다시 그녀를 카우치에 누이고 그녀의 목소리를 읽어내고 자유연상을 하며 정신분석을 하고 있다. Bond는 정신분석 전문의로서 Virginia와 그녀의 언니 Vanessa 그리고 그녀의 연인 Vita Sackville-West와의 관계에 대해 분석하고 있는데, 그 기술과 분석이 매우 사려 깊고 인식적이며 설득력이 있다. 그녀의 묘사와 분석은 Virginia Woolf의 생애의 중요한 국면에 대한 값진 통찰을 제공해 준다. 또한 무엇보다도 Virginia의 결혼에 대한 저자의 분석은 통찰력이 있다는 평가를 받는다. 저자 Bond는 남편 Leonard Woolf의 생생한 초상과, 남편과 아내가 상호작용한 방식들을 그림처럼 그린다. 그리고 마지막으로 Virginia의 드라마틱한 최후의 행위에 대한 무대설정도 훌륭하다. 그녀의 최후의 행위는 이 책의 존재이유이기도 한데, 이 책은 이야기의 원전, 민감성, 인상적인 학문성을 나타내고 있는 심리전기적 저작물로써 높은 평가를 받고 있다.

part

02

심리전기적 연구 방법론 적용사례

04

연구사례

저자는 존속살해 무기수 바오로의 내러티브 분석을 위하여 질적 연구 방법론의 하나인 이야기심리학의 심리전기적 방법론을 사용하였다. 본 연구는 존속살해자에 대한 질적 연구 및 종단적 연구, 그리고 이야기심리학적 심리전기라는 독특성을 지닌다.

연구의 주제

인간은 모두 가족의 일원으로 이 세상에서의 삶을 시작한다. 최근 전지구적으로 가족의 형태가 다양해지고 있으며, 가족관계 양상, 그중에서도 특히 부모가 자녀를 양육하는 철학과 방법도 다양해지고 있다. 무엇보다도 부모와 자녀 간의 대화 및 의사소통 양식이 후기 산업 사회 이후 정보화 사회로 변화한 21세기에 들어서 더욱 급속도로 변하고 있다. 가족구성원 중 자녀는 부모와의 밀접한 상호작용을 통해 기본적 욕구를 충족하며, 적절한 자아개념을 지닌 인격체로 성장한다. 자녀의 인격 성장과 발달은 끊임없이 계속되는 과정으로서 부모의 신체적, 심리적, 영적 건강상태가 자녀의 건강한 성장발달을 위한 매우 중요한 요소가 된다.

본 연구의 주제는 학대받은 존속살해 무기수 바오로의 내러티브에 대한 심리전기적 연구이다. 해석학적 목회상담학을 발전시킨 Gerkin이 주장한 것처럼 연구자는 한 개인이 정신적, 영적 삶의 여정에서 부딪히는 경험의 깊이는 기독교 신앙 전통의 역사적 텍스트가 가지고 있는 깊이와 동일한 정도의 존중을 받아야한다고 생각한다. 바오로 개인은 살아 있는 문서로서 계속해서 새로운 언어와 행동을 통해 자신의 내적인 세계를 표출하고 있다(Gerkin, 1998). 바오로의 내러티브는 그 자체로 자기 완결적 가치가 있으므로 이해와 해석의 대상이 될 수 있다. 이러한 관점에서 본 연구자는 그의 삶이 표현된 언어들을 이해하고 해석하려 한다.

존속살해는 어떠한 범죄인가? 존속살해 무기수의 삶의 체험의 본질은 무엇이며, 그 의미는 어떻게 조명될 수 있는가? 우리 사회는 존속살해에 대한 이해도를 높일 필요가 있고, 존속살해와 관련된 한 사람 한 사람의 살아 있는 경험의 특수성을 연구할 필요가 있다. 또한 여기서 공통적으로 드러나는 문제점에 대해 진지한 관심을 가지고 연구의 지평을 확장해 나아가야 한다. 가해자이기 이전에 대부분 피해자였던 이들의 삶의 모습을 있는 그대로 조명해 보고, 각 개인에게 적절한 도움을 제공할 수 있어야 한다. 교도소 수감은 처벌과 교정의 두 목적에 부합할 뿐이지 이들이 실질적으로 필요로 하는 치유와 상담까지 제공하지는 못하고 있기 때문이다.

존속살해가 자손에 의한 부모 및 존속살해를 의미하므로 본 연구의 핵심적인 관심은 부모-자녀 관계에 있다. 먼저 인간의 발달 과정에 절대적인 위력을 발휘하는 부모-자녀 관계에서 자녀 학대 문제로 연구를 시작하고자 한다. 본 목회적 사건에서 보듯이 부모-자녀 관계가 대파국으로 끝나지 않더라도 부모-자녀 간에 갈등을 가지고 있는 가정은 너무나 많다. 진정으로 행복한 부모-자녀 관계 구축과 바람직한 자녀 양육은 그냥 되어지는 '자연산업'이 아니다. 이 글에서는 부모-자녀 간의 갈등을 넘어서 부모의 자녀 학대와 방임의 실상은 어떠한가를 살피고, 학대받은 연구참여자에 대한 분석심리학의 원형론을 통해 이러한 실상을 이해하고자 한다.

연구자는 가족 간의 갈등을 예방하고 해결하는 과제는 목회상담의 중요한 연구 영역이 되어야 한다고 확신한다. 이러한 전제하에 가족갈등의 극단적 사례인 존속살해를 연구하는 것이 수많은 가정의 갈등을 목회상담적으로 접근하는 목적에 기여할 수 있다는 취지에서 '학대 받은 존속살해자(Abused Parricide Offender)'[1] 바오로에 대한 심리전기적 연구를 수행하고자 한다. 인간이라는 종은 보편적 특질을 가지고 있다. 비록 한 개인의 특수한 사례라고 하더라도 그것을 인간의 보편성이라는 측면에서 이해할 수 있다. 이러한 관점에서 존속살해 사례를 연구주제로 삼은 것이다. 부모와 자녀 간의 갈등과 학대를 넘어서 존속살해에까지 이른 본 사례를, 연구자는 인간학적인 이야기심리학의 심리전기적 방법으로 조명하고자 한다. 심리전기적 방법론은 한 개인의 삶의 이야기를 통전적으로 볼 수 있는 틀이다. 심리전기는 주인공의 내부세계, 즉 그의 생애사가 그의 정신과 행위에 미친 영향을 심리적인 사실을 부정하지 않고 사람 중심으로 채집하여 내어 놓는 것이다(박성희, 2004).

한국의 학문적 토양에서는 인간발달에 대한 질적인 연구가 제대로 자리 잡지 못한 경향이 있다. 더구나 심리전기로 수행된 박사학위 논문은 전혀 찾을 수 없다. 이러한 사실에서 본 연구의 의의를 찾을 수 있다.

연구자는 심리전기적 방법론과 아울러 Poling의 목회신학적 방법론을 사용하였다. 연구참여자의 가정은 독실한 기독가정이었다. 그러나 그들의 열성어린 신앙편력에도 불구하고 신앙문제가 부모-자녀 갈등과 범죄의 불씨를 제공하는 역할을 하였기에 이 가정의 구체적 체험을 목회신학적으로 성찰하려는 것이다. 이는 한국교회와 기독가정의 한 단면을 파헤치는 일이며, 더 나아가서 한국교회와 사회에 유용

1) Abused Parricide Offender(APO)는 학대받은 존속살해자라는 의미를 나타내며 이러한 사례는 거의 모든 나라에서 찾아볼 수 있는 사례인데, 그중에도 부모를 함께 살해한 사건은 double parricide라 구별하여 연구되고 있다.

한 목회신학적 지혜를 얻을 수 있는 계기가 될 것이다.

연구의 동기와 목적

2000년 5월 발생한 한국 최초의 '명문대학생의 친부모 토막살해'[2] 사건은 과연 어떠한 원인으로 발생하였을까? 연구자는 이 사건으로부터 충격과 함께 몇 가지 의문을 갖게 되었다. 그 가정은 개신교 여러 교회를 전전하다가 더 나은 기독교회 시스템을 찾아서 천주교로 전향한 집안이었고, 어머니는 신학대학원을 다닌 사람이었다. 이러한 사실들에서 연구자는 이 사건에 대해서 연구하는 것이 수많은 가정의 갈등을 목회상담학적으로 이해하는 하나의 사례가 될 수 있다고 생각하게 되었다.

범죄심리 전문가들은 범행동기를 분석할 때 가족, 학교, 사회 가운데서 가족을 가장 중요시한다. 가족이야말로 한 사람의 인격과 인성, 자아를 형성하는 기본 틀이기 때문이다. 바로 그 가정은 사랑을 만드는 곳이어야 한다. 사랑이 몸에 배도록 특별히 부모들은 사랑의 근원이어야만 한다. 그런데 부모들이 이 사명을 감당하지 못할 때 자녀들은 문제아로 변하기도 하며, 이로 인해 사회가 흔들리기도 한다. 연구참여자 부모의 경우처럼 정서적인 이혼 상태가 갈수록 우리 사회에 만연해 가고 있는데 이는 심각한 문제가 아닐 수 없다.

연구자는 바오로의 사건을 통해서 처음으로 존속살해라는 범죄에 대해 관심을 갖게 되었다. 그 구체적인 경위는 다음과 같다.

첫째, 사건을 발생시킨 연구 대상자와 그의 형이 연구자의 두 아들과 같은 나이라는 점에서 관심이 촉발되었다. 상담학을 공부하면서 늘 '우리 아이들'의 개념을 가지고 있었기에 도대체 우리 아이들하고 같은 청년[3]이 어떠한 연유로 부모를 살

2) 엄밀히 말해서 '토막살해'는 언론에서 과장되게 표현한 것이고, 사건 후에 시체를 분리해서 은폐하려고 한 것이다. 살해 이후에 분리한 것이지, 토막살해라는 표현은 정확한 표현이 아니며 어폐가 있다고 생각한다. 이 점에서 연구자와 연구참여자는 같은 입장이다.

해하게 되었을까 하는 호기심이 발동한 것이다.

둘째, 이 사건을 보며 연구자의 마음에 떠오른 것은 죄의식이었다. '내가 전도를 다 하지 못해서 이런 일이 발생했구나' 하는 기독교인들이 갖는 통상적인 강박관념적인 죄의식이 마음을 건드렸다. 그때 우연히 옛 직장동료와 통화를 하다가 그 사건으로 마음이 쓰이고 전도하지 못한 것 등을 생각하고 있다고 고백했다. 놀랍게도 친구는 "그들은 우리 교회에 다니다가 천주교로 옮겼고, 자기의 두 자녀와 주일학교 동학년이다"라는 미처 예기치 못한 가족 배경을 들려주었다.

그 당시 연구자는 자녀문제로 일시적으로 심적인 곤란을 겪고 있었고 부모-자녀 관계에 대해 많은 생각을 하고 있던 중이었다. 이때 사건을 접한 연구자에게 떠오른 단순한 생각은 무슨 잘못을 저질러도 부모는 자녀를 생각하고 보살필 의무가 있으며 이 청년은 부모가 없으니 잠시라도 그와 함께 해야겠다는 결심이었다. 심적 고통을 당하고 있는 자가 다른 이의 고통에 마음을 여는 상황이었던 셈이다. 당시 연구자의 상식으로 바오로가 극형 언도를 피할 수 없으리라고 생각하고 무조건적으로 그를 수용하려는 마음으로 접촉을 시도했다.

연구자가 보다 더 관심을 가진 것은 사건 이후의 그의 삶이다. 되돌이킬 수 없는 것보다는 지금 새롭게 의미를 만들어 가고 있는 삶에 마음을 열고 대화를 나누는 것이 연구자의 주된 관심사요 역할이었다. 서로 상이한 입장과 경험으로 모두 공감하고 지지하고 수용하지는 못한다 해도 그의 삶의 이야기에 귀기울이는 것이 연구자 개인에게는 중년기 삶의 중요한 과제로 부각되었다. 그의 고통, 좌절, 분노를 들으면서 적절한 도움을 줄 수 없는 무기력과 충분히 경청하는 태도를 취하지 못해서 그의 실망과 분노를 일으켰을 때의 자괴감은 상담자 자신을 많이 돌아보게 하고 더욱 겸손해지도록 만들었다.

---

3) 연구자가 굳이 '청년'이라고 기재하는 것은 영아부터 유아, 아동, 청소년, 청년 모두를 '아이'로 통칭하는 것은 대상에 대한 인격적 대우로서 부족하다는 이유에 있다. 대상에 맞는 구별된 호칭이 중요하다는 이유에서 청년이라고 기록한다.

연구자는 한 명의 지인으로서 교류하던 관계를 연구자와 연구대상자의 관계로 전환하여 이 사례를 심층적으로 연구하려는 의욕을 갖게 되었다. 존속살해는 세계 모든 나라에서 발생하고 있는데, 이에 대한 학술적인 연구는 그리 많지 않다. 이에 연구의 필요성을 절감하게 되었고, 더욱이 목회상담학적으로 수행된 존속살해 연구는 찾을 수 없었기에 책임감을 느끼며 연구를 진행하게 되었다. 존속살해는 한 가족만의 비극이 아니라 그 가족이 소속하고 있는 사회 전체에 커다란 파장을 던지는 사건이다. 연구자는 8년 전에 발생한 본 목회적 사건에 대해서 심리전기적 방법론과 목회신학적 방법론을 통해 연구를 수행하고자 한다. 구체적으로 인간학적 이야기심리학의 관점에서 전기적, 내러티브적, 해석적 방법을 통합적으로 활용함으로써 질적연구 방법인 심리전기적 방법론을 적용한 심도 있는 학술 연구를 수행하는 데 그 목적이 있다.

처음에는 연구참여자의 정황에 깊이 관여하고자 하는 의도는 없었다. 오직 함께 하려는 동기에서 시작하였는데, 그와의 대화를 지속하는 과정에서 그가 골똘히 생각하고 고민하는 자기정체성과 인간 이해에 대한 탐구에 공감하게 되었다. 본 논문에서는 연구참여자 바오로가 자신의 삶의 온전한 주인공으로서 그의 생생한 목소리가 울려나도록 하는 것을 주요한 목적으로 삼는다. 연구자의 역할은 그가 자기 삶의 저자로서 자기 삶의 이야기의 주인공이 되도록 조력하는 것이다. 연구자는 그의 대화적 자아, 혹은 이야기적 자아의 한 대상자로서 그가 스스로 아무 이야기나 말하고 그 이야기 속에서 자신을 발견하고 새로운 이야기를 만들어 가는 능력을 얻도록 돕는 과정 가운데 있다(정석환, 2001b).

만남이 있는 곳에 이야기가 있다. 그의 이야기가 나의 이야기가 되고 우리의 이야기가 되는 것이 또한 연구논문의 중요한 동기이며 목적이다. 그의 이야기가 그만의 이야기가 아니라 우리 모두가 경청하고 수용하고 지지하며 숙고해야 할 진지한 삶에 대한 물음이라는 것을 시간이 흐르면서 더욱 절감하게 된다. "인간이란 과연 어떤 존재인가?" 하는 신학적인 물음이 본 연구 전체를 이끌고 간다. 수감생활의 실존 속에서 그는 함께 하는 재소자들과의 만남 속에서 인생을 만나고 있으며, 때로 경악하고 배우기도 하면서 자신의 이야기를 만들어 나가고 있다. 출방하는 이가 있는가 하면 입방하는 새로운 식구가 생겨서 만남과 헤어짐은 부단히 이어지고 있다. 그는 다양한 인간의 생생한 면모를 매일 대하고 있다. 목회상담은 한 개인과 그 개인의 문제에만 치중하지 않고 각 개인이 속한 공동체 안에서 문제를 파악하고 상담이 이루어져야 한다. 목회상담은 개인의 치유뿐만 아니라 한 개인이 공동체로 돌아가서 조화로운 삶을 살 수 있도록 환경과 치료공동체를 조성하는 공동체 조성자의 역할도 요청받고 있다(유영권, 1996).

우리 모두가 상상하기 어렵지 않듯이 수감생활의 스트레스로 인해 수형인들은

표 4-1 사회적응 평가지수(Holmes와 Rahe)와 스트레스 평가치(홍강의 · 정도언)

	사회적응 평가지수		스트레스 평가치	
순위	생활사건	부담량 평균치	생활사건	부담량 평균치
1	배우자의 사망	100	자식 사망	74
2	이혼	73	배우자 사망	73
3	부부간의 별거	65	부모 사망	66
4	**수감기간(교도소)**	**63**	이혼	63
5	가까운 가족의 사망	63	형제 사망	60
6	자신의 부상 또는 질환	53	혼외정사	59
7	결혼	50	별거 후 재결합	54
8	해고	47	부모의 이혼, 재혼	53
9	부부간의 재결합	45	별거	51
10	퇴직(은퇴)	45	해고, 파면	50
11	가족의 건강상의 변호	44	정든 친구의 사망	50
12	임신	40	결혼	50
13	성적 어려움	39	**징역**	**49**

일반인이 쉽게 느낄 수 없는 항존하는 스트레스 상황에서 생활하고 있다. 표 〈4-1〉 Holmes와 Rahe(1967)의 사회적응 평가지수에서 상위 네 번째가 수감기간으로 부담량 평균치가 63이며, 이를 바탕으로 제작된 한국판 스트레스 평가치(홍강의 · 정도언, 1982)에는 징역이 49로 나와 있다(김계현, 2003).

원주교도소를 예로 들면 3.5평방에 10여 명(과거에는 13명이었음)의 수형인들이 함께 혼거하면서 생활하고 있다. 이러한 조건을 감안한다면 재소자들의 인간관계와 갈등의 표출은 엄청난 시련이며 동시에 훈련 과정일 수 있다. 그 과정이 모두의 교정에 얼마나 긍정적인 효과를 불러올지 누구도 쉽게 속단할 수 없거니와, 언제나 10~13명이 함께 생활하는 집단생활은 인간의 적나라한 모든 모습을 서로 노출하고 비판하며 상호영향을 주고받을 수밖에 없는 공적인 구조이다. 사건 직후 여러 심리학자들에 의해서 우울증과 회피성 인격 장애를 갖고 있는 것으로 정신감정된 연구참여자로서는 누구보다도 어려운 현실과 마주하고 있음을 알 수 있다. 대인관계의 어려움으로 고통을 받고 움츠러드는 그에게 현실은 원치 않는 방식으로 다가왔고, 항상 누군가와 '함께 있음' 자체가 그에게는 가혹한 인생수련인 것이다.

연구 목적의 핵심은 연구참여자가 진실로 바라고 원하는 "인간이라는 존재의 본성은 무엇인가? 나는 어떤 사람인가?"라는 탐구의 동료가 되어서 함께 연구하고 탐색하고자 하는 데 있다. 그와의 접촉은 주로 편지로 이루어졌다. 우리의 관계는 지난 8년 동안 120여 통의 편지와 24회의 만남을 통해서 지속되고 있다. 그리고 시간이 경과하면서 연구자의 내적 동기를 탐색해 보니 바로 연구자 자신이 '기독교 가정의 부부 갈등'으로 성장기에 많은 고통을 겪었고 콤플렉스를 가지게 된 자녀였다는 사실을 자각하게 되었다. 그 결과 연구자가 연구참여자에게 깊은 관심을 갖게 된 무의식적 배경의 일부를 자체 분석할 수 있었다.

목회신학적으로 볼 때, 소속 교회생활을 통해서 실제 생활에 필요한 가르침과 훈련을 흡족하게 얻지 못하고 더 낳은 해답을 위해 이 교회 저 교회로 전전하고 있는 사람들이 많다. 이처럼 끊임없는 '신앙고백적' 신앙생활에도 불구하고 고백자들의 삶을 변화시키는 작용적인 신학의 힘(권수영, 2005, 2007)의 참모습을 자각하지 못하고 있는 수많은 기독교 가정의 부모와 자녀를 생각하면서 '부모-자녀 관계'를 연구 주제의 일부로 삼고자 한다.

연구자는 이 논문을 통해서 바오로가 자기 자신과 자신의 가족, 즉 부모님과 그의 형과의 새로운 대화를 시작하여 변화된 관계 형성을 시도하게 되기를 희망한다. 연구자는 연구참여자의 가정이 기독가정이었고, 어머니의 언행에는 언제나 신앙으로 해결하고자 하는 태도가 있었다는 데 주목한다. 이를 바탕으로 크리스천으로서의 진지한 반성과 숙고를 통해서 목회상담이 어떻게 가정, 교회, 사회 현장에서 참된 기능을 발휘할 수 있을지 고민하는 데서 본 연구의 출발점을 찾고자 한다.

연구의 범위

본 연구는 주로 연구참여자와 연구자 사이에 2000년 여름부터 2007년 겨울까지 8년간 오고간 서신에 의거하여 연구참여자의 심리에 접근하는 것을 1차 목적으로 하였다. 그리고 언론과 인터넷 및 카페에 공개된 자료들과 연구자와 연구참여자 사이에 교환된 정보에 한하여 연구자료로 삼았다. 부차적으로 연구자의 친구가 연구참여자가 16년 동안 다니던 교회를 같은 기간에 출석하여서 간접적으로 연구참여자에 대한 정보를 얻을 수 있었다. 그리고 연구자를 아는 분이 연구참여자 가족이 옮겨간 성당에 출석하고 있어서 간접적인 정보를 얻을 수 있었으며 또한 그의 형과 접촉하고 있던 수녀님으로부터도 유용한 정보들을 습득할 수 있었다.

05

연구의 진행 과정

예비연구 진행 과정 및 결과

연구자는 모두 3회에 걸쳐서 바오로의 삶에 관한 예비연구를 시행한 바 있다. 이를 〈부록 1〉에 게재한다.

자료수집 과정

바오로 인적사항

1976년 8월 29일 서울 출생, 남자, 화곡동, 반포 등지에서 살다가 1982년 과천으로 이사하여 20여 년간 살던 중, 2000년 5월 21일 친모와 친부를 집에서 각기 살해하고 사체를 토막 내어 유기하였다. 2000년 5월 24일 검거되어 범행 일체를 자백하였다. 그리하여 한국 최초의 대학생 부모 살해사건은 국민적 관심을 모았으며, 피고측의 황산성, 최용근 변호인의 변론으로 1심의 사형구형이 2심에서 무기징역으로 바

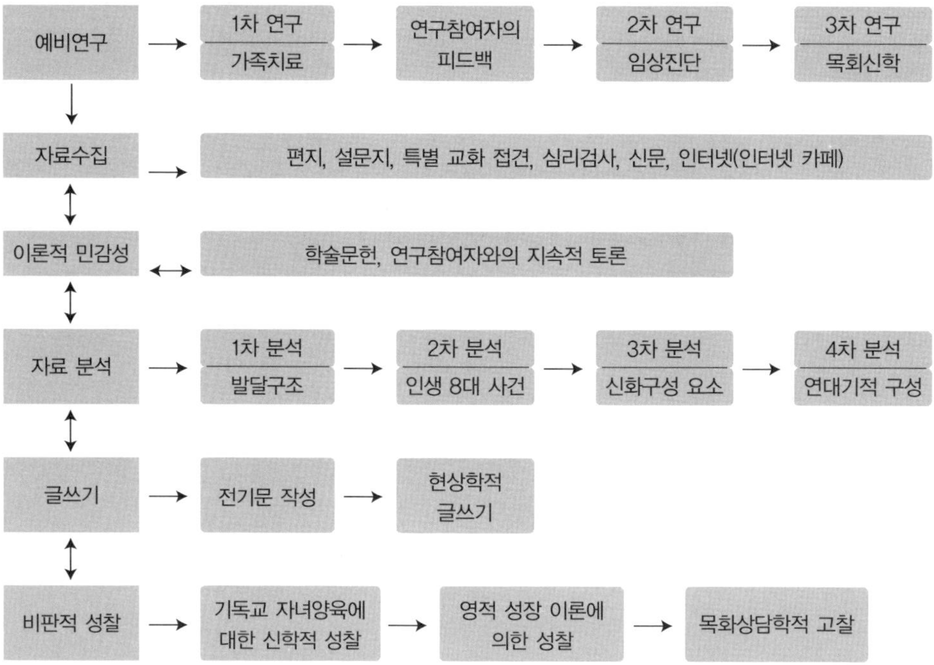

그림 5-1 심리전기연구의 진행 과정

꿔어 선고되었다. 우리나라 현행법에는 존속살해 가중법이 있어서 사형을 면하는 것이 극히 어려운 것이었지만 검찰과 언론의 조사와 취재결과 범행의 동기가 정상 참작되어서 무기징역이 선고되어 2008년 현재 원주교도소에서 수감 중이다.

자료수집

① 2000년 8월 1일 첫 편지부터 현재까지의 서신 128통(2008. 1. 9현재)

② 심층면접 질문지 〈부록 3〉

③ 인터넷 자료—사건이 전국적으로 유명하였기에 각 인터넷 사이트에 글이 많이 올라와 있다.

④ 'KBS-TV 추적 60' 방영(2000. 7. 23.) 비디오 테이프

⑤ 김○○을 위한 인터넷 홈페이지 blue baby(http://cafe.naver.com/*******.cafe)

⑥ 특별(교화)접견 — 2007년 1월 26일 오후 2~4시 특별접견 인터뷰 및 추가 검사

- 사건관련 반구조화 설문지〈부록 4〉
- 자아분화질문지(제석봉 유형)
- Firo-B 검사
- MBTI 성격유형검사
- 영적가계도
- 아스퍼거 검사(5~11세용 및 성인용)
- SCID-I성격검사질문지 및 SCID-II제2축 인격 장애를 평가하기 위한 구조화된 임상적 면담
- 의사소통체크 리스트
- 자기존중지표
- 만족척도

⑦ 교화접견시간에 할 수 없었던 검사지를 송부해 옴

- 너와 다른 나의 주변 환경
- 가치관의 명료화
- 생애곡선
- 욕구강도화일
- 애니아그램
- MMPI 다면적 인성검사

⑧ 초, 중, 고등학교 생활기록부

⑨ 시사저널을 비롯한 각종 일간지와 주간지들

자료분석 및 전기문 작성

연구자는 김○○의 삶을 연구함에 있어서 그간에 채집된 이야기 자료를 가지고 1차

로는 이야기심리학자인 McAdams의 이야기심리학의 구조 중심으로 그의 삶을 배열해 보고, 2차적으로는 McAdams의 인생 주요 8대 사건으로 삶의 이야기를 나누어 보았다. 그리고 3차로는 우리 삶의 개인적 신화를 구성하는 요소들로 볼 때 그의 전기적 삶을 개인적 신화를 구성하는 요소들로 나누어 보고, 다시 이를 통합하여 연대기적인 삶에 따른 그의 전기를 기술하였다. 이 과정에서 Alexander의 아홉 가지 가이드라인으로 검토하고, Murray의 총체적 인간탐구의 방법론에 의거하여 psychometric한 부분을 보완하였고 절차상으로는 Runyan의 8단계 모델 과정을 반복하면서 김○○의 삶을 심리전기문으로 구성하였다.

1차 분석 : McAdams의 이야기심리학의 발달구조 이론을 중심으로

① 이야기 음조 : 0~2세

② 이야기 형상 : 3~6세

③ 이야기 주제와 주인공 : 7~13세

④ 이야기의 사상적 뼈대 혹은 구조 : 14~18세

⑤ 개인의 신화 만들기 : 19~33세

⑥ 성숙성의 대본 : 34~65세

2차 분석 : McAdams의 인생 8대 중대 사건 중심으로

① 삶의 성취와 동기를 밝혀 주는 최상의 경험에 얽힌 이야기

② 삶의 최저점이라고 생각되는 실패와 상처의 경험 이야기

③ 새롭게 전환시켰던 전환기 경험의 이야기

④ 자신의 삶의 이야기를 떠올릴 때마다 기억되는 가장 오래된 어린 시절 이야기

⑤ 어린 시절의 중요했던 기억들과 그에 얽힌 삶의 이야기

⑥ 사춘기 시절에 중요했던 긍정적이고 부정적인 기억들

⑦ 성인이 된 후의 이야기

⑧ 그 밖에 다른 중요한 삶의 기억들에 얽힌 이야기들이다.

3차 분석 : 우리 삶의 개인적 신화를 구성하는 요소들 : 이야기 탐구

의식적이건 무의식적이건 우리는 신화를 만들어 가고, 이것은 구체적 사실들로 구성된다. 그러기에 그의 삶의 구체적 사실들을 신화 구성요소로 재구성한다.

① 어릴 적 기억들

② 환영받은 출생이었는가?

③ 높은 산, 낮은 골짜기, 전환기

④ 출생 순서와 동기 관계

⑤ 숭배하는 영웅 혹은 이상적인 모델이 누군가?

⑥ 가족 내에서의 역할

⑦ 가정과 학교에서의 훈련

⑧ 내가 동일시하는 이야기들(코미디, 로맨스, 아이러니, 비극)

⑨ 삶의 장과 절

4차 분석 : 김○○의 삶에 대한 전기문 구성

① 0~6세 : 스스로 가축기라고 부르는 어린 시절

② 7~18세 : 숨 막히는 학교생활

③ 19~20세 : 대학과 동아리 활동 — 책과 영화를 친구 삼은 Loner

④ 21~23세 : 집보다 나은 군대

⑤ 24~25세 : 문제의 외부화 — 사건 발생

⑥ 25~33세 : 몰락만은 아닌 수형인의 삶

⑦ 34~65세 : 미래를 향한 희망의 씨앗들(성숙의 대본)

현상학적 글쓰기 : 학위논문의 〈부록 5〉에 게재함.

06

존속살해 무기수 바오로의 이야기심리학적 심리전기

부제 : 선악을 넘어서 인간의 본성을 찾는 순례

경험적 특성을 지닌 것은 어떤 것이라도 길게 이야기로 만들어갈 가치가 있으며, 이야기로 만들어질 수 있다.

– Catherine Kohler Riessman –

프롤로그

심리전기는 주인공의 내부세계, 그의 생애사가 그의 정신과 행위에 미친 영향을 심리적인 사실을 부정하지 않고 사람 중심으로 채집하여 내어 놓는 것이다. 바오로는 부모를 죽이고 무기수가 되어 교도소에 갇혀 있다. 그는 인간본성이 무엇인가를 추구하는 데 자신의 모든 것을 걸고 있다. 어떠한 희생을 치르더라도 죽기까지 인간의 본성과 자기 자신이 누구인지는 알아야 하겠다고 절규한다. 그의 인간탐구 이야기는 어떻게 시작되었으며 어떤 방향으로 진행되고 있는가? 종착역에 닿았을 때 과연 그는 어떠한 모습일까?

스스로 가축기라고 부르는 어린 시절

출생부터 순조롭지 못한 산고

신생아 바오로의 외부 환경과의 첫 만남은 어떠하였는가? 그가 어머니로부터 들은 바에 의하면 바오로는 태어나자마자 고열이 나서 이마에 링겔 주사바늘을 꽂았었다. 그는 이 이야기를 전하면서 부모가 자신을 안쓰러워했다는 투가 아니라, 출생부터 그랬으니 부모가 나를 좋아했을 리가 있겠느냐는 식으로 부모의 학대를 합리화하는 뉘앙스를 풍겼다. Otto Rank는 많은 수의 정서장애의 근원이 출생의 외상(trauma of birth)에 있음을 밝혔는데, 출생의 외상이란 유아가 따뜻한 자궁으로부터 무질서하고 혼란스러운 외부세계로 나올 때 경험하는 충격을 말한다. 입원기간이 일주일이라는 것도 사건 후에 친척들을 심문한 검찰을 통해서 알게 된 사실이지 본인은 그 기간조차 모르고 있었다고 아쉬워한다. 우리는 여기서 확실한 증거 없이 소설을 지을 수는 없다. 그러나 출산이 어려웠다는 것과 따라서 당연하게 바오로의 어머니도 어려움을 겪었으리라는 것을 추측할 수 있지만 부족한 자료로 인하여 더 이상 추론할 수 없다. 아무튼 세상과의 첫 만남, 부모와의 첫 만남, 첫 단추 끼우기부터 어려웠다는 점을 이야기할 수 있을 뿐이다. 그리고 이상하리만치 어린 시절 이야기가 자연스레 섞여 나오지 않아서 이 이야기를 채취하는 데는 3년(2005~2007)이나 걸렸다. 부연할 것은 단순하게 위의 사실만 이야기하였지 당시의 상황을 조금 더 설명하거나 이 이야기에 이어지는 이야기가 없다는 것이다.

8년간의 서신 교환 끝에 어렵게 전해준 출산 이야기는 출생부터 그의 삶이 순조롭지 못했음을 보여준다. 문제는 그가 자신의 출생에 관한 중요한 이야기를 어머니로부터 한 번도 제대로 듣지 못했음을 섭섭하게 생각하고 있다는 것이다. 그의 기억력은 예리하다. 출생 이야기는 '고열에 정수리, 주사바늘'이 전부이고 M[1]에게선

---

1) 그는 어머니는 M, 아버지는 F, 형은 S1, 자신은 S2로 부르는데, 공포 때문에 영어 이니셜로 쓴 것이 아니라 증오와 경멸에서 그렇게 한 것이라고 하였다.

머리, 주사바늘 얘기만 들었고, 일주일간의 입원은 검찰에서 처음 들었다고 한다. 그의 출생시부터 가정에 비극이 감돌았다는 증거는 없다. 그러나 우리가 함께 생각할 과제는 그가 특별한 양육이 요구되는 특수한 아동이 아니었을까 하는 것이다. 출생 시에 고열로 일주일씩이나 입원해야 했던 그는 결코 건강하게 무럭무럭 자라나며 부모를 기쁘게 하는, 갖가지 재롱과 재주를 빨리 익히는 아들은 아니었을 것이다. 식생활 습관은 모자관계의 역동을 만드는 한 가지 중요한 요소인데 그는 음식을 저작해서 삼키는 일에 곤란을 느껴서 '굼벵이' 별명을 얻게 되었으며, 만능 스포츠맨인 아버지와는 달리 공을 튀기는 능력이 없어서 환영받는 아들의 역할을 시작하지 못했다. 그는 일찍부터 아파트 단지를 혼자 배회하며 사람보다는 사물들과 대화하는 어린이로 성장하기 시작한다.

주공아파트에서 잠자리 잡고 토끼풀 뜯던 최초의 기억

그에게 최초의 기억에 대한 질문을 3년 이상 한 끝에 어렵게 얻은 이야기는 뜻밖에도 잠자리와 토끼가 나오는 아름다운 어린이 동산에 관한 이야기였다. 그는 6세 이전은 기억에 없는데, 잊은 게 아니고 자의식이 미발달되어 기억을 아예 못한 것뿐이라고 말한다. 최초의 기억은 6세 때 서울 반포 주공 APT 단지에서 잠자리를 잡으러 다니고 잠원 초등학교 토끼장에 풀을 뜯어 주던 것이라고 한다. 이는 그의 심성 깊은 곳에 자리 잡고 있는 살아 있는 것에 대한 사랑—한 걸음 더 나아가 훗날의 생태적 민감성(eco-sensitivity)까지도 연결되는 아름다운 추억이다. 그는 지금도 사람은 물론이고 미물에 이르기까지 고르게 사랑하고 존중하려는 마음을 지니고 있으며 자연과 환경에 대한 민감성이 뛰어나다. 그의 잠자리와 토끼 이야기는 그에게서 받은 아름다운 편지 한 장을 떠올리게 했다.

교도소 편직공장에서 내복 만드는 일을 하고 있던 그는 어느 날 이른 아침 재봉틀 사이에서 발견한 작은 거미 이야기를 들려주었다. 이 이야기는 그의 심성 깊은 곳에 작은 미생물에 대한 생태적 민감성이 자리하고 있음을 보여주고 있다. 한편으로 그는 자신은 재봉틀 실 사이에 집지은 새끼 거미처럼 세상살이의 첫 발을 잘못 디뎠으며, 과연 그러한 실수를 만회할 수 있을지…… 라고 희망 너머 저곳을 응시하고 있었다.

> 오늘 6월 30일, 아침에 공장 나가보니, 신기하게도 재봉틀 위에 늘어진 실 두 가닥사이로 작은 거미가 집을 지어 놓았더라구요. 매일 쓰는 재봉틀이니까, 어젯밤 사이에 거미가 침투해서 정지된 실 두 가닥에 집을 지었다는 이야기니 꽤나 놀라웠습니다. 곧 재봉틀 돌리는 순간, 실이 기계로 들어가면서, 작은 거미가 세상 나와 처음 지은 게 틀림없어 보이는 새 집이 망가진다는 운명도 모르는 채, 꿋꿋이 거미줄 한복판에 버티고 있는 아주 작은 새끼 거미, 거의 티끌만해서 잘 보이지도 않는 노란색 새내기 거미가 의연하게도 세상에 자기존재 알리고 자연섭리의 먹이사슬에서 제 몫을 다해보려고 재봉실 늘어진 두 가닥 사이에서 미풍에도 흔들리는 집을 꽉 붙들고 있는 광경이라니요!? 재봉틀이 가동되어 집 망가지고 거미조차도 기계에 빨려 들어가기 전에, 거미를 후후 불어서 날려 보냈네요. 원래 작은 새끼거미들은 바람타고 떠다니거든요. 그 거미는 어찌되었을까요? 아마 처음 집을 짓고 세상살이 시작해 본 신출내기였으니, 다른 곳에서도 성공하긴 힘들지도요. 워낙 작은 체구라서 다시 커다란 집을 지을 기력조차 없을지도 모르겠습니다. 만회하기 힘든 사상누각 지은 실수지요…… 저 또한 재봉틀 실 사이에 집지은 새끼 거미 마냥 제 세상살이 첫 발을 잘못 디뎠지요. 과연 만회할 수 있을지…… (2005. 6. 30.)

그의 어릴 적 기억의 중요한 부분의 하나는 6세에 화곡동 근처에서 반포지역으로 이사를 갔다는 것과 반포 남서울 교회에서 처음으로 교회생활을 시작했다는 것이다. 6세부터 시작한 그의 교회생활 이야기를 들어보자. 이 편지는 사건 직후 살아남기 위해서는 지푸라기라도 잡아야 하는, 즉 하나님과의 거래와 타협의 여지가 충만하였던 시기인 사건 6개월 후 사형구형이 확실시 되던 시기에 보낸 온 것이지만 그는 담담하게 자신은 교회생활을 해 왔던 사람이기에 지금 무언가를 전환적으로 요청할 수 없는 처지임을 술회하고 있다. 이런 그의 솔직성은 연구자와의 신뢰성 구축에 큰 주춧돌이 되었다. 물론 사건 직후에 한두 번은 진정으로 하나님께 귀의하고자 한다는 편지를 보낸 적도 있었으나 몇 개월이 안 되어 그는 그의 보다 솔직한 내면을 숨김없이 드러내었다.

> 제가 적응할 수 없었던 것에는 6살 때부터 다녔던 개신교회 주일학교도 있습니다. 비록 신앙심은 없었으나 나름대로 기독교 문화 속에서 20년 가까운 세월을 살아왔고, 성서와 종교생활 자체에는 열의가 없었으나 역사, 문화, 삶 속에 배어 있는 종교의 영향력, 그 의미와 해석에는 항상 관심을 두어왔습니다. (중략) 그렇기에 저는 이미 하느님과 종교에는 익숙했습니다. 저 같은 큰 죄를 지은 사람들 대부분이 '하느님을 모르고 살았기에……' 라고 말하는 것인데, 제게는 그것조차 허용되지 않습니다. 정말 신이 존재한다면, 조금이라도 신을 알았던 자가 이런 일을 저지를 수 있는지 의문이며, 그렇다면 저는 신에게 버림받은 것이 아닌가 하는 생각이 드는 게 사실입니다. 가끔씩 저처럼 중죄인이 사형 전까지 종교에 귀의하여 재소자들을 전도하다 갔다는 이야기를 듣는데, 그건 저로서는 불가능합니다. 밖에서 이미 25년 동안을 교회를 드나들던 자가 이랬다면 누가 그 종교를 믿겠습니까. (2000. 11. 16.)

그는 6살 때부터 개신교회 주일학교에 다니기 시작하여 기독교 문화를 20년 가까이 접했다. 가장 오래된 기억을 그가 일일이 나열하지는 않았지만 교회학교에서 배운, 그리고 교회에서 강조한다고 그가 이해한 기독교의 성서 이야기들은 그를 구성하고 있는 요소 중 가장 큰 부분을 차지하고 있는 핵심적 부분이라고 말할 수 있다. 그가 현재 신자라는 표시를 하지 않고 있지만 그는 기독교에 20년간 담금질이 되어서 지우려 해도, 닦으려 해도, 잊으려 해도 어찌할 수 없이 기독교의 정신과 성서의 말씀들이 그의 혈관과 심장에 면면히 흐르고 있다고 연구자는 생각한다.

심각하게 결핍된 운동신경 — 아스퍼거 장애증후군(?)

:: 바오로와 아스퍼거와의 관계

2007년 1월 26일로 예정된 특별교화접견을 앞두고 연구참여자가 성인 아스퍼거 검사 의사를 피력하여 연구자는 긴급하게 DSM IV 299.80 아스퍼거 장애에 대해 조사하였다. 성인 아스퍼거 장애 진단검사지를 위해서 국내의 번역서 「아스퍼거 증후군 아들을 키우며」(Barnhill, 2002), 「세상과 소통을 꿈꾸는 아스퍼거 증후군 아이들」(Attwood, 1998), 「아스퍼거 증후군: 성공적인 통합교육을 위한 전략」(Myles, 2005), 「자폐증과 아스퍼거 증후군 아동: 치료자와 부모를 위한 지침서」(Howlin, 1998) 등을 조사하였으나 전부 아동에 해당하는 검사만 있었다.

연구자는 그동안 연구참여자가 표현해 온 '60억 인류 일반과 다른' 상태가 바로 그가 어렸을 적에 아스퍼거 장애와 유사한 장애를 지닌 적이 있음을 의미한 것인가 하여 아스퍼거 장애에 대한 저술과(Schopler and Mesibov eds., 1992; Attwood 1998; Barnhill 2002; Howlin 1998; Myles 2005) 논문(Cooper, Mohamed, and Collacott, 1993; Ghaziuddin et al., 1991; Schwartz-Watts, 2005; Murrie et al., 2002; Mawson et al., 1985; Baron-Cohen et al., 1988, 2001, 2003, 2005; Avikainen et al., 2003; Bankier et al., 1999; Baron-Cohen & Wheelwright, 2004; Wing and Gould, 2006)을 섭렵하기에 이르렀고 교화접견 직전 영국에서 제작된 성인용 아스퍼거 검사지 "The Adult Asperger Assessment (AAA): A Diagnostic Method"(Baron-Cohen et al., 2001; Baron-Cohen et al., 2003; Baron-Cohen and Wheelwright, 2004; Baron-Cohen et al., 2005)를 확보할 수 있었다. 이를 토대로 특별접견 시에 5~11세 아동용(Attwood, 1998, pp. 23-28)과 성인용 자폐척도(Autism Spectrum Quotient), 공감척도

(Empathy Quotient), 체계화척도(Systematic Quotient)를 실시하여 실험집단 이상의 수치에 바오로가 위치함을 확인할 수 있었다.

연구자는 바오로가 AS인가 아닌가를 알기 위해서 1월 26일에 검사한 Baron-Cohen 등의 AAA: 자폐척도(AQ), 공감척도(EQ), 체계척도(SQ) 결과를 가지고 한양대 정신과 안동현 교수에게 2007년 2월 27일에 자문을 구한 결과, **검사 결과상으로 아스퍼거로 볼 수 있으나 정확한 진단은 이 분야의 전문적인 훈련을 받은 정신과 전문의의 검사가 필요한데 현재의 연구참여자에게는 그것이 필요하지 않을 것으로 보인다**는 소견을 얻을 수 있었다.

잠시 아스퍼거 장애에 관해서 살펴보고자 한다. 역사적으로 유아 자폐증을 최초로 기술한 Dr. Leo Kanner와 같은 시대에 활동했던, 비엔나의 소아정신과 의사 Dr. Hans Asperger(1944)는 정상적인 지능과 언어발달이 되어 있으나, 자폐와 유사한 행동 및 사회적 기술과 의사소통 기술에 심한 결함을 가지고 있는 4명의 소년들의 행동 양상에 대해 기술한 논문을 출간하였다. Asperger는 Kanner 증후군과 비슷하지만, 이와 다른 몇 가지 중요한 차이점을 발견했다. Kanner가 보고한 열한 명의 소년 중에 세 명은 전혀 말을 하지 못했고, 나머지 아이들도 거의 의사소통을 하지 못했으나, Asperger의 사례에서는 소년들이 마치 작은 어른처럼 말을 잘했다. Asperger는 소년들이 전반적인 운동 통합 능력과 미세한 운동 기술 모두 떨어지는 양상을 보인다고 하였다. Kanner는 기계적인 학습을 시키는 것이 자폐아를 정상으로 발달시키는 가장 좋은 방법이라고 했지만, Asperger는 자신의 환자들은 추상적으로 생각하는 사람들이므로, 자발적으로 성취 가능하다고 보았다. Asperger는 자신이 정리한 증례들을 자폐성 정신장애(autistic psychopathy)라 명명하였다.

영국의 저명한 소아정신과 의사인 Lorna Wing은 Asperger가 정립한 개념을 본격적으로 연구하여 아스퍼거 증후군(Asperger syndrome : AS)이라는 신조어로 이러한 개념을 정리하였다. Asperger는 만 3세 이전에는 이 질환을 진단하기 어렵다고 했으나, Wing은 만 2세 이전의 유아에게서 이미 몇 가지의 뚜렷한 특징이 발견됐다고 보고하였다. Wing의 노력으로 아스퍼거 증후군이 영어권으로 알려지게 되었다. 아스퍼거 장애는 1994년에 DSM-IV에 처음으로 기록되어 근자에 규명되고 있는 장애이다(1981; Attwood, 1998 재인용). 영미 문화권에서도 1990년대 이후에야 다른 장애들과 구별되기 시작하고 있으므로, 1976년생인 바오로의 부모나 당시의 교사, 의사들이 아스퍼거 장애 아동의 특성을 구별해서 대우하기를 기대할 수는 없었다고 본다.

최근 우리나라에서도 아스퍼거 증후군이라는 진단이 아동에게 내려지고 있으나, 아직까지는 참고문헌이 충분하지 않고, 임상적으로도 경험이 부족하여 실제의 임상에서 정확한 진단 등이 제대로 이루어지지 못하고 있는 실정이다. 또한 아스퍼거 증후군이라는 질환 자체가 아직도 논란의 여지가 있는 부분이 많아서 보다 지속적인 연구가 필요하다고 한다. 아스퍼거 증후군은 사회적 상호작용에서 지속적인 장해를 보이며, 제한적이고 반복적인 행동과 관심 등을 보이는 전반적 발달장애의 하나이다. 아스퍼거 증후군을 보이는 대부분의 아동들은 정상 수준의 인지능력을 보이기 때문에 학과수업의 내용이나 언어기능에서는 크게 지체되는 모습을 보이지 않는다. 또한 지능 지수도 정상적인 수치(IQ >85)를 나타내는 아동들이 대부분이다. 최근에는 특정영역에서 천재적인 재능을 보이는 경우가 관찰된다는 보고도 있다. 또한 아스퍼거 증후군을 보이는 아동들은, 비록 같은 진단하에 있더라도, 그 임상양상이 매우 다양한 것이 특징이다.

아스퍼거 증후군을 가진 아동들은 유치원이나 초등학교 생활에서 '특이하거나 이상하게' 보이기도 한다. 그 아동들이 보이는 부적절한 사회성(관계형성능력)으로 인하여 흔히 '왕따'가 되기도 한다. 특이하고 애매모호한 대상에 지나친 관심을 나타내는 그들은 근육운동 기능 이상으로 인하여 보행이나 여타 운동기능이 자연스럽지 못하고 어색한 경우가 많다. 일반적인 사회적인 관습에 대하여 익숙하지 않거나 무지한 경우가 많으며, 대인관계를 어떻게 맺고 유지하는가에 대한 인식이 부족하다. 환경의 변화에 잘 적응하지 못하는 그들은 사소한 변화에 예민하게 반응하면서, 이로 인하여 심한 스트레스를 받는다. Wing은 명확하게 서술하지는 않았지만, 그녀의 연구를 살펴보면, 아스퍼거 증후군을 고기능 자폐증의 일종으로 보기도 하였다. 그러나 현재 ICD-10이나 DSM-IV의 진단기준에서는 두 가지를 별개의 질환으로 인식하고 있다.

AS는 고기능 자폐(high-functioning autism)로 볼 수 있으며 대체로 의사소통에 제한이 없으며 인구 10만 명당 5~100명 정도이고 가족력이 있으며 여성보다는 남성에 많고 성인기 예후는 안정적이라는 것이다. 결론적으로 이 장애의 진단적 논란이 여전하며 장애 발생 비율이 상당히 높은 편이기 때문에 포괄적이고, 철저한 평가에 의해 행동, 언어, 인지 등에서 결함 및 강점의 파악이 중요하다. 사회기술, 언어치료 등 다양한 치료를 통해 아스퍼거 장애를 가진 아동들은 많은 호전을 보인다. 앞으로도 확인할 수 있겠지만 바오로는 가정/학교/군대/교도소에서의 대인관계의 어려움이 심각하였으나 심각한 전반적인 언어발달 지연은 없었다는 점에서 아스퍼거 장애 특성과 일치한다.

:: 연구참여자의 아스퍼거에 대한 관심의 유발

연구참여자는 몇 년 전부터 뇌신경학자 Oliver Sacks(1996)의 「화성의 인류학자(An Anthropologist on Mars)」를 읽으면서 아스퍼거에 대한 관심을 갖게 되었고 또한 아스퍼거 장애인이면서 세계적으로 유명해진 Temple Grandin의 책을 대하면서 공감을 하게 되었다고 한다. 1947년 8월 29일에(우연히 연구참여자와 생일이 같다) 태어난 Temple Grandin 박사는 현재 콜로라도 주립대학교의 조교수인데, 고기능 자폐인(High-Functioning Autism)으로서 성공한 유명인사이자 인간적인 동물축사 디자이너로서 명성을 날리는 교수이다.

다만 어릴 적엔 아스퍼거 증상이 꽤 많았는데 성장하며 대부분 극복했다고 봄

니다. 아스퍼거에 대해서는, 뇌신경학자 Oliver Sacks의 각종 신경장애 사례 모음집인 「화성의 인류학자」라는 책에서 처음 봤는데, 거기에 Temple Grandin의 사례가 실렸었고—'타인의 감정, 행동을 이해 못해서 연구하다시피……'—'내게는 일상생활도 타인들과 치르는 전쟁'—'나는 화성에서 인간을 연구하러온 인류학자' 등의 발언에 크게 공감했으며, Temple Grandin 자신이 직접 쓴 「동물과의 대화(Animals in Translation)」를 보고서도 깊은 인상을 받은 게 전부입니다. Grandin과 아스퍼거 증후군이 제 자신에 대해 많은 이해를 도울 것으로 생각되니 한동안 숙고해 보자는 정도지요. (2007. 1. 31.)

바오로가 부모로부터 야단맞는 내용 중 한 가지가 밥을 늦게 먹는 '굼벵이' 라는 것이다. 이것은 연구자가 나중에 연구참여자의 성인 아스퍼거 검사 요청으로 관심을 갖게 된 바이지만 어려서 운동성이 둔했던 그가 아스퍼거 장애 증후군이 있었을지도 모른다는 가능성을 생각해 보게 한다. 아스퍼거 장애 증후군이 있는 아들에 대한 부모의 학대는 일부 무지의 소치도 있고, 일부는 모친의 성격적인 특성으로 이해할 수도 있다. 그가 스스로 말한 자신의 특징을 보면 DSM-VI를 기준으로 할 때 진단을 내리기에 충분한 증상들이 있다. 만능 스포츠맨 아버지 아래서 공도 튀길 줄 모르는 아들이 겪었어야 했던 무참함에 대해서는 연구자가 더욱 심층적으로 느껴야 할 부분이라고 생각한다. 연구자는 연구참여자에 대한 아스퍼거 검사를 DSM-IV, Lorna Wing의 아동용(5~11세), 그리고 Baron-Cohen 등의 AAA (Adult Asperger Assessment)의 세 가지로 실시하였는데 앞서 DSM-IV진단규준(p. 111)에 의해서 그 자신의 평소의 편지내용(natural setting)을 참고하였다.

DSM-IV에 의하면 아스퍼거 장애와 강박 장애는 반복적이고 상동적인 행동을 수행하는 점이 동일하나, 아스퍼거 장애는 강박 장애와는 대조적으로 사회적 상호작용에서의 질적인 장해와 제한된 관심 및 활동을 보인다는 특징이 있다. 이런 맥락에서 바오로는 사회적, 감정적 상호 관계의 장애를 보인다고 할 수 있다. 그의 말에 의하면 그는 적절한 융통성, 응용력이 없어서, 시키는 심부름도 곧이곧대로 했고, 조금만 일의 순서가 바뀌어도 엉뚱한 실수를 연발했으며, 친구는 전무했고, 언제나 특정하고 비기능적인, 틀에 박힌 일이나 의식에 고집스럽게 매달리는 경향이 있었다. 또한 손재주, 공작 능력도 아예 전무한 탓에 미술, 실과 숙제는 늘 정해진 시간에 완수 못함은 물론 남들보다 며칠 더 늦게 완성해도 결과물은 어설퍼서 학교에서도, 집에서도 비웃음만 샀다. 따라서 그의 기초 능력(특히 운동신경과 손재주) 결핍은 정상인 수준에서 무엇을 상상해도 그보다 '최악'은 없는 극악한 정도라고 생각할 수 있다고 한다. 이어서 쏟아지는 그의 이야기는 그가 아스퍼거 장애 아동이었을 가능성을 더욱 짙게 해 준다.

> 저는, 실로 무능했습니다. 100M 달리기 경주로 치자면, 출발선에서 100M는 더 뒤쳐져 시작한 꼴이었습니다. 지금도 젓가락질 이상하게 하고 볼펜도 희한하게 쥐니까요. 인간이라면 누구나 굳이 배우고 익히지 않아도 자연히 계발되고 향상되는 도구 사용, 공작 능력, 간단한 운동 능력, 대뇌피질 차원이 아니라 소뇌, 연수, 척추와 손, 발 차원에서 가능한 작업들, 이런 것조차 연구하고 연습하며 대뇌피질로 척추, 소뇌가 알아서 자동으로 해야 할 손, 발 작동의 통제까지 행하는 데서 오는 좌절감은 제 자신과 타인에 대한 불신과 공포만 키워 줍니다. 음식물을 적당한 속도로 씹어 삼키는 일조차 못해서 밥을 느리게 먹는 것은 물론이고 간식거리 빵조차 삼키질 못하고 한도 끝도 없이 씹고만 있어서 공개적으로 망신도 당했으며, 게다가 글씨도 엉망이었고 말도 웅얼웅얼했으며 시계 보는 법이나 매듭 묶기조차도 남들보다 느리게 익히는 등, 이해력, 학습 능력까지 부실함이 확인되었으며, 저는 밥 제시간에 먹고 심부름 제대로 하고 학교 숙제 해내기도 힘겹기만 했으니, MFS1 눈에 제가 사람으로 보였겠습니까? "저 새낀 싹수가 노래." 하며 M은 증오했고, 가끔 보는 F도 '둔한 울보 새끼'가 혐오스러웠겠죠. 운동신경은 심각하게 결여되어서, 줄넘기, 자전거타기

> 등의 기초 균형 잡는 동작도 못했고, 공을 땅에 튕기거나 던지고 받는 일은 아예 불능이었고, 비탈진 경사를 오르고 내리는 행동도 못해서 F가 "너는 여자애만도 못해. 둔하고 겁 많고" 하며 욕하기도 했습니다. (2006. 12. 2.)

그는 모든 것이 정상적이었던 형과 비교해서 모든 것이 느리고 부족하다는 평가 속에서 삶을 시작했고 이것은 그의 어엿한 명문대 입학으로도 역전되지 않는 도저히 깰 수 없는 난공불락의 성으로 그의 인생에 자리 잡고 있었다. 가족 관계에서의 어려움이 외부에서의 대인관계의 어려움으로 이어졌다고 그는 이야기한다. 엄마의 가슴과 아빠의 어깨 위에서 따뜻한 사랑을 체험하면서 뛰어놀 나이인 학령기 시절을 그는 어떻게 기억하고 있는가? 그는 자의식을 갖게 되는 중학교 이전까지의 자신을 가축이나 다름없이 무지몽매했고 쓰레기 대접을 받는 주인공이었다고 지난 8년간 한이 맺힌 목소리로 줄기차게 토로했다. 그는 자신에 대한 부정적인 표현을 서슴없이 편지에 쏟아 놓는다.

> 거의 가축이나 다름없이, 무지몽매한 상태에서 살았던 어린 시절…… 쓰레기였습니다(중략). 저는 객관적으로 공부도 못하고 글씨도 못쓰고 말더듬고 운동도 못하고 밥도 느리게 먹는 무능아였으므로 명실 공히 '싹수가 노란 쓰레기'였었지요. 한번 쓰레기였던 사람은 자기 자신을 감당하기도 벅차고 끊임없이 타인 눈치만 보느라 사실상 대등한 인간관계를 못 맺게 되는 법입니다. 물론 그것만으로는 부족해서 '플러스 알파'인 타고난 폐쇄성까지 얹으면 저처럼 되지요. (2002. 11. 17.)

그가 말하는 타고난 폐쇄성은 아스퍼거 장애아의 특성 중 하나이다. 이해받지 못한 장애—대부분의 아스퍼거 장애인들이 성인이 되어서 최초로 진단을 받게 되는 경우가 많다. 연구참여자의 경우 어려서 공을 튀길 수 없었다고 하고 집에서의 별명이 '굼벵이' 였으며, 언어의 유창성의 결여, 즉 약간의 더듬는 현상, 운율의 이상 증상 등을 보였었고, 말을 웅얼웅얼했다고 스스로 이야기한다. 아스퍼거 증후군에 대해 자주 묻는 질문 중에 1, 2번이 유전일 가능성이 있는가와 임신 중 문제나 난산이 원인인가 하는 것이다(Attwood, 1998). Burgoine과 Wing이 열거한 아스퍼거 증후군의 주요 임상 특징을 살펴보면 '감정이입 부족, 바보스러울 정도로 순진하고 부적절하며 일방적인 행동, 친구를 사귀는 능력이 아예 없거나 거의 없음, 현학적이고 반복적인 언어구사, 비언어적 의사소통 부족, 특정 사안에 대한 강한 몰입, 서툴고 부자연스러운 몸동작과 특이한 자세들' 이다(1983; Attwood, 1998 재인용).

또 한 가지 연구자가 추적을 희망하였지만 연구참여자의 동의를 얻지 못하여 포기한 부분은 미혼의 소아마비인 막내 삼촌의 알코올 중독 입원 건이다. 그의 막내 삼촌은 알코올 중독으로 OO정신병원 등에 입원하기도 했었고 친할머니 생전에는 친할머니와 함께 OO동에도 살았었으나 현재는 소식을 알 수 없고 말하자면 집안의 문제의 인물이었다는 것이다. 아스퍼거 장애인들은 사회부적응으로 인해 알코올에 의지하는 빈도가 높아서 알코올 중독으로만 진단되고 아스퍼거 장애진단을 받지 못하는 경우가 많다고 용인정신병원의 정신과 전문의 이석진은 자문에 응답해 주었다. 연구참여자가 희망하는 경우에 삼촌의 행적을 추적하려 하였으나 그는 연구동의서를 작성할 때 형에 대한 부분도 제외하고 부모하고 자신과의 관계에만 초점을 맞추어 줄 것을 요청하였기에 연구자는 더 이상의 추적은 하지 않았다. 우연일 수도 있지만 바오로가 평소에 얌전하다가도 알코올이 들어가면 격한 행동을 많이 보였었다는 주위의 전언이 있었다. 사건도 거실에 있는 양주병을 발견하고 심신미약 상태에서 그것을 들이킨 뒤에 이루어졌다는 점이 바오로와 그의 삼촌과의 유전적 연관을 암시하는 부분이기도 하나 구체적 실증이 없기에 단정할 수는 없다.

바오로는 비록 교도소에 있지만 수많은 자료와의 폭넓은 접촉을 시도하며 자신에 대한 연구를 지속하고 있다. 친구가 전무하고 어디서나 대인관계에 문제를 갖는 것은 아스퍼거로서의 특징으로 간주할 수도 있다. 바오로는 어릴 적 자신이 아스퍼거 장애였을 가능성을 많이 토로한다.

> 도무지 제 또래의 사람들처럼 행동하고 생각하고 느낄 수가 없었고, 나름대로 사람 모이는 곳, 온갖 동호회 찾아다니며 노력도 해봤지만, 결국 언제 어디서나 사람 모이는 곳에서는 마치 물과 기름이 자연스레 분리되듯 제 존재가 이질적임이 드러났다는 그런 전후 사정을 생각하면, 지금 무기수로서 사회에서 격리되고 제 나이에 해야 할 일을 못하고 있다는 게 전혀 억울할 일이 아닙니다. 애초부터 진정코 남들처럼, 남들과 세상에서 사는 일이 제게는 불가능했었기에 교도소에서도…… (2002. 11. 17.)

성인아스퍼거 검사와 검사결과를 받은 연구참여자는 자신은 어려서 아스퍼거 장애를 가졌으나 현재는 모두 극복하여 의사소통, 대인관계 등에 문제가 없는 상태가 되었다고 연구자에게 강하게 자기주장을 하고 있는 상태이다. 그가 진단적으로 아스퍼거인지 아닌지의 문제는 차치하고라도 부모로부터 늘 "You're Not O.K."의 대본을 반복적으로 들었고 따라서 "I am Not O.K."의 자기개념을 키워온 것은 분명하다. 그는 어릴 적부터 굴종과 복종에 길들여졌고, 자신을 풀어 놓고 속내를 남에게 털어 놓거나 무엇을 요청하는 일이 매우 어려움을 호소하기도 한다. 왜 면회 자주 오라고 떼쓰지 않느냐, 무얼 좀 요청하라는 연구자의 편지에 대해 그 이유를 잘 설명하고 있다. 자신도 가끔은 누군가에게 하소연하고 어리광도 부리고 싶을 때가 없진 않으나 머리털 난 이후로 언제 어디서 누구에게든 무얼 조르거나 떼써본 기억이 없다보니 지금은 더더욱 불가능하다고 쓸쓸히 이야기한다.

집에 가기 싫어 아파트 옥상을 배회하며 만화책을……

아련한 그의 추억에는 어릴 적부터 20여 년간 살던 주공아파트가 포함된다. 그곳에서 함께 놀던 친구의 이야기는 등장하지 않고 아파트 단지의 주차장, 놀이터, 경비

실 복도 등의 풍경과 향취만이 그의 기억에 떠오르는데 그것들을 그는 자신의 고향이라고 느낀다. 그의 어머니와의 실생활의 단면을 보여주는 이야기들이 있다. 그는 초등학교 때 소화할 수 없는 설익은 잡곡밥을 억지로 먹어야만 했고 결국 배탈이 나거나 잡곡밥을 입 안에만 가득 채운 후 안 보이는 데서 뱉거나 했다. 학교에 가지고 간 도시락은 남기면 혼나니 아파트 옥상, 비상계단 구석 등에 몰래 쏟아 버리곤 했다고 한다. 그러기 위해서는 방과 후에도 집으로 곧장 가지 못하고 아파트 구석 비상계단이나 옥상 등을 배회해야 했으며 그러다보니 배회 시간이 점점 길어져 10분, 20분, 30분, 1시간으로 늘어났다고 한다. 옥상 문이 잠겨서 철창 틈으로 겨우 빠져나오기도 했고, 옥상, 아파트 복도에 버려진 잡지, 만화책을 주워 읽고 15층짜리 아파트 구석구석을 돌아다니며 집에 가기 싫다고 중얼거리기도 하였다는 것이다. 이는 부모의 관심이 학교 성적과 자신들에 대한 순종여부에만 집중되고, 자녀의 마음이 어떻게 움직이고 있는지는 전혀 모르는 상황이었음을 의미한다. 그가 이해하는 부모로부터의 무시와 경멸을 들어보자. 그의 이야기의 기본 테마이며 사건의 배경이기도 하다.

> 제가 왜 집에서 끝까지 무시당하고 인정 못 받았는지 설명할 필요 있겠습니다(결국 예전에 한 이야기의 반복이죠). 저는 근본적으로 M, F, S1 등이 저를 경멸함에 대해서는 납득할 수 있었습니다. 왜냐하면 제게는 보통의 인간이 기본적으로 지녀야 할 기본 능력, 자질이 결여되었기 때문이지요. 출생 직후 고열증세로 인해 머리, 정수리에 링겔 바늘 꽂고 겨우 살아난 자체부터가 문제였죠. 이후 저는 성장하면서 지진아, 열등생임이 차례차례 입증되었으니…… 마침내 중학 이후로는 성장이 정지되어(M은 늘 '남자는 170'이라면서 168인 F조차 무시했음에도) 163 수준의 왜소한 체구에, 여드름으로 뒤덮인 얼굴과 등, 액취까지로 외모조차 볼품없게 되었습니다. 이 모든 결점은 M, F 자신들의 능력에 비해서도 어이없는 수준이었으나(M은 미술, 음악에 소질 있고, F는 만

능 스포츠맨 수준) 무엇보다 S1과의 비교에서 부정할 수 없는 격차가 나타났습니다.

S1은 초등학교 입학 시부터 온갖 상장을 계속 타오며 방 벽을 도배하기 시작했으나, 저는 기껏 개근상이나 받는 수준에 지나지 않았고, S1이 태권도, 속셈, 컴퓨터 학원 다니고 우등생 친구들과 어울리며 '과학상자' 조립대회며 각종 행사 참여로 승승장구하는 동안, 저는 화석처럼 굳어져 눈만 껌뻑껌뻑하며 밥 늦게 먹고 말 귀 못 알아듣는다고 얻어맞고 있었죠. S1은 중학 때는 '특목고' 보낸다고 견학까지 M과 같이 다녀왔고, 고교 때는 우수 반에 들어가 S대 목표로 하며 성적 최상위 친구들과 같이 다녔으나(실제로 그 친구들은 특목고, S대 갔음) 저는 특목고는커녕 과천고도 못 갈 새끼라며 맨날 혼나는 현실이었습니다. S1은 무엇이든 배우려 했고 금세 익혔으며 자신감, 의욕이 넘쳤고, 높은 성적과 상장을 보여줬으나, 저는 밥 제시간에 먹고 심부름 제대로 하고 학교 숙제 해내기도 힘겹기만 했으니, MFS1 눈에 제가 사람으로 보였겠습니까? (중략) S1 생일잔치에 저는 덤으로 끼어서 "니 생일도 같이 치르는 거야" 얘기 들었었고.

고교 때 S1에겐 저녁 도시락을 뜨끈히 바로 싸서 갖다 줬으나 (저도 S1에게 배달 심부름) 저는 아예 없었구요. S1이 N대 들어갔을 땐 평소 왕래 없던 고모네, 대전 외삼촌 할아버지네까지 방문하며 대입 축하받고 선물 보따리 싸오는 것을 지켜봤었고, (당시 저는 하루 종일 M, S1이 집에 없어서 음악 크게 틀어놓고 해방감 느끼며 놀았죠. 일요일이었거든요.) 대학생이라 하고 테니스라켓, 영어회화 테이프, 486PC 등 사주며 난리가 났음도 생생히 기억납니다.

반면 저는 대입 직후(은근히 고모네 가보고 싶었으나 결국 영원히 못 가봤죠.) 그냥 교보문고나 돌아다니며 혼자 놀았습니다. '싹수 노란 불량품' 이미지를 오직 K대 갔다는 사실 하나만으로 극복할 수 없겠지요. "니가 그것 말고 볼

게 뭐가 있는데?" MF 입장에선 그 정도 학벌은 당연한 것이고, 그 이상의 무엇으로 제 가치를 반증해도 몇 년간은 이미지 재고가 어려울 지경이었지요. 그러나 이때부터는 S1이 고2 이후로 공부 포기하고 수학 0점도 맞아오고 담배피고 당구장 다니며, 독서실 핑계로 계속 집 밖으로 나돌았고, 용돈, 옷만 요구하다시피 했는데다, 목표였던 S대에서 많이 커트라인 낮은 N대 경제과 갔고 대학 1년간 학점도 낙제 수준이었을 뿐만 아니라, S1이 대학 1년 후 육군 다녀와서는 대학 자퇴하며 '소설가'가 되기로 했으니 서울예전 문예창작과 진학하겠다 폭탄선언까지 하면서, 그동안의 M의 통제, 간섭에 불만 터뜨리고 부실한 의식주까지 거론하고 결국 M한테 대놓고 "내 인생, 내가 알아서 하겠다는데, 왜 지랄이야" 욕하며 싸우는 상황도 벌어졌지요. 결국 S1은(중략) OO 공사에 고졸 사원으로 입사했던 겁니다. 이에 비해서 저는 비록 무능했을지언정 M에게 혼나면 혼났지 욕하며 대들지도 않았고 특히 지난 일, 감정 거론한 적도 전무했고, 학교 꼬박꼬박 잘 다녔고 독서실은 아예 근처도 안 갔으며, 성적도 고1-고3 동안 꾸준히 올렸고, 담배 안 피웠고 당구장 다닌 일도 없었으며, 어쨌든 K대라도 가서 B학점 평균 받아오기라도 했으니, 반대급부로 저에 대한 평가가 반등, 나아지리라 기대도 했으나, 엄청난 착각이었습니다.

고교 내내 말썽부린 S1의 대학 진학은 경사였고, F학점 줄줄이 받고 군대 간 S1에 대해선 온 가족 면회 가고 저도 용돈 갖다 주고 외박시켜 주라며 심부름 다녔고 F가 부대장 면담해서 S1을 편한 보직으로 빼 주기도 했으며, S1의 제대 후 전면충돌, 소설가 논쟁, 논란, 대학 중퇴, 공무원 시험 실패 등의 혼란 겪으면서도(M, F는 결국 'S1'을 '도깨비'라고 부르기도 했죠.) 끝까지 제 앞에서는 "S1은 고졸로도 OO공사 들어갔으니 성공이고, 며느리도 고졸이라도 상관없다"며 두둔했죠. MF 눈에, 저는 여전히 미흡하고 어설프다는 거였죠. "S1은 어쨌든지 밥벌이 지가 하게 됐는데, 넌 뭐야?" 고3 말, M이 저를 따로 불러서 "너는 키 작고 눈치 없어서 어디가 취직도 못해. 직장생활, 사회생활할 능력이 없거든.

> 그러니까 전문직, 의사되는 수밖에 없어. 그게 니 살 길이야" 얘기했고, 저더러 고교도 못 갈 놈, 대학 못 나오면 사람도 아니라 말한 건 그야말로 제게만 해당됐을 뿐, S1에 대해선 무한대의 관용, 지지 보인 겁니다. (2006. 12. 2.)

형과의 차별은 그의 뼈에 사무친 원한이다. 말로는 섭섭하지 않았다 부정하지만 구구절절 섭섭함과 서러움이 배어 나온다. 형과의 차별대우, 그것도 차이가 아니라 유무로 구별되는 대우라고 느껴온 그의 가슴엔 찬바람이 세차게 불고 있었다. 형과의 이야기는 아직 끝난 이야기가 아니고 그의 현재 이야기이기에 뒷부분 지면에서 다시 계속할 예정이다.

박대와 구박이 심한 가정에서 가축과 다름없는 생활을 해 왔다고 하는 그의 초등학교 시절은 어떠했을까? 그가 기억하는 학교생활의 한 단면, 특히 폭력 교사들에 대한 고발은 기성사회를 부끄럽게 한다. 1980년대 우리나라 그것도 신도시 과천의 한 초등학교의 현실은 폭력영화의 소재로나 적절한 정도이다. 그는 가정에 이어서 학교에서도 불신을 철저히 학습하게 되었다. 바로 가정과 학교, 여기에 교회까지 덧붙여서 아무런 도움을 받지 못했던 것을 그 자신은 자신의 사회화 실패와 몰락의 원인, 곧 사건의 원인으로 제기하고 있다. 어떤 한 인격적인 교사와의 개인적인 만남이 이루어졌더라면 분명히 그의 생은 달랐을 것이다.

> 초등학교 3학년 때 담임교사는 어느 날 방과 후 아이들을 집에 못 가게 하고는 '내가 교무실에 가서 다른 선생 보기 창피해서 말이지. 왜 너희 부모들은 나를 여지껏 안 찾아와? 내가 우스워 보여?'하며 노골적으로 촌지 요구하는 연설을 30~40분 동안 늘어놨고, 5, 6학년 때 담임은 히스테리성 체벌을 따귀, 발길질, 몽둥이로 수시로 가하고 욕을 잘해서, 방과 후면 아이들이 교문을 나서자마자 '최OO, 개새끼, 죽일 놈, 썰어서 냉장고에나 넣어버려' 등의 욕하기 바빴었고, 중 1 때 담임은 억지로 자율학습시키며 영어문법 못 외우면 집

에 늦게 가게 하고, 배탈 났다는 아이는 마룻바닥에 엎어놓고 발로 밟으며 '이젠 다 나았지?' 했고. (2006. 11. 5.)

가장 아찔했던 순간

그의 초등학교 3학년 때 Tomkins가 말하는 하나의 핵 사건이 일어났으니 바로 담임선생님이 어머니를 학교에 부르려고 한다는 사건이다. 그 당시 바오로는 정신을 딴 데 팔고 있었고 학업 준비물도 챙기지 않는 등 학교생활이 매우 해이하였는데 "어머니 모셔오라고 할 것 같다"는 형의 말 한마디로 그가 어떻게 돌변하였는지를 그가 대학생이 되어 당시를 회고해서 쓴 글을 보면 알 수 있다. 영화 빛고을 동호회에 올린 그의 글을 통해서 그의 마음에 다가가 본다.

가장 아찔했던 순간

1996/10/27 19:06 | taxidrvr(바오로) | 조회 426

난 국민학교 3학년 때 좀 이상했다.
-요즘은 초등학교라고 하지만,
난 아직 '국민학교'라는 말에 익숙하다. -

숙제는 해 간 적이 없고, 준비물은 챙겨간 기억이 없다.
숙제 검사를 할 때는 빈 공책을 펴놓고 검사를 맡다가
손바닥이나 종아리에 회초리를 맞곤 했고,
미술 시간에는 스케치북을 가져오질 않아서,
남들 그림 그릴 때, 옆에서 걸레를 들고 교실 청소를 하곤 했다.

담임선생의 회초리가 무섭지 않았다.
벌을 서는 것도 부끄럽지 않았다.

왜 그랬는지는 모른다.
우리 집이 공부할 환경이 안 돼서가 아니었다.
내 학교생활 12년을 통털어 국민학교 3학년 때를 제외하고
그런 식으로 산 적은 한 번도 없었다.

거의 반년을 그렇게 보내다가,
바로 이맘때 쯤, 1985년 10월 말에
담임은 드디어 내 문제를 어머니와 얘기하려 했다.

담임이 어머니에게 얘기하려 한다는 사실을
나는 집에 있을 때, 형을 통해 전해 들었다.
나는 굉장히 놀랐다.
담임은 하나도 안 무서웠지만,
어머니는 그렇지 않았다.
어머니가 선생의 말을 듣고 화내실 모습이 연상되자
나는 거의 무한대의 공포를 느꼈다.
정신이 번쩍 들었다.
그 순간은 바로
내 인생에서 가장 아찔하고 절박했던 순간 중 하나였다.

그 말을 듣자마자, 나는 다음날의 시간표를 확인했다.
즉시 문방구로 뛰어가서
다음날 준비물인 스케치북을 사왔고,
검사한다는 숙제를 챙겨서 했다.
제발 그 얘기를 어머니께 하지 말라고
형한테 신신당부를 한 것은 물론이었다.
필사적이었다.

다음날부터, 나는 학교에서 완전히 다른 사람이 되었다.
이제 숙제도 잘해 오고, 준비물도 잘 가져오는 학생에게
담임은 더 이상 신경 쓰지 않았다.

나의 어머니를 만나지 않았는데도,
내게 직접 학부모 상담건을 얘기하지도 않았는데도,
내가 왜 그렇게 갑작스레
말을 잘 듣게 되었는지, 담임선생은 신기했을 것이다.
다른 아이들도 궁금했을 것이다.

내가 그때 '정상적'인 생활로 돌아간 건,
이해와 설득에 의해서가 아니었다.
합리적인 판단에 의해서도 아닌,
거의 본능에 가까운 두려움 때문이었다.
그건 한 사람의 일상을 바꾸는 가장 효과적인 요인이었다.
지독히도 무서운 어떤……
올해 10월 달에는 왠지 그때가 생각난다.

– taxi driver –

쓰레기, 낙오자, 싹수 노란 새끼

:: 탈인습적 기독교 사랑에는 이르지 못한 자기애적인 어머니

어머니는 오래전부터 가사일에 무관심했다고 한다. 그가 어렸을 때부터 신학대학원, 교회 유치원 강사, 잦은 교회활동 등으로 집을 비우기가 예사였다. 그리고 어머니는 자녀들의 생일, 크리스마스, 어린이날은 모른 척했지만 어버이날과 자신의 생일에는 선물을 강요했다. 처음에 어머니는 장로교에 다녔지만 구세군, 순복음 등 여러 교파와 교회를 전전했으며 나중에는 가톨릭으로 전환했다. 큰아들이 길가의

거지에게 돈을 주었을 때 멀쩡한 사람을 동정한다고 그 돈을 다시 회수한 적도 있었다고 한다. 그가 일기에 조목조목 요약한 어머니에 대한 불만 내용을 함께 보면 기독가정의 자녀학대에 대한 이해가 조금 더 증진된다(이훈구, 2001).

① 기독교를 강요하면서 구타, 폭언, 인격적 모독을 멈추지 않은 일
② 기독교, 신학교, 대학교 및 중간 이상의 생활환경에서 성장한 사람으로서 도저히 용납되지 않은 상식 이하의 폭력적 행위들
③ 특히 회개, 예수 사랑, 기도를 강조하면서도 종교적 사랑은커녕, 기본적인 부모로서의 아량조차도 보이지 못한 일
④ 끝없는 마찰 끝에 형과는 갈라서고 한 명은 마치 직장 상사 대하듯 생존을 강요함으로서 실질적으로 고아를 만든 일
⑤ 타 집안, 형 등과의 비교로 인격적 무시(현재까지 이어짐)
⑥ 부모-자식 간의 예와 도에 대한 강요(받는 것이 없는데?)
⑦ 부엌, 식탁 정리 및 출타 시 청소, 설거지 등 강요(맞벌이도 아님)
⑧ 신학교를 다니면서도 그를 핑계 삼아 바쁘고 힘들다며 불만을 해소한 일(초등 2~4)
⑨ 식사, 세탁 등 가사에 대한 무성의함, 푸념
⑩ TV, 신문 등 효행 관련 기사 게재 시 은근히 '내 팔자' 비아냥

그의 생각에는 그 '믿는다'는 것이 종교로 향해지는 것도 좋지만 보다 저차원적이나마 자기 자신, 타인, 가족, 친구, 사회, 학교, 직장 같은 실질적이고 직접적인 것에도 역시 행해져야 하는 것이다. 그의 믿음은 온당한 것이다. 그가 가정에서 얼마나 위협을 느꼈으면, 경찰 심문에서 밝혔듯이 어머니가 자기를 해칠지 모른다는 이유로 야구방망이, 유리조각 등을 수집해서 자기 베개 밑과 침대 언저리에 항상 대기시켜 놓고 있었을까! 그리고 제대 후 2주쯤에 그는 싱크대의 망치도 자기의 책상으로

가져간다. 억압되고 위장되었던 분노가 무기를 통해서 분출되려고 은근히 발동을 걸기 시작한 것이다. 이것은 방어 본능을 넘어서 잠재적 공격 본능을 나타내기도 하는 것인데 결국 그 망치가 범죄 행위를 실행하는 데 구체적 도구로 사용된다.

어머니에 대한 설문에 대해서 그는 좋아할 점은 없고 다만 이해하거나 동조할 사항들로는, 주로 M의 일상에 대한 경멸, 무관심(식사, 옷, 편의시설 등)과 자기중심적 사고방식(결과적 자기 이익 극대화, 스트레스 해소)가 있으며, 상충점은 역시 자기중심적 사고방식(의사소통)과 인생전략 부재(삶의 무계획성, 무성의)로 인한 무기력한 태도 등 모두 부정적인 내용뿐이었다.

그의 어머니는 두레마을 김진홍 목사의 설교 테이프를 신청해서 매주 크게 틀어 놓고, 두 아들을 데리고 가정예배를 보고, 성서 강독도 시켰다고 한다. '85-'86년 여름방학 때는 아침마다 A4용지 사이즈만큼 커다란 공동번역 성서 낭독을 시켰는데, 특히 시편, 잠언 중심이었고, 무릎 꿇고 낭독하느라 다리 저려 낭독이 끝나면 현기증이 돌았다고 한다. 물론 그가 혼날 때, 기도할 때도 기본자세는 무릎 꿇기였다고 한다. M은 주일학교 같은 반 여자아이가 누구 누구인지 종종 물었는데 이름을 대면 "걔는 집안도 별로고 공부도 못하니 상대하지 말아라"고 엄명이 내리곤 하였단다. 그래서 그는 M의 비위를 거스르지 않고 집안일, 심부름 철저 완수를 시도하였는데 혼날 꼬투리 없으면 혼나지 않으리라는 생각에서 그리하였다고 한다.

그는 군대생활을 하면서 자기 집의 위생 청결 상태가 정상이 아니었음을 알게 된다. 집에서는 옷이 더러워지거나 땀에 젖어 냄새나지 않으면 세탁하지 않았고, 옷을 말끔히 다려입는다는 일은 상상도 못 했었는데, 군에서는 정반대로 매일 속옷을 갈아입고, 양말을 갈아신으며 세탁기로 자유롭게 세탁하고 구겨진 옷을 수시로 다림질하는 타인들의 습관이 낯설어서, 그는 결국 적응하지 못했다고 한다. 옷이야 좀 구겨지면 어떻고 속옷, 양말은 2~3일씩 입는 게 무슨 문제인가 하는 자신의 습성이 비정상이었다는 것을 군대에 가서야 깨달았다는 것이다. 그리고 이 아이러니가 바로 그의 가정생활의 실상이었다. 그러면 그는 도대체 어떠한 아들이었는가?

“생일도 8월 29일이 무슨 날인지 제게 별 가치, 의미 없습니다. 생일 챙기고 산 적도 없고 집안 분위기도 그랬으니. 그래서 서글프고 섭섭한가 하면 사실은 전혀요. 1996년 8월 29일에는 그냥 심심해서 남들 하는 식으로 흉내 내어져 혼자 선물 사주고 비싼 햄버거 사먹고 그러기도 했는데 귀찮고 번거롭더군요. 물론 생일을 기념하는 타인의 습속까지 비하하거나 매도하는 건 아닙니다. 실상, 집에서 제 생일 안 챙겨 주었다 해서, 그리고 MF 생일 챙기기만 강요받았다 해서 ‘진실로’ 섭섭하지 않았어요.

그건 말 그대로 남들의 통념을 이용해 내 특이한 처지, 습성을 ‘과시’하려 써먹는 일화 중 하나일 뿐. 또한 S1 군대 갔을 때 온 가족이 면회 가거나 제가 따로 가서 돈 전해 주는 등 하던 일과 제가 군대 갔을 때는 면회가 전무했음의 비교를 해서도 ‘섭섭함’은 없었지요. 그렇잖아도 서먹서먹하고 서로 불편한 가족인데 무슨 군대 갔다고 면회는? 그리고 면회 와봐야 어색하기만 그지없을 게 뻔한데, 저는 오히려 면회 안 오는 게 마음 편했고, 휴가, 외박도 고참 되어서도 건너뛰고 명절 때 양보하고 안 나가면서 안도감을 느꼈었죠. 물론 이것 역시 남들에게는 MF 특이성 입증하는 일화로 쓰이곤 했지요.” (2006. 12. 2)

형이 생일 선물을 사달라고 조를 때도, 그는 슬그머니 넘겼으며, 어머니가 무슨 간식거리나 문구라도 사오면 ‘비싼 것 아닌지’부터 묻곤 했다. 그는 타고나기를 누구로부터 신세지기도 싫어했고 대인관계로부터 조금이라도 자유로워지기를 갈망하는 성격이었다고 스스로를 진단한다. 그렇기에 고3 때는 무려 9개월간이나 습진에 시달리면서도 혼자 약 바르며 붕대 감으며 침묵했고, 고1 때는 눈가의 작은 종기를 1년간이나 놔두어야 했고, 군대에서 열흘간 독감을 앓으면서도 누가 알까 봐 진료조차 받으러 가지를 않았고, 초등학교 4학년 때는 잇몸이 너무 아파서 토마토 껍질조차 못 씹었어도 아무에게도 그 일을 알리지 않았다고 한다. 그는 그 모든 일을 가지고 누구를 원망한 적이 없다고 구구절절 읊는다. 그는 특유의 부인하는 기제를 많이 사용하는데 이런 것들이 섭섭하지 않았다면 어떻게 다 기억이 났는지 연구자는 묻지 않을 수 없다. 그래도 그는 여전히 계속한다.

> 진짜 섭섭히 여겼다면, 검찰 때 신나게 얘기하고 떠벌렸겠죠. 과거 일들을 지금 와서 용납한다느니 그런 오만이 아닙니다. '원한이 아닌 것은 아니다'라고 말하는 것일 뿐입니다. 어머니께는 사건 한 달 전 4월 10일 생신 때 화장품을 사다드리기도 했고, 〈노자와 21세기〉 김용옥 강의도 함께 보고, 판소리 영화 〈춘향뎐〉에 대해 토론하기도 했으며, 사건 전 10년 동안에는 세종문화회관, 예술의 전당 등으로 뮤지컬을 보러 다니기도 했습니다.
>
> 어머님과 저는 둘 다 뮤지컬 팬이고, 특히 앤드류 로이드 웨버를 좋아해서 그의 〈지저스 크라이스트 수퍼스타〉, 〈캣츠〉, 〈에비타〉, 〈The Amazing Joseph and Technicolor Dreamcoat〉 등은 음반과 비디오까지 사서 보고 듣고 했습니다. 억울함이란 말은, 초등학교와 중학교 때 유별나게 많이 혼나며 어머니의 히스테리에 시달린 것뿐, 그런 10년도 더 지난 일에 해당되는데, 그것이 '살인' 동기가 될 수 있을지요. 사건 얼마 전까지만 해도 끈끈한 유대감은 없었을지언정 아무 문제가 없던 가정인데 말입니다. (2001. 1. 24.)

사건 직후에 바오로가 써 보낸 편지에는 이렇게 원한을 부인하는 내용이 이어져서 연구자가 초기 10통의 편지에 대한 종합적인 피드백을 보냈는데 그에 대해서 그는 솔직하게 자신의 원한을 인정하고 인간적인 사죄와 용서를 구한 바 있다.

> 우선 제 편지들을 전부 다시 읽고, 검토, 정리, 분석하여 답장을 주신 점 너무나 놀랍고 감사했습니다. 제 넋두리들이 누군가에게서 조금이라도 의미 있게 받아들여졌다는 사실, 공허한 메아리처럼 사라지지 않았다는 사실이 꽤 충격이었지요. 겁도 납니다. 그동안 지독한 독설, 자기 합리화 변명을 이토록 뻔뻔

하게 늘어놓았구나 하는 생각에 수치스러웠습니다.

선생님의 탁월하고 정확한 지적대로, 사건의 원인을 아무리 '단순한 심정'으로 돌린다 해도 그건 변명일 뿐 결코 사건 자체를 합리화할 수는 없고, 또 그런 '단순함'만큼 위험한 것도 없을 것입니다. 저는 그동안 저 자신을 일종의 외계인으로 여기며 책임에서 벗어나려 했고 이 사건조차도 숙명적이니 하며 방관하려는, 스스로를 부인함으로써 모든 일을 합리화하고 체념하려 했습니다. 그러나 분명한 사실은 설령 제가 구제불능의 자기증오자, 정신병자라 할지라도 어쨌든 이 사건, 파멸의 책임을 면할 수 없다는 사실입니다. 물론 선생님께서 이런 것을 바라지는 않으시겠지만. 지금 저 자신, 인간의 이름으로 제 죄를 인정하고 사죄드립니다. 잘못했습니다. 용서받을 수 없는 죄를 지었습니다.

사람을, 그것도 부모님을 해치고 그에 더해 무서운 방법으로 은폐하려 했습니다. 이 모든 죄를 제가 지었음을 인간으로서 인정합니다. 그림자, 이방인, 아웃사이더가 아니라 바로 저 '바오로'란 인간이, 인간의 이름으로 범행을 저질렀습니다. 그동안 책임을 회피하려고 늘어놓은 장광설, 어이없는 추리 모두 사과드립니다. 그것 역시 비겁하고 악랄한 죄를 더했을 뿐입니다.
인류의 일원으로서 제 죄를 인정하고, 제 사죄를 받아들여 주십시오. 그리고 제 죄 자체는 용서하지 말아 주십시오. 지금 솔직히, 너무 무섭고 혼란스럽습니다. 큰 죄를 지었는데, 그 책임을 져야 하는데 어찌해야 될지 모르겠습니다. 아무나 붙잡고 죄를 고백하고 싶은 심정입니다. 이 지경까지 와서도 사람흉내를 내야 한다는 것, 인간의 일상을 지속하려고 아웅다웅해야 한다는 것에 지쳤습니다. (2001. 2. 13.)

그는 비록 부모를 살해하고 사체를 도막내어 유기했던 범죄인이지만, 양심이 살아 있고 솔직하고 진실하며 자신의 과오를 과감하게 인정할 수 있는 힘을 가지고 있는 인간이다. 어머니로부터 들은 갖가지 별칭과 어머니의 종교생활에 대한 아들의 평가가 편지로 이어진다.

> 빠가, 거지, 떨거지, M말을 빌면, 미련툭박지, 꺼벙쉥이, 무지렁이, '싹수 노란 썅통머리, 굼벵이, 민한 새끼.' (2006. 2. 20.)
>
> 기존 교회를 모조리 발밑에 놓고 비웃다가 결국 가장 보수적인 가톨릭으로 회귀했고 마침내 S2의 공세에선 고작 '신장병 치료 때문'의 기이한 신앙 고백이 폭로되었다니, 그간 M의 거창하고 오만방자한 신앙형태, 타 신자들에 대한 경멸, 책장을 가득 메운 신학 서적, 설교 테이프들, 성가 클래식 CD, 그리고 덕분에 일그러진 S2의 중 · 고등부 교회 생활, S2의 삶 자체, 이 모두를 따져 보면 M의 신앙이 열심히 믿으려는 한 사람조차 구제 못했음이 자명하지요? (2006. 3. 12.)

어머니는 수시로 불만을 터뜨렸는데 OO교회 주일학교 교사로 지원 나갔다가 온 어머니는 "걔네들은 똑똑하고 정이 가는데 너는 왜 그 모양이야"라고 하면서 모욕하는 것을 잊지 않았다. (부제 : 그리스도 이야기) 〈Ben Hur〉 OST CD 2장짜리 틀어 놓을 때, 두 번째 CD를 제때 맞춰 신속히 갈아 끼우지 못했다고 쟁반 날아가고, "싹수 노란 새끼야, 차라리 앓느니 죽지" 고함지르고, 무슨 일이든 혼낼 때면 눈물 섞인 회개기도(M에 대한 잘못에 대해 신에게 회개)를 시켜야 직성이 풀리곤 했다고 한다. 그래서 그는 군대 가기 전만 해도 그들의 교훈과 설교대로 자존감이 결핍된 자신이 아주 무능하다고 생각했다.

지금까지 아들이 본 어머니의 이야기를 하였거니와 연구자에게 비치는 어머니의 다른 모습을 이야기하고자 한다. 연구자는 그녀를 후기 현대사회의 변화 속에서 탈인습적 기독교적 자아정체감을 추구하기 위해 나름대로의 대안을 추구한 적극적인 성인 학습자로 본다. 그녀는 신학대학원에도 진학하고, 장로교, 구세군, 순복음 등의 여러 교파의 시스템도 몸소 체험하고 자신의 지병인 신장병을 치유해 준 고마운 개신교에 대한 참다운 신앙을 구현하기 위해서 많은 노력을 경주했지만, 남편과의 갈등을 종교나 아들과의 삼각관계로도 충족할 수 없었던 불행한 여성이었다. 그녀는 결코 새로운 정보사회가 요구하는 관계적 자아, 평등적 자아, 개방적인 자아를 형성할 수 있는 하드웨어를 갖고 있지 못했기에 새 시대의 새로운 소프트웨어들을 수용할 수가 없었던 것은 아니었을까!(김현숙, 1999, 2002).

:: 사랑을 표현할 줄 모르는 아버지

> "아버지가 나를 때리고 구박하고 하는 것은 그럴 수도 있어요. 그러나 때리고 나서라도 그래도 나는 너를 사랑한다는 말 한마디만 했어도 나는 행복할 수 있었어요." (이훈구, 2001)

그의 집에서는 그가 그렇게 관심을 갖는 그의 키에 대해서도 무관심했다. 고3 때 딱 한 차례 아버지가 그의 키를 잰 적 있는데 F 왈, "그럼 그렇지, 니가 나(168)보다 크겠어?"가 다였다고 한다. 아버지는 아들이 키가 안 커서 느끼는 속타는 열등감을 전혀 모르는, 무심하고 잔인한 면모를 드러내고 만다. 그런 아버지가 2000년 5월 15일 어머니와 연합하여, 바로 상극의 부부가 이 일에서만 한뜻이 되어 난생 처음으로 P. H에게(Pseudo Human: 그가 붙인 그의 별칭이다) 훈계를 하려 든다. 이에 대해서 그 친구는 선을 넘어선 표현을 서슴지 않는다. '덤' 광대 녀석이! 자승자박이었고 화를 부르다! 바오로의 아버지에 대한 평가를 자신의 인생에 별 쓸모없는 덤, 광대라고 아주 야멸차게 모멸함으로써 수년이 지난 지금에도 맺힌 원한을 나타내고 있다.

그의 아버지와 어머니는 물론 일반적인 기준으로 볼 때 전혀 정상적인 가정 구성원이 아니었다. 집에서 그들이 끝없이 가르치던 것도, 아부 잘해라, 윗사람에게 잘 보여라, 따리 붙어라 등이었다고 그는 고인들의 사후에까지 결코 좋은 평가를 내놓지 않고 있다. 그는 부모의 부부갈등에 대해서 F의 비겁한 철수, 방관/도피와 외면

이야말로 만사 편한 해결책이었으며, 대화, 협상, 정면 돌파는 질색이었던 F였다고 비난을 퍼붓는다. 집에 대해선 오로지 "먼지, 먼지"(청소, 정리 정돈 상태)만 따지며 굳은 표정, 침묵, 고압적 태도로 일관하는 F의 방문은 그게 두 달에 한 번 기껏해야 1박 2일(만 18시간) 동안의 체류였을지언정, M, S1, 2 모두 진저리치고 끔찍하게 느껴지는 행사였기에, 그때마다 식구들은 한결같이 어서 빨리 아버지가 떠나기를 바랄 지경이었다고 한다. 그리고 어머니는 아버지의 결벽증, 연락두절, 교양 없음, 동료 장교들의 천박성, 외할머니 무시, 진급누락 등을 수시로 들먹이며 아이들에게 아버지에 대한 적대적인 태도를 교육시켰고, 결국 아버지는 식구들의 '공공의 적 1호'가 되었다고 한다. 부부관계와 부모자녀관계 모두가 다 허상으로만 중산층 기독 가정이었고 내부적 결속은 하나도 없었던 것이다. 아버지의 대령진급이 좌절되어 결국 전역한 시기는 1986년, 그러니까 그가 10세 되던 해부터 가족의 분위기가 완전히 절망과 좌절로 바뀌었고, 이때부터 갈등의 불씨가 도처에 일게 된다.

> MF의 악덕을 읊어대며 그에 대한 천 가지, 만 가지 근거대고 증거자료 보여줘도 이미 승부, 결론은 나 있지요. 세계 어디서든 좋은 부모, 좋은 가정이 압도적으로 많고 자신들도 그런 가정을 겪었다고 절대 다수의 인간들이 믿는 이상은 MF에 대한 비난 따위는 씨알도 안 먹혀요. 당사자 중 한 명인 김○○씨(그는 형을 이름 석자로 부른다)조차도 나를 인간쓰레기, 패륜아라 공식선언했으니 타인들은 말해 무엇 하겠습니까? 세상에서 원하는 건 자기들 가치관에 대해 토를 달지 않는 것뿐이니까요. (2004. 9. 30.)

가정에서 그는 실제로 '지목된 환자(Identified Patient)' (McGoldrick & Gerson, 2002)로서 Bowen의 체계이론에서 말하는 속죄양의 역할과 그가 들었던 별명 그대로 '쓰레기'의 역할을 담당한다. 그의 부친은 군인이라서 명령하면 다 이루어져야 한다는 신념으로 사는 사나이였다고 하는데 부관들이 아니라 가족들에게도 그것을 기대했다는 것이 가족들에게는 커다란 고통이었을 것이다. 그럴 때 바오로는 말없이 희생양의 역할을 하기도 했다고 한다. 아버지의 명령에는 언제나 사이다가 준비되어 있어야 하는데 아버지가 집에 사이다가 없다고 화를 내면 그는 밤 12시에라도 나가서 조용히 사이다를 사가지고 왔었다고 한다. 그리하여 부부싸움을 중재하는 역할을 하였던 것이다. 군인이었던 아버지는 명령이 완전히 이행되는 군대생활에 익숙해서 그것이 이루어져 있지 않으면 부부갈등이 발생하곤 했고, 부연할 것은 원하는 식단도 스스로 짜서 제시하고 그대로 실행해 줄 것을 요청했다는 것이 사건 후 '추적 60분' 취재팀의(황용호 프로듀서) 보도에 의해서 밝혀졌다. 주방에 그 주일 식단이 정갈한 글씨로 적혀 있었다.

인용하는 그의 편지들에서 반복적으로 발견되는 '언어폭력'은 심각하다. '민하고 융통성 없는 울보'에다 '싹수 노란 쌍통머리 새끼', '굼벵이' 등이 바로 그러한 언어폭력의 사례들이다. 바오로는 연구자에게 묻는다. 이런 이야기를 석 달 만이라도 지속적으로 들으면 어떤 심리상태가 되겠느냐고. 바오로의 할머니가 이북 태생임을 고려할 때 지금부터 50년 전 정서라면, 항용 부모들이 자식들에게 욕을 하는 것이 일상이어서 바람직하지는 않지만 그것이 그렇게 심각한 일이 되지 않았을 수도 있다. 또한 바오로의 할아버지가 일제의 잔재가 남아 있고 6 · 25전쟁이 끝난 지 얼마 되지 않았던 1960년대 초반에 군대훈련을 받은 직업군인이란 것을 감안하면 바오로 아버지의 고압적인 태도, 일방적인 요구를 중년 이후의 사람들은 조금 다르게 이해할 수도 있을 것이다. 그러나 바오로는 1976년도에 태어나서 86아시안 게임과 88올림픽을 우리나라에서 개최하게 되는, 국가의 정체성이 변화되던 시기에 성장기를 지낸다. 시대가 변했는데, 아버지의 언어폭력은 그에게 고스란히 내면화되어 그의 부정적인 자의식을 만들고, 아버지의 내무사열은 치를 떨리게 만드는 행사가 되고 만다.

그는 부모님에게 편지를 보내도 답장이 없었다고 이야기한다. 어떤 편지를 보냈느냐는 연구자의 질문에 바오로는 묵묵부답으로 일관한다. 그런데 연구자는 카프카의 「아버지에게 드리는 편지」(1999)를 읽으면서 바오로의 이야기와 병행되는 부자

관계를 느낄 수 있었다. 권위적인 아버지, 아버지에 대한 두려움과 죄의식, 정신적인 무력감, 수치심과 피곤함, 이에 따르는 복수의 심정, 진실을 말하지 못하는 비굴함과 불안감, 아버지와의 내적 결별, 아버지의 신앙에 대한 실망, 부모에 대한 복수심, 탈출하지 못한 데 대한 자기비난과 혐오감—통합적으로 '아버지에 대한 콤플렉스'로 고난당하는 아들들 모습이 오버랩 된다. 물론 카프카의 경우는 생전에 아버지에게 편지를 쓸 정도의 관계가 형성되어 있었지만 불행하게도 바오로의 아버지는 군인생활로 오래 별거하였기에 생활 속의 끈끈한 유대감조차 없었다는 것이다.

바오로의 아버지는 군인이 집권하던 시기에 직업군인으로서 희망을 크게 품을 수도 있었고 월남전에도 참전하고 훈장도 받았으나 대령진급에 탈락하여 인간적으로 또한 가족 앞에서도 체면이 손상된 경험을 한 사람이었다. 그는 전역하여 사회생활에는 적응할 수 있었으나 여전히 가족과 별거하는 지방근무자였기에 결국 가정생활에는 적응하지 못한 가부장이었다. 그는 마침 권위적인 가부장사회에 대한 사회적 비판이 거세어지는 시기에 그 변화에 부응하지 못한 남성상으로 다가온다. 아들에게 한 변명처럼 그는 가정의 경제생활을 책임지고 자녀문제에 일일이 간섭하지 않는 것으로 가장의 소임을 다한 것으로 생각하는, 정서적인 교류관계를 맺을 수 없었던 외롭고 소외된 가장이었다. Steve Biddulph(Biddulph, 1998)가 제시한 대로 그는 자신의 아버지와 화해하기, 자신의 성욕에서 성스러움을 발견하기, 동등한 자격으로 배우자와 만나기, 자녀들과 적극적으로 교류하기, 참된 남성친구들을 사귀는 법을 배우기, 자신이 하는 일에 애정을 갖기, 자신의 야성적인 영혼을 해방하기의 7단계 작업을 절실하게 필요로 하는 부정적 남성 신화의 사내대장부 콤플렉스를 벗어나지 못한 불우한 남성이었다(정석환, 2002b).

숨 막히는 학교생활

독립의 첫걸음—영화 감상

연구자는 연구참여자의 사춘기 이야기를 써내려가기가 매우 곤혹스럽다. 어디 한 군데를 둘러봐도 긍정적인 것이 없고 온통 부정정인 체험으로만 점철되었던 것 같아서 세심한 주의를 기울여야 한두 가지 긍정적인 측면을 찾아볼 수 있을 정도이다. 또래 관계가 가장 중요한 중학교 시절에 심하게 놀림을 받아서 사건 후에 한 중학 동창의 이름을 부르면서 죽이고 싶다고 했다면 그의 중학시절 체험이 어떠했는지는 더 이상의 질문이 필요 없다. 그가 집중적인 갈등을 겪은 시기는 중학 시절(만 13~15세)인데, 남들처럼 비슷비슷한 사춘기를 겪은 적도 없었고 역할모델은 구경도 못하고 살아 왔다고 한다.

중2, 중3 때는 집에서 극심하게 핍박받던 시절이었는데 M의 주문은 오로지 성적이었고, 삶의 목표는 M에 따르면 '하느님께 영광을 돌리기 위해 살라' 였으며, M에게 잘못을 저질러, 비위 거스르게 한 일로 혼나고 나서는 반드시 무릎 꿇고 성경구절을 낭독하며 울음 섞인 목소리로(울지 않으면 반성의 뜻이 없다고 간주되었기 때문에) M과 하느님 앞에 무슨 죄악을 자행하였는지 회개하는 기도를 하곤 했다고 한다. 심한 학대와 방임, 무엇보다도 더 이상은 감내하기 어려운 종교학대에 승복하는 일은 앞으로 이야기할 빅 이벤트—1991년 5월 21일 사건—이후로 더 이상은 불가능해졌으나 어머니와의 종교논쟁은 2000년 5월의 사건 전에도 재현된다. 그의 복수의 꿈이 시작되어 10년이 되는 해인 2000년에 사건이 발생하니 그의 사춘기는 불행의 옹근 씨앗을 배태한 시기라 할 것이다.

그는 이미 중고교 때 일기장에 쓰기를 '열등한 종자는 결혼을 해서는 안 된다. 그 씨를 이어받은 쓰레기가 태어날 것 아닌가'라고 썼었고, 집에서도 그런 얘기를 정색을 하고 했었다고 한다. 부모의 학대에 대해서 비판과 반항이라고 한 이야기가 아무 반향도 얻지 못하고 그의 속에서만 메아리가 되어서 지금까지 맴돌고 있다는 것이 더욱 비극적이다.

가축 같은 어린 시절을 지내고 장님같이 답답했던 중학 시절 후에 그의 발전을 가져온 것은 책과 영화이다. 그는 중2 때 처음으로 혼자 영화관에서 영화를 보는 독립의 첫 발걸음을 내딛는다. 오직 스스로의 극기와 모색으로 긍정적인 발전을 이룬 것은 White와 Epston(1990)이 강조한 독특한 결과의 한 예라고 볼 수 있다. 스스로에 대해서도 부정적 서술이 많고 자기 비하가 많던 그였기에 '말 그대로 발전 그 자체' 라는 그의 표현은 조금씩 보여주기 시작하는 자기 자신에 대한 자신감의 증대로 볼 수 있다.

> 1990, 중2 때 생전 처음으로 서울 명보 극장에서 혼자서 과감히 〈로보캅 2〉를 보러 가는 모험을 감행했고 혼자 영화 보기가 의외로 홀가분하고 편리하다는 경험도 하게 됐었죠. (2006. 11. 11.)

> 장님같이 답답한 생활의 연속이었던 중학 시절…… 인간노릇을 조금 흉내나마 내게 되었던 고교 이후는 정말 기적 같은 발전. 진실로 불구나 다름없이 모든 능력이 계발되지도 않았고 마비상태였던 중학교 때까지의 어린 시절에 비하면 **오로지 제 스스로의 극기와 모색으로 지금처럼 깨인 상태에 이른 것은 말 그대로 발전 그 자체지요.** (2002. 11. 17.)

그의 개인의 신화 만들기의 산실은 과연 어디인가? 위에서 보았듯이 중2 때 혼자 영화관에 가본 경험이 긍정적이어서 당연히 그 뒤로도 이어졌고, 무엇보다도 중요한 것은 그의 집은 독서의 분위기가 마련되어 있는 가풍이었다는 것이다. 어머니는 실제로 창조문학회라는 동인 형식의 모임의 회원이었고 그 모임을 집에서 주관하기도 하였으며 바오로의 표현에 의하면 서가 가득히 신학서적이 200여 권 있었고 앞으로 밝히게 되듯이 「죄와 벌」을 읽게 된 것도 어머니의 영향임을 고백하고 있다. 그녀는 시를 써서 교회 모임 등에서 발표하기도 했는데, 이를 통해 바오로의 어머니가

문인의 정체성을 더욱 개발하기 원했던 한 여성이었음을 알 수 있다.

바오로의 편지에 의하면 함께 기거하던 외할머니가 치매로 정신이 온전하지 못할 때 손자인 자기들이 "왜 우리 엄마를 소설 읽는다고 때렸어요?"라고 힐난하면서 할머니를 때리고 구박했다고 바오로는 솔직한 고백을 해온 적이 있다. 이야기가 빗나갔지만 그의 독서는 세대 간 전수된 역할 유형의 한 가지로 볼 수 있다.

그는 연구자에게 담담하게 묻는다. "아주머니께선 반복해서 욕먹고 혼나 보신 적이 있습니까? 제 사건, 성향의 핵심은 거기에 있고 그게 처음이자 끝, 전부입니다. 밥상머리에서 계속 혼나며 들었던 '싹수 노란새끼', 3년도 넘게 들었다면, '살의'를 품지 않을 도리가 있겠습니까? 10년이 지나도, 아니 20년, 50년이 지나도 그게 어떻게 잊혀지고 누그러듭니까? 아버지는 인사를 안 받고 시선조차 무시했어요. 정상인들에게 그 얘길 했더니 '나 같으면 깽판 제대로 놨을 거다' 하더군요."

그의 삶의 핵 대본(Nuclear Script)은 그의 이야기대로 반복해서 욕먹고 혼나는 것이었다. 거기에 따르는 중심 테마는 "You' re not O.K."로 이어져서 다시 그것이 내면화되어 "I am not O.K."가 그의 사상의 뼈대와 이야기의 구조를 이루게 된다. 이것을 유도하는 메시지는 바로 "너는 낙오할 것이다. 실패할 것이다. 인간쓰레기, 싹수 노란 새끼"와 같은 것들이다. 중고교 시절에 가정에서 자기 목소리를 내기는커녕 지속적으로 무시와 경멸을 당했던 그는 자신의 증오와 살의가 당위적인 선택이었다고 항변한다.

바오로의 이야기의 사상적 뼈대 구축에는 심각한 결손의 문제가 있다. 함께 놀이할 친구를 만들지 못했으며 친척과의 교류도 없고, 가정의 부정적인 시각으로 제한당하여 자기 이야기의 건강한 확장에 치명적인 손상을 입었다고 볼 수 있다. 부모로부터 출생, 성장, 집안 이야기, 긍정적인 피드백, 자기를 확장해 갈 근거 자원으로서의 정보를 얻지 못하고, 반대로 부정적인 피드백만 넘치게 받은 그가 불신의 성을 쌓은 것은 당연한 결과라고 할 수 있다. 그의 집안사람들은 모두 기독교인들이었는데 명절에도 식사 한 끼를 서로 나누지 않았으며, 그는 가까운 친척들의(고모) 이름도 잘 모르고 살았다고 고백한다. 이 시기에 이름을 붙여보라는 연구자의 요청에 그는 '유령기'라는 이름표를 보내왔다.

학교폭력의 실상

중고교 교사에 대한 그의 비판과 폭력교사들에 대한 고발은 심각하다. 바오로는 그들을 전과 10범보다 못한 인간쓰레기로 평가하고 있다. 그가 경험한 1990년대의 중고교 현장은 여전히 인격무시, 폭력과 구타가 난무하는 곳이었음을 그는 체험적으로 고발한다. 그는 연구자에게 보내는 다른 편지에서 학교폭력 자료로 〈말죽거리 잔혹사〉를 보길 권유하며 그나마 현실을 어느 정도 담아낸 영화로 추천하여 주기도 하였다. 한마디로 교도소보다 더한 학교로 그는 장황하게 할 말이 많다.

> 중 2, 3 때 담임 역시, '사람은 누구나 직업 외에 특별한 기술이 있어야 만약에도 생존할 수 있다' 운운하다 아이들이 그럼 당신의 특별한 생업기술은 무어냐 묻자, 얼굴 벌개지며 의안을 만들 줄 안다는 둥 서투르게 둘러대는 위선을 보였고, 아이들을 마음 놓고, 그중 한 명이 대들자 갑자기 존댓말 쓰며 달래는 비굴함도 보여주었으며, 고1 때 담임은 별명이 '피바다'라며 나무주걱으로 아이들 때리고, 체구 작으면 쥐새끼라 욕하고 말귀 못 알아들으면 '저거 사람 새끼야 뭐야' 모욕 주고, 고3 때 담임은 개학 첫날 인사가, 졸던 아이를 불러내 따귀 때리고 배와 허벅지 걷어차며 '무릎 꿇고 잘못했다고 못 빌어?'였고, 별명은 '미친 개', 테이프 칭칭 감은 각목을 어깨에 메고 다니며 허벅지 내리치곤 했고, 저도 야구배트로 맞기도 했습니다. (2006. 11. 5.)
>
> 저 또한 학교 다니며 다양하게 맞아 봤지요. 반 2등, 전교 10등? 2등은 누구도 기억 못하니까요. 초등시절에도 구둣발로 채이고 따귀 맞기는 흔했고 물론 회초리로 손, 다리 맞기는 예사이구요. 중학 때는 볼펜 던졌다고 교실 1층 바깥

쪽 창틀로 고개 내밀고 따귀 3대 맞기도 했고, 지우개 굴렸다고 사회시간에 종아리 10대 맞아 멍이 한 달간 들기도 했고, 분필 입에 물고 30분 서있거나, 칠판지우개로 얼굴 얻어맞기도 했으며, 바닥에 머리 박고 허벅지 맞거나 책상 위 올라가 무릎 꿇은 채 허벅지 맞기는 흔했구요. 학급, 학생회 간부해본 적도 없고, 1등도 아니고, 특기도 없고, 집에서 신경 쓰는 것도 아니니, 교사들에겐 인지되지 않는 존재, 아이들에겐 필요할 때 갖고 놀거나 부려먹는 물체 정도였죠. 공식적 교칙, 교사의 지시에 복종 충실하고, 학업성적 유지함은 무가치했습니다. 이면의 실질적 규칙(인간 이기심, 집단을 위한 가치규범)을 파악해서 따랐어야 했던 것인데…… 선도부 반장, 체육부장 등 '간부' 학생들이 '일반' 학생들을 모욕하고, 통제하고 구타까지 하는 짓거리는 교도소만도 못해요.

학교의 역겨움은 교도소보다 더하면 더했지 결코 덜하지 않았어요. (중략) 입시 준비에 충실했던 저는 무슨 학교, 무슨 학과 가면 좋을지 상담조차 받지 못했습니다. (중략) 제 자신에 대해서나, 집에서의 경험까지 더하면 책, 영화의 자극적, 부정적 내용은 오히려 지극히 온건해 보일 때가 많았습니다. 자기 과목에도 무식하면서 매질만 서슴없이 잘하는 교사들보단 전과 10범이 낫구요. 아직 그 정도의 인간쓰레기들은 학교에서밖에 못 봤습니다. 일평생 수천 명 아이들을 모욕하고 구타하고 집에 돌아가선 편안히 잠드는 가장, 부모인 교사들은 아우슈비츠의 학살공무원과 비슷한 정신구조였겠지요…… 그런데 학생 얼굴에 침 뱉어놓고 머리를 벽에 찧고 팔을 부러뜨리고도 실실 웃으며, 다음 수업에 들어가서는 농담하고, 복도 지나가다 즉석에서 따귀치고 욕하고는, 귀가 후엔 평범한 가장으로 돌아가는 교사들은, SS친위대, 나치공무원, 수용소장의 마인드와 무슨 차이를 지녔습니까? 중1짜리 아이가 비위에 거스른다고, 수업 중에 '인간 같지도 않은 게' 하며 주먹을 들어 얼굴, 배를 치고 따귀질하는 교사에게 무슨 망설임, 죄의식이 있었겠습니까? 나치가 유태인을 학살할 때는?

> 화분, 거울로 사람 때리고 머리 깨져서 피가 줄줄 흐르는 현실을 중학교 3년, 1991년에 직접 봤지만, 비슷한 수준으로 학교 폭력을 묘사하는 영화는 1999, 2000년 들어서야 나왔지요. (2006. 11. 25.)

1980~1990년대의 우리나라의 공교육이 이러하였다면 우리는 많은 예비적 폭력 피해자들을 사회에 풍성하게 보유하고 있는 것이며 그렇게 학습되고 심화된 폭력은 기회를 만나면 발산될 수 있는 위험인자를 가지고 있다는 것을 생각하지 않을 수 없다. 단지 바오로의 경우는 가정, 학교 모두가 폭력적인 극단의 사례이기에 심각한 불행을 초래하였지만, 이보다 수준이 낮은 폭력과 학대는 지금도 우리나라의 가정과 사회, 특히 가정에서 아직도 지속되고 있음을 우리 모두는 알고 있다. 이런 와중에서도 그는 고교 1년 때 학교에서 놀림감이 되던 일에서 벗어난 것을 소중하게 기억한다. 1년 내내 원숭이, 똘마니 취급받다 보니 돌 지경이었고, 친구랄 것도 없고, 그래서 역시 그의 주특기인 곰곰이 생각하기를 한다. 이것은 그를 회피성 성격으로 굳어지게 하는 기제로 작동하면서 한편으로는 그를 그 치욕스러웠던 왕따의 경험에서 해방시킨다. 따돌림을 당하기 전에 그가 전체를 따돌리는 습관이 이후 교도소 생활까지 간간이 이어진다.

> '내가 특별히 사고치고 일 저지르는 것도 아니고, 누구를 악하게 대하지도 않는데, 자꾸 대인관계가 엉망이 된다면, 결론은 관계 끊고 안 맺기 아닌가? ⇒ 그래서 고2부터는 아예 누구와도 거리 두고 이전 친구(무늬만)들도 다 생까버리고 혼자서만 살았습니다. 밥도 혼자, 등교 · 하교도 혼자(물론, 고2부터는 M이 도시락도 잘 안 싸줬지만). 그러니까 세상 편했고, 그러는 와중 고2 여름방학 때 혼자 EBS 방송교재 '화학' 문제집 풀면서 어찌하면 성적 올릴까, 특히 어떻게 30~40점 나오는 화학을 해결할까 곰곰이 생각했는데, '곰곰이 생각하기'가 실마리, 유일한 해결책이 되어서, 요령 · 눈치와 더불어서, 공부 방

법 터득도 눈부신 발전! 그러다가 결국 나 같은 아둔한 머리로는 그저 보고 또 보고 알 때까지 보는 수밖에 없다는 깨우침 얻어서(물론 제가 진짜 → 애들 말로는 'zzoto 빠가') 멍청하다는 것도 그때 깨달았지요. 남들 1시간 보면 알 것을 3~4시간 봐도 모르는 경우) 여름 내내 화학 책을 후벼 팠습니다. 그러니까 80~90점 나오더라구요(100점은 아니고……). 그 이후로는 엄청난 시간 · 노력 투자로 성적이 그나마 올랐고 대학도 수능 특차로 들어가게 되었죠. 사실 저는 친구는 별로 필요치 않습니다. 이제껏 살면서도 친구는 만들지 않는다는 걸 철칙으로 삼고 살았거든요. (2002. 11. 28.)

저한테서 안 떨어져나가면 욕하고 할퀴고 상처를 내서라도 질리게 만들지요. 그럴 때는 제 스스로가 정말 '미쳤구나' 생각도 듭니다만…… (2002. 12. 17.)

1991년 5월 21일과 2000년 5월 21일—전환점과 〈기념일 반응〉

1991년 5월 21일 그가 15세일 때 무슨 일이 있었나? 이 사건은 2000년 5월 21일 사건의 불씨로서 그와 부모 관계에 큰 획을 긋는 비극의 서막이다. 그의 삶을 통전적으로 볼 때는 물론 24세의 존속살해 사건이 그의 삶의 한 획을 긋는 전환점이나 그것은 1991년 사건에서 발단된 복수극이라고 할 수 있다. 물론 24세에 일으킨 사건과 그 파장보다 더한 것은 그의 인생에 없을 것이다. 그러나 연구자는 그보다 작지만 더욱 중요한 전환점을 그와의 8년간의 교류에서 확인했으니 그것이 바로 바오로가 중3이었던 1991년 5월 21일 사건이다.

그의 삶 속에서는 크게 두 번의 전환점을 발견할 수 있다. 이 사건은 이어지는 편지문에서 보듯이 그와 어머니 사이에 건널 수 없는 험한 강이 흐르게 된 사건이라고 할 수 있다. 소위 Gardner(1993, p. 32; McAdams, Josselon, & Lieblich, 2006 재인용)가 말하는 '결정경험(結晶經驗, crystallizing experience)'의 순간이다.

1991년 5년 21일 일기요? 때마침 가출 · 자살시도 해프닝 있고 한 달쯤 후였는데, 저는 방에서 영어 Man2Man 펴놓고 공부하는 척 하고 있던 차에 M에게 딱 걸린 겁니다. M왈 **"이 썅놈 새꺄, 1시간 전에 내가 Man2Man 몇 페이지 보는지 확인해 놨어.** 근데 지금도 그대로 아냐! 이 새끼, 너 일루 나와, 빨리 나와, 새꺄" 했고 저는 Man2Man 그 페이지 펴 놓은 채 그대로 들고 나가 무릎 꿇고 눈물 짜고 빌고 욕먹었는데, M이 제가 책에 끄적거린 낙서 날짜 보더니 "이 새끼야, 이건 뭐야, 그 날 아냐, 너 그때 뭐했어? 똑바루 말 안 해? 이 새꺄" 했고 저는 끝까지 그 거짓말 그대로 지속. 보통 한 번 혼나면 기본 30분에서 1시간 이상이지요. 여하튼 그 날은 좀 더 길었습니다. 그리곤 일기 쓴 것이지요. (2006. 11. 5.)

'여기서 가출 · 자살시도 해프닝 있고 한 달 쯤 후'라는 것은 또 다른 사건이 있었음을 전제한다. 그것은 무슨 사건인가? 1991년 바오로의 중학교 3학년 4월 중간고사 때에 모자관계에 금이 가는 아주 불행한 일이 발생한다. 그가 시험공부를 하고 있을 때 어머니도 자지 않고 있었다. 그는 자기 방에서 늦게까지 공부를 하다 잠이 들었는데 깜박 잊고 어머니에게 자겠다는 말을 하지 않았다. 이를 모른 어머니는 새벽까지 마루에서 깨어 있었고 뒤늦게 이 사실을 알게 된 어머니가 불같이 화가 나서 그를 때리고 심하게 야단을 쳤다고 한다. "너 같은 놈은 공부할 필요가 없다. 이제부터 집안 청소나 해라." 그는 매를 맞고 아프고 화가 났으나 새벽까지 자지 못한 어머니에게 죄책감도 들어 자살을 하려고 노량진 학원가로 나간다. 그러나 용기가 없어 자살하지 못하고 거리를 여섯 시간이나 쏘다녔고 다른 아이들이 전자오락실에서 정신없이 신나게 노는 것을 구경하면서 자신만 죽도록 고생하며 재미없게 살고 있었다는 것을 자각하게 된다. 집으로 돌아와서는 또한 어디 갔다 왔느냐는 어머니의 심문에 대한 거짓말 알리바이가 엉성해서 죽도록 야단을 맞는다. 이 사건은 어린 그에게는(본인 표현으로는 정신연령 8~9세) 엄청난 충격이었고 이어 한 달 이후에 이어진 1991년 5월 21일 사건은 그 사건의 후폭풍으로서 그의 사상적 배경과 정체성 형성에 결정적인 부정적인 영향을 미쳐서 결국 2000년 5월 21일 사건의 불씨가 된다.

그는 바로 이 1991년 5월 사건으로 자의식이 생겼고 그것은 자신에게 있어 가장 큰 변화라고 이야기한다. 1991년 5월 21일 이후의 바오로는 과거를 탈피하는 새로운 인간으로 변모하기 시작한다. 전화위복이라면 1991년 5월 21일 사건 이후로 자의식이 발전하기 시작하여 고교 이후에는 비록 '나홀로'라는 외로움은 있지만 자신의 자의식의 성장을 인식하게 되었다는 점이다. 여기에 덧붙여서 이제 그는 요령과 눈치의 달인이 되는 과정에 진입한다. 집과 학교에서 모두 마찬가지이다. 장님같이 답답한 생활의 연속이었던 중학시절과 비교해 볼 때 인간노릇을 조금 흉내나마 내게 되었던 고교 이후는 정말 기적 같은 발전이었다고 그는 평가한다. 사실 집에서도 못 놀게 했지만 남들이 고교 때 미팅이다, 연애다, 동아리다, 축제다, 여행이다 하며 신이 날 때, 그는 365일 내내 책상 앞에서 공부 방법을 연구해서 드디어 하나의 위업을 달성했으니, 곧 고 2 여름방학 때 화학 과목을 통해서 '공부하는 방법'을 터득한 것이다. 달성 과정이나 세상의 요구가 어쨌든, 공부는 그에게 유일한 오락이자 취미가 되었다. 그는 어떤 목표를 설정하거나 실용적인 이유 없이 그냥 이래저래 호기심이 충족되는 게 좋아서 공부했다고 이야기한다. 그는 스스로 공부할 줄 아는 사람이 된 것이고, 공부 방법을 스스로 터득한 것은 그에게 커다란 자산으로 활용되고 있다. 그는 노력하는 사람의 전형인 것이다. 엄청난 시간과 노력으로 자기 앞에 오는 과제를 소화해 내고 자기 것으로 만드는 능력이 개발된 것이다. 이것이 제대로 발휘되었던 것 중에는 독서, 영화 보기, 컴퓨터 등이 있었다. 그는 비로소 삶의 과정에서 찾아오는 것을 자신의 노력으로 자신의 것으로 만들어 내는 헤파이스토스(장인 이마고)로서 성장하기 시작한 것이다. 이와 같은 바오로의 사춘기 시절을 통해 볼 때, 입에 담기 어려운 모욕과 곤욕을 당하는 중에서도 건강한 성장을 위한 노력을 멈추지 않는 기제가 인간에게 내장되어 있다는 생각을 갖게 된다.

여기서 우리는 우연히 기념일 반응(McGoldrick & Gerson, 2002)을 보게 된다.

소위 어떤 우연의 일치 중에서 기념일 반응으로 생각할 수 있는 것이 있다. 즉 가족 성원이 중대한 또는 충격적인 사건이 일어난 날짜에 민감해지는 것이다. 연구자는 5월 21일의 일치에 관해서 연구참여자에게 확인하였다. 이 날짜의 일치에 어떤 의미가 있느냐고 물었더니 그는 그런 것을 생각하는 사람이 어디 있느냐며 사건 후에 알았노라고 대답해 주었다. 맞는 대답이다.

> **1991. 5. 21과 2000. 5. 21 날짜는 당연히 우연입니다.** 그런 걸 일부러 선택해서 의미부여 하려고 계획 세우는 경우는 그야말로 영화에나 나올 법하지요. 날짜가 일치됨은 사건 이후에나 깨달았습니다. 의도된 상징성, 한풀이, 계획 따위는 없었습니다. 진짜 그랬다면 여기 들어오지도 않았겠지요. (2006. 11. 5.)

그가 의식적으로 5월 21일을 기억하고 사건을 발생시킨 것은 아니지만 그의 무의식에는 그 날짜가 기록되어 있었고 불편한 심기가 그 즈음에 한층 심화되었음을 가정해 볼 수 있다. 그의 어머니는 아들 공부를 위해 함께 밤샘을 하는 지극정성의 어머니의 모습과, 말하지 않고 잠들어 버린 아들을 이해하지 못하고 그것으로 불같은 화를 폭발하는 매정한 모정을 드러내는 양면성을 가진 어머니였다.

그렇다면 잘해 주기도 하고 반대로 잘 못해 주기도 할 때 사람들은 무엇을 더 오래 기억하는가? 가정폭력의 피해 아내들, 자녀들, 대인관계의 갈등상황에 있는 사람들과의 상담을 통해 얻어진 결론은 아무리 잘해 주어도 심하게 대했을 때에 대한 앙금이 인간관계에 오래 남는다고 이야기한다. 그도 어머니의 사랑과 관심은 알았지만 너무 가혹하게 몰아붙이는 경우가 많았기에 그런 부정적 경험을 더 이상 통제하지 못하는 상황에 이르렀던 것이라고 연구자는 생각한다.

그는 어머니에게 사실대로 "가출해서 약 먹고, 메탄올 주머니에 챙겨간 것 먹고 뒈지려 했다"고 고함 칠 용기가 없었던 비겁함을 통탄하였다. 실제 가출 · 자살 못한 무능, M에게 그 욕먹고 숙이고 사는 비굴, 바로 그런 비굴 · 비겁에 대해서 바오로는 일기장의 많은 부분을 할애해서 기록해 놓았던 것이다. 당시에 그는 M과의 갈등이 극심했고, 학교에서 아이들에게 무시당하는 공포 상황이었으며, 자신의 존재감도 가축 수준이라서, 극단적인 해결책을 수립하고 보복 방법을 모색하는 중이었다. 마침 1991년 5월 M의 결정적 발언 '너 따위는 공부할 필요도 없으니 청소나 해', '니가 무슨 고등학교나 가겠어' 하는 말에서 보복을 결심하게 되어, 우선 길가에서 야구배트, 쇠파이프를 주워오고 송곳, 나무막대 끝에 날 세운 사제 창 등을 달아 책상 틈에 숨겨놓고, 열 받거나 M에게 혼날 때마다 혼자 방문 닫고 무기를 휘두르고 화풀이하며 점차 구체적인 계획을 세운다.

1안은 MF 해결, 2안은 학교 쓰레기 처단으로서, 1안의 경우—야간에 방안으로 습격—저녁 때 M이 혼내면 즉시 보복—시신은 안방에 방치—혹은 시신은 분해하여 화장실 변기로 투척 등의 계획을 수립하고 집이 비면 예행연습을 꾸준히 하였고(형에 대한 계획은 없었음), 두꺼운 책이나 베개 등을 여러 둔기, 칼, 예기 등으로 가격하는 시험결과, 효과 없을 듯하여 마침 학교 가는 길목의 철물점에서 큰 해머를 구입하여 책을 내리쳐본 결과가 흡족하여 일부러 찌그러진 하드커버 책을 방안에 방치함으로써 M에 대한 경고로 삼으려 하기도 했다고 한다.

2안은 학교에서 깡패 및 쓰레기들을 칼과 송곳으로 난자하여 최대한 여럿을 해치운다는 계획으로 중3~고1까지 지속되었으며, 때문에 항상 주머니에 송곳, 커터칼을 찔러 넣고 다녔다. 그러다가 직접 자신의 팔을 긋거나 찔러 상처를 내보기도 했으며, 목과 흉부를 가격하는 연습도 꾸준히 하면서 쉬는 시간, 점심시간 등에 어찌 행동한다는 세칙까지도 짜놓았었다고 한다. 또한 당시는 자기 얼굴을 주먹으로 때리기가 취미여서 열 받으면 혼자 방문을 닫고, 혹은 집이 비었을 때 무기를 힘껏 휘두르고 책이나, 베개를 패다가 자신의 얼굴을 주먹으로 난타하는 것으로 마무리하곤 했는데, 얼굴이 누렇게 멍들게 될 때까지 하곤 했다고 한다. 그리하여서 1991년 5월 이후로는 M에게서 혼나도 이전처럼 울음을 터뜨리고 회개 기도하면서 M의 기분을 맞춰주는 짓거리를 하지 않고, M을 똑바로 노려보며 침묵하거나 무응수로 일관하였고 반드시 방문을 닫고 1안 예행연습의 기척이나 흔적이 드러나게 함으로써 분위기를 바꿨다고 한다. 이에 대해 M은 약간 놀라서 '이 새끼가, 이젠 안 울어? 더 버르장머리 없어' 하면서 슬슬 아들에 대해 경계심을 품게 되었는데, 물론 바오로가 '당근과 채찍' 전술을 고루 써서, M의 요구, 심부름을 충족, 완수하려고 애도 많이 썼기에 차츰 꼬투리 잡히는 일 자체도 줄었다고 한다. M도 슬슬 마구 혼내기를 자제하여 표면상의 평온기가 나타난 것은 1991년 말부터였는데 아마도 변화가 없었더라면 1안대로 했거나 2안이라도 실천했을 것이라고, 그는 자신의 10여 년 전부터 계획되어 온 보복계획을 연구자에게 숨김없이 털어 놓았다.

연구자가 궁금증을 갖게 된 것은 위의 이야기에 들어 있는 '(형에 대한 계획은 없었음)' 부분이다. 이 편지를 받을 때까지 연구자는 바오로가 형에 대한 살해 의도가 있었는지를 생각해 본 적이 없었고 당연히 그러한 질문을 보낸 적도 없었다. 생뚱맞게 괄호 안에 들어 있는 '(형에 대한 계획은 없었음)'은 새삼스럽게 연구자의 관심을 불러일으켰다. 이 부분 이야기는 '문제의 외부화—사건 발생(p. 137)'에서 다시 언급하기로 한다. 앞서 한마디 하고 지나간다면 연구자는 그의 말을 믿는다는 것이다. 그는 거짓말을 잘하지 않는 성격이다. 1, 2안 시나리오를 다 정리해서 보내는 사람이 불필요한 거짓말을 할 리가 없기 때문이다.

그는 연구자에게 논문과 관련하여 날카로운 질문을 기다리고 있으니 무슨 질문이라도 상관없다고 이야기했다. 그래서 연구자는 2번의 습격대비에 대한 부분에 대해서 실제로 부모님이 먼저 습격해 올 위험이 있었다고 생각하느냐는 질문을 보냈더니 그는 그 질문에 대한 대답이 없었다. 연구자는 많은 고민을 하게 되었고 다시 그의 입장으로 감정이입을 시도하여 그 당시 그의 정신연령이 8~9세에밖에 이르지 못하였었다는 점을 간과하였다는 것을 알게 되었다. 이러한 사실에 대한 연구자의 질문에 바오로는 무응답으로 저항을 표시했고, 연구자는 연구참여자의 내면을 조금 더 가깝게 이해해가는 계기가 되기도 하였다. 그는 "부모님이 근본적으로는 연구참여자를 위하려 한 것인데 방법이나 표현에서 어긋난 것 아니냐?"는 연구자의 질문에 강한 반발과 반격을 가해 왔다. 이렇게 기초적인 질문을 이제 한다는 것이 말이 되지 않으며, 자기에 대한 이해가 너무나 없다는 것에 대해 화가 난다고 그는 편지를 보내왔다. 그의 삶의 경험은 부모의 근본에 대한 회의로 가득 차 있다. 시차가 16년이나 되는 지금 질문하였어도 그의 불신에는 변함이 없다. 그의 카페에 공개된 다른 서신에서도 그가 밤에 어머니를 얼마나 두려워했었는지를 이야기하고 있다.

> **나는 예전에 중학시절 집에서 잘 때도 악몽, 악귀를 두려워한 게 아니라 M의 공격, 위협에 시달렸을 뿐입니다.** 배게 밑에 송곳을 놓고 나뭇가지 끝을 뾰족히 깎은 무기, 야구배트, 쇠막대기를 쌓아놓고서도 밤에 M이 잠들었는지 확인하며 가슴 졸이며 밤을 지새다 잠들곤 했었지요. 귀신이든 괴물, 악마든 설마 인간보다 무섭겠어요? (중략) 보다 어릴 적에 진작 집을 떠나서 마음 편히 살고 세상에서 자리 잡았어야 했을지도 모르지요. 저도 중3 때 즈음 학교에서도 극심한 갈등이 많았고, 잭나이프나 송곳 등 주머니에 넣고는 그놈들 다 해치울까 망설이기도 많이 했는데, 차라리 그때 그랬으면 속도 후련하고 스트레스도 덜 받았고 소년수로 징역 살면 기껏 최고 20년형에 가출옥도 많이 받고 했었을 테니 무조건 이득이었을지도. 그러나 저는 당시 그럴 용기가 없었지요. (2004. 11. 3.)

아래에 다시 요약해 보낸 제1안 시나리오를 보면 그가 얼마나 부모의 선제공격을 두려워하고 있었는지를 알 수 있다. 그는 처음 1년 동안 열심히 예행연습을 했고 그것은 이후에도 그의 뇌리에 각인되어 있다가 그가 한계 상황에 도달했을 때 현실화되었다. 실제 사건과 이 시나리오를 대조해 보면 그는 3번의 계획안대로 해머로 어머니와 아버지를 공격했음을 확인할 수 있다. 또한 4번의 계획대로 사체를 절단하여 오븐에 구워 태우거나 화장실 변기로 투척하려는 계획을 모색하다가 여의치 않아서 쓰레기봉투나 비닐봉지에 싸서 지하철역 등 여러 곳에 분산해서 유기하였다.

＊제1안 시나리오

1. 저녁식사 때 M이 혼내기 시작하면 부엌의 식칼로 처단 후, F 귀가 때(1~2개월 1회 귀가 시기 맞춤) 현관 옆에 숨어 있다 습격
2. 밤에는 취침 시 M이 먼저 쇠파이프, 칼로 습격해 올 가능성이 크므로 항상 긴장하며 취침하고, 반드시 베개 밑에는 송곳을, 침상 옆 틈에는 배트나 사제 창을 은닉해 둘 것(19991년 5월 이후 1년 이상 실험했습니다.)
3. 선공은 최선의 방어이므로 취침하는 척하고 기다렸다 새벽에 해머로 MF 습격
4. 습격 후에는, 처음에는 그냥 안방에 모아서 방치할까 했으나, 계획을 계속 세울수록 다양한 안건이 제시되어 결국 분해 후 미세하게 절단하여 화장실 변기로 내려서 없애면 될 것이라는 결론에 이르렀음—어떤 시나리오든, 1안이든 2안이든 사건 후 무얼 어찌 하겠다는 계획은 없었음

또한 연구자의 관심을 끄는 구절이 바로 '어떤 시나리오든, 1안이든 2안이든 사건 후 무얼 어찌하겠다는 계획은 없었음'이다. 사건 후에 대한 그의 이야기는 두 가지로 나뉜다. 위의 이야기처럼 무얼 어찌하겠다는 계획이 없었다는 것과 사건 후 10~15일, 혹은 15~20일 후에 생을 마감하려 했다는 것이다. 이 두 가지는 같은 이야기의 다른 면인가? 아니면 전혀 다른 이야기인가? 우리 모두가 알듯이 그는 2000년 5월 21일에 범행을 저질렀고 5월 24일 오후에 집에서 형사들에게 검거된다. 통상 존속살해자들이 그러하듯이 그도 도망하지 않았다. 4일간 그의 행적에는 사체 토막 내어 분산하여 버리기, 집안 청소하기, 피 묻은 옷 세탁하기, 쓰레기 버리기, 이발하기 등이 포함된다. 아무 계획 없이, 즉 뒷일에 대한 아무 생각 없이 엄청난 일을 자행한다는 것이 상식적으로 납득이 가는 이야기인가? 평소의 그의 성격은 어떠한가? 그는 철저한 성격으로서 강박적이라고 할 만큼 일을 사전에 준비하고 계획을 세우는 유형이다(홍등가 방문 전에 그곳에 관한 사전지식을 준비하고 가는 스타

일). 그런데 이렇게 엄청난 일을 사후에 대한 아무런 계획도 없이 저질렀다는 것은 쉽게 납득이 가는 이야기가 아니다. 물론 이 이야기는 그가 부모 살해를 계획적으로 자행했다는 것을 의미하는 것은 아니다.

중3 때부터의 시나리오가 있었고 예행연습까지 있었지만 2000년 5월 21일 사건은 구체적인 계획에 의해서 발발한 것은 아니라고 연구자는 여러 정황과 그와의 서신교환을 통해서 확신하고 있다. 단지 구체적으로 계획되지는 않았지만 너무나 오래전부터—10년 전부터 꿈꿔온 일이 현실에 발생된 것이다. 연구자는 이것을 '프로그램화되어 있지는 않았지만 운명적이었다'고 표현하고자 한다(unprogrammed, but destined). 마치 오랫동안 외워온 주문이 이루어지는 것처럼 그의 오래된 시나리오가 그의 몸을 빌어서 실연된(enactment) 것이다. 그는 아직 도망도 가지 않았고 자살을 기도하지도 않았다. 사건 후 10~15일간 그는 무엇을 하기를 원했을까? 연구자가 특별 교화접견 때 되물은 이 질문에 대해서 그는 두 가지로 대답한다. 일기장 등의 자신의 사물을 정리하고, 형에게 설명해야 하는 등의 주변 정리이며, 검찰에서 묻기에 그렇게 대답한 것이지 별로 중요한 것이 아니라고 이야기를 자른다. 그가 꼭 해야 할 일이 있었다고 한 서신도 있기에 연구자에게는 궁금증이 남는다.

대학과 동아리 활동—책과 영화를 친구 삼은 Loner

그는 중고교 시절 작은 키, 둔한 운동신경으로 심하게 놀림을 받은 나머지 타인에 대한 불신이 극도로 깊어졌다. 일종의 복수와 해방의 의미로 고교 졸업식장을 아무와도 인사조차하지 않고 도망치듯 뛰쳐나온 이래로 기회가 닿는 대로 모든 인연을 끊었으며, 오직 혼자가 되고자 했다. 그는 집에서도 모든 혜택이 형에게만 돌아가는 것을 봤고, 형에 대한 배려의 1/10도 받지 못하면서 살아왔다. 예를 들면 형이 N대 정도 들어갔을 때에는 경사난 듯 떠들썩하게 축하하며, 소원하던 친척들까지 방문했으나, 그의 대학 입학 때는 철저한 무관심과 침묵뿐이었다. 그 외에도 모든 처우나 배려의 유무(고저, 많고 적음의 차이가 아닌 有無)가 분명했다며 서운해 하고 섭섭해했던 그의 대학생활은 어떻게 전개될까?

교회 청년부에서 인간적인 대우를 체험하다

그는 어디에서 환영을 받았을까?

바오로는 가정과 학교에 적응하는 데 많은 어려움이 있었지만, 자신이 자의적으로 참가한 빛고을 영화동호회와 문화비평모임 등에서 실력을 인정받는다. 그의 기본 테마는 "사람들이 나를 좋아하지 않을 것이다"이다. 그런데 그 이전에 그를 깜짝 놀라게 환영한 믿기지 않는 공동체가 있었으니 바로 그가 다니던 교회의 청년부이다. 교회 청년부원들은 진정 따뜻하고 차별 없는 사랑을 그에게 아낌없이 베풀었고, 그는 예상을 뒤엎은 인간적인 대우와 환영에 어리둥절할 수밖에 없었다. 그는 그것을 믿을 수 없었고 한 걸음 더 나아가 그것을 자유롭게 받아 누리고 향유할 수가 없었다. 그가 일기에 기록한 대로 대학입시에 합격하고 나서 경험한 청년부의 활동은 그의 모든 부정적인 인간관계에 일시적으로나마 신선한 충격을 주었다. 아름답고 모범적인 청년부 사역으로서 아무리 흠집을 내고 비판을 하려 해도 빌미를 주지 않는 아름다운 사람들과의 만남을 그는 체험하였다.

1995년 1월 22일부터 7월 16일까지 이어지는 6개월간의 교회 청년부 이야기의 핵심은 그가 처음부터 그곳에 안 나갈 이유를 찾는 것에 집중되어 있었다. 그런데 청년부원들의 예상을 뒤엎은 무조건적인 친절과 관심, 인내심과 배려 덕분에 바오로는 6개월 동안 고민에 고민을 거듭하면서 교회를 나갔다. 그리고 이제 거의 마음의 굳게 잠긴 문을 열고 진솔한 인간관계를 시작해 보려고 하는 시기에 어떤 작은(그러나 그에게는 큰 문제가 되는) 계기로 모든 것이 다시 원점으로 돌아가 버리고 만다. 비록 그의 마음의 두꺼운 눈을 다 녹이지는 못했지만 그 교회 청년들이 보여준 인간적이고 순수한 접근은 높은 평가를 받기에 충분한 것이었다. 늘상 그랬듯이 패배와 단절의 시나리오를 가지고 어렵게 한 주일 한 주일 교회를 찾아가는 그를 향한 교회 여러 청년부원들의 지속적인 친절에 충격을 받는 그의 모습이 일기장에 이어지고 있다(이훈구, 2001).

그의 일기를 보다보면 푸하하하! 이런 글웃음이 자주 나와 연구자의 관심을 자아내었다. 그는 실제로는 조용한 미소를 지을 뿐이고 크게 웃지 않는 성격인데, 글에는 여러 곳에 푸하하하! 으하하하하! 푸하하 등의 파열하는 웃음소리가 적혀 있다. 이 글웃음은 무엇을 나타내는 것일까? 생각과 느낌을 타인과 나누기보다 늘 혼자 되새기다 보니 대인관계에서 언어적, 비언어적으로 다 표현하지 못한 것을 이런 과장된 언어적 표현으로 해소하고 있는 것으로 보인다. 이러한 푸하하하! 식의 웃음은 그의 내면이 한 단계 자신 속으로 침잠하는 것이라고 할 수 있다. 직접 대놓고는 이렇게 웃거나 말하지 못하지만 일기라는 공간에서 그는 더욱 솔직하게 자기 내면의 심경을 그려내는 것이다. 이러한 웃음은 흔히 내담자들이 종종 그들이 인식하지 못했거나 내비치기 싫어하였던 어떤 진실과 마주할 때에 터져 나오는 충격적인 반응의 자연스런 표현이다.

그는 박수진(가명)이라는 임원도 아닌 회원의 무조건적인 긍정적 관심에 어리둥절해한다. 자신이 누군지 알아보지도 않고 무조건적인 긍정적 반응을 보이는 데에 대해서 그의 패배주의는 패배하고 만다. 이는 연구자와의 초기 관계에서도 있었던 일인데 2001년 2월 13일자 편지에도 잘 나타난다. "박 순 선생님께선 이상한 분입니다. 제가 무슨 죄를 지었는지 아시죠. 평소에 저를 알던 분도 아닌데, 무슨 확신으로 저를 상대해 주시는지요. 저에 대해 엄청나고 기괴한 평가를 내리셨는데, 저는 이미 이 사건으로 입증된 흉악범인데다, 지독하고 비열한 악당이라서 선생님의 호의를 이용할 궁리만 하고 있을지도 모르잖아요. 세상엔 진짜 악당도 있습니다. 그런데 어떻게 대뜸, 터무니없이 사람을 믿죠. 제가 하는 모든 이야기조차 거짓, 과장, 왜곡일지도 모르는데요…… 정말 이상한 일입니다. 솔직히 이해할 수 없어요." Carl Rogers가 말한 인본주의 상담의 대원칙인 '무조건적 긍정적 관심' 이 기독교

생활 20년 가까운 그에게는 너무나도 생경한 체험이었던 것이다. 몇 편의 일기를 연이어서 보도록 한다.

(1995. 1. 22. 일요일) 나는 고교 3년 동안 교회 고등부를 안 나갔다. 그리고 고3 때 나는 청년부도 안 나가기로 결심했다. 그 이유는 분명했다. 나는 키 작은 놈이 여자랑 있는 것 아주 역겨워했다…… 그런데 조장이 엽서를 보내왔다. 그리하여 이번 주에 청년부를 결국 나오게 된 것이다. 패배해야겠다고 생각하고 갔다. 근데 결과는 뜻밖이었다. 조장과 김옥자(가명)라는 누나가 꽤 친절했지만 그건 원래 열성파들이 당연히 하는 일이라고 이해했다. 그런데 박수진의 반응은 꽤 충격적이었다. 나에 대해 거부감이 없어 보였다. 매우 자연스럽고 친절했다. 이상할 정도로…… 조장도 아닌데. 또 내가 어떤 놈인지도 모르면서 그런 긍적적인 반응을 보이다니. 내가 누군 줄 알고? 어쨌든 중요한 건 내가 원했던 비참한 패배감을 느낄 수 없었다는 것이다. 거의 박수진 때문이었다.

(1995. 2. 5.) 푸하하하! 드디어 교회를 빼먹었다. 오늘부터 4박 5일간 수련회, 내가 갈소냐? 훌륭한 핑계. 2월 6일은 K대 오리엔테이션! 2주 만에 드디어 빼먹는구나! 그런데 조장 누나한테서 엽서가 한 장 왔다. 1월 25일 이후의 안부엽서였다. 내가 귀엽다고 써 있다…… 배고프면 연락하고, 심심하면 연락하고 누나가 필요하면 연락하라고. 삐삐 번호도 적혀 있다. **나는 엽서를 적어도 세 번은 읽었을 것이다.**

(1995. 3. 5.) 교회에 갔다. 새로운 충격이다. 배소라(가명)라는 이번에 졸업한 누나가, 내 옆자리에 앉았던 것이다. 편집국장인데 나보고 편집부에 들라면서 말을 걸었다. 내 옆자리에 앉아서 매우 친절하게 대하는데, 그때 나는 교회까지 뛰어왔기 때문에 몹시 땀을 흘리고 있었다…… 땀 냄새가 나서 도저히 누나 앞에서 자연스런 태도를 취할 수가 없었다…… 그렇게 된 데는 또 하나의 아주 유치한, 말도 안 되는 이유가 있었는데 조장이 질투할 거라는 웃기는 착

각이었다. 이것은 착각이 아니었다. 조장 누나는 외국으로 유학을 떠나고 나서 그동안 바오로를 짝사랑했다는 고백을 한다. 이 누나가 떠날 무렵 바오로가 전화를 하려고 마음먹고 어렵게 돌린 전화에서 누나가 집에 없다는 사실에 모든 것을 부정적으로 생각하고 다시 연락하거나 교회에 나가지 않았다. 이렇듯 대인관계에 기피적이고, 패배적이고, 부정적인 바오로인 것이다. 그러나 내면 깊은 곳에서 절절히 그리워하는 마음을 억압하는 것이 자아 방어기제로 자리 잡은 것을 생각할 때 이런 방어기제를 풀게 되고 지금은 조금이라도 더 긍정적이고 건강한 대인관계를 맺는 발전을 보이고 있다…… 어리석은 나는 웃기는, 웃기지도 않는 실수를 저지른 것이다. 완전히 그 누나를 무안하게 만든 것이다. **충격은 그 누나가 너무 친절한 태도를 취했다는 것과 나의 유치한 행동이었다.**

(1995. 3. 9. 일요일) 교회에 갔다. 노래. 내가 노래를 불렀다. 교회 사람들 앞에서 큰소리로, 다 들리도록. 비록 목이 쉬기는 했지만.

(1995. 3. 26. 일요일) 교회에 갔다. 집단 성경공부 때 또 유치한 짓을 했다. …… 나는 언제나 남의 동정을 사려는 마음을 한 구석에 지니고 있는 것 같다. **다른 충격적인 일이 있었다. 굉장한 충격이다.** 박수진이 나랑 같이 중앙공원을 걸었던 것이다. 끝나고 집에 갈 때 나랑 같이 공원을 걸은 것이다. 지하철도, 버스도 교회 앞에 다 있는데 일부러 그런 것이다. 나는 그 흉한 몰골로 여자랑 걸었다. 난생 처음이다. 대낮에. 이렇게 말하니까 또 내가 걸을 때 가슴이 두근거렸다거나 식은 땀을 흘렸을 줄로 생각할지도 모른다. 하지만 그럴 법하면서도 그러지 않았다.

(1995. 4. 16. 일요일) 교회에 갔다. 충격!!! 이번에는 박수진이가 내 옆자리에 앉았다. 더욱 충격적인 사실은 내가 예배 시간에 늦어서 박수진이는 이미 다른 곳에 자리를 잡고 앉아 있었다는 사실이다. 그런데 일부러…… 여태까지 나의 행적으로 보아, 성인이 아니라면 아마 한계에 도달했을 것이다. 분명 참

는 데도 한계가 있다…… 드디어 게임 오버다. 패배를 인정하는 순간이다. 인간 이하 취급을 받으며 쫓겨나기 전에 제 발로 걸어 나오는 거다.

(1995. 5. 28. 일요일) 오늘 교회에 못 갔다. 이모 결혼식이 있기 때문이다…… 정말 큰 맘 먹고, 눈 딱 감고 잘하려고, 그래서 이번 주, 오늘 교회 가서 잘하려고 했는데…… 나의 망설임과 안일함 때문에 결국 연락하지 못했다…… 왜 하필 드디어 내가 맘 잡은 이 순간에 그런 일들이 들이닥치냐 말이다. 일이 꼬이고 나니 다시 의욕이 없어졌다.

(1995. 5. 29. 월요일) 오늘이라도 은숙(가명) 누나한데 연락할 수 있다…… 너무 늦어버린 것이다…… 어제나 그제였으면 몰라도 오늘은 너무 늦었다. 일이 이렇게 되고 보니 의욕이 정말 없어졌다.

(1995. 6. 4. 일요일) 오늘 교회에 갔다…… 은숙 누나가 미국으로 유학을 떠난다고 했다. 일 년씩이나…… 수진 일도 그렇지만 은숙 누나 일은 정말 충격이다. 바로 지금이다. 내가 교회를 나올 수 있는 기회는…… 그리고 이번 주의 충격이 있고 나서 나는 교회에 붙잡힐 것이라는 생각이 드는 것이다…… 왜 그런가? 몇 차례 이야기하지만, 나의 폐쇄정책의 가장 큰 이유는 바로 키 때문이다. 나의 비정상적인 작은 키 때문에 나는 교회에서도, 학교에서도 차별받고, 멸시 당할 걸로 생각했다. 그런데 그런 나의 예상은 완전히 빗나갔던 것이다. 지난 2~4월까지 석 달 동안 지내면서 나는 거의 키 문제를 의식할 만한 대접을 받지 않고, 오히려 매우 인간적인 대우를 받은 것이다. 물론 키 얘기가 나온 적도 몇 번 있었지만 키로 인해서 내 인격 자체를 무시한 경우는 없었다. 그래서 나의 인식이 새로워지기 시작한 것이다. 조금은 자신감이 생긴 거다. 그렇다고 내가 키 크기를 포기한 건 절대로 아니다. 하지만 사람들이 내게 이렇게 인간적인 대우를 해줄 때 그것조차 무시하면서, 최소한도 지키지 않으면서 무조건 피하고 숨는 건 바람직하지 않다는 걸 깨달았다.

이렇듯 그의 교회 체험은 커다란 인식의 변화를 가져왔다. 그런데 그는 이런 진정한 인간적인 예우와 배려를 끝내는 견디지 못하고 결국은 교회를 떠나게 된다. 그런 그의 심리상태를 담담히 나타내는 일기가 계속된다. 교회 청년들의 인간적인 너무나 인간적인 대우에 충격을 받으면서 그의 진심은 모든 것을 처음부터 다시 시작하고 싶었고, 속마음은 교회를 떠나고 싶지 않지만 그는 결국 자신은 교회를 떠나고 말 것이라고 일기에 적었고 실제로 그렇게 하였다. 키가 작다는 열등감에도 불구하고 한 번도 모욕이나 무시를 당하지 않았고 오히려 여러 여성 회원들로부터의 친절한 접근을 경험한 그는 '일이 꼬이는 것이 싫다' 는 여운을 남기면서 끝내 교회 출석을 중단한다.

그의 평가대로 여러 청년부원들의 인간적인 대우에도 불구하고 그 후로 그는 교회를 가지 않았고 예의 영화동호회 '빛고을' 회원활동을 시작한다. 온라인상에서는 무리 없이 동호회 활동을 하였지만 오프라인에서는 다시 인간관계 및 이성교제의 어려움을 느끼게 된다. 그의 이러한 회피적 성격 특성은 그 뿌리가 깊다고 하겠다. 그는 바로 가정에서 정상인들의 상상을 초월하는 학대와 방임 속에서 작아진 10년 이상의 과거 기억 때문에, 대학에 가서도 정상적으로 남들과 어울려 지내기는 불가능했고 하물며 이성교제를 지속할 수도 없었다고 한다. 언제라도 자신의 무능함이 탄로나서 모욕, 경멸을 당할 수 있기 때문에 경계를 늦추고 방심함은 절대 금물이고 최대한 대인관계를 피하는 편이 안전할 것이라고 그는 느끼고 있었던 것이다. 거의 체질화된 대인관계 불안 때문에 우호적이고 정상적인 대인관계에서조차도 서둘러 도망해야 한다고 생각한 것이다.

> "나는 무조건 청년부에 나가면 안 된다고 생각하고 있는 것이다. 잘되는 것이 두려운 것이다. 하도 엉망으로만, 비뚤어지게만 삶을 인식하고 경험해 온 나에게는 교회에서 일이 잘 풀리는 것이 또 학교에서조차도 두려운 것이다."

(1995. 7. 9. 일요일) **솔직히 교회에서 처음부터 다시 하고 싶다. 내가 조건이**

나아진 상태에서 다시 하고 싶다. 정말 아쉽다. 결국에 교회를 떠날 거다. 오래 붙어 있을 수가 없다. 내가 그렇게 만들었다. 하지만 대강의 여운은 좀 씻고 떠났으면 좋겠다.

(1995. 7. 16. 일요일) 오늘은 교회에 안 갔다…… 물론 코엑스가 교회보다 중요해서 빼먹은 것은 절대 아니다. 그것은 구실일 뿐이다. 그리하여 결국 교회를 안 간 것이다. 다음 주에 갈지 안 갈지는 정말 모른다. 왜 안 나갔냐 하면 화요일 전화에 실패한 후 내 마음이 안 나가는 쪽으로 기울었기 때문이다.

열등감과 불신감을 가득 키워온 그는 교회 청년들의 조건 없는 관심과 사랑을 도저히 믿을 수 없게 된다. 신앙생활과 교회를 인정하지만 교인들과 그 활동에 현혹되지 말라는 어머니의 가르침에 젖은 그는 청년부원들은 너무 호의적이지만 그들이 자신의 모더니즘, Rock, 진보적 문화, 예술적 취향이나 내면의 콤플렉스를 나눌 수 있는 상대가 아니라는 생각에서 단호하게 선을 긋고 교회를 떠나는 상황을 연출한다. 그의 과천교회 이야기는 이렇게 막을 내린다.

문화비평 모임 가입과 영화에 대한 체계적인 공부

온갖 영화와 책을 읽고 또한 일도 하게 되었던 대학 2년, 군대 시절은 제 스스로도 믿기지 않을 대변화였지요. (2002. 11. 17.)

바오로는 자신이 가장 좋아하는 것으로 단연코 영화와 책을 든다. 그의 지금까지 삶의 최상의 경험들은 무엇인가? 그가 대학생 때의 지식인 그룹의 모임이던 문화비평 모임의 초청회원이 되고 자신의 글이 주목을 받아 철학과 강사 회원이 그것을 강의의 자료로 활용하는 등 집에서 받지 못한 인정의 욕구가 성취되었던 경험을 들 수 있을 것이다. 문화비평 모임은 30대 철학박사를 비롯하여 문화 쪽 분야의 직장인들로 구성된 꽤 진지하고도 배타적인 소수집단이었다. 바오로는 회원들의 평균 연령보다 4~5살은 어렸던 대학 2년생인 자기가 그곳에 당당히 가입했다는 사실이 당시에는 은근히 자랑스럽기도 했으며 가입을 위해서는 글을 제출하고 기존 회원들의 질문에 답을 하는 절차를 거쳐야 하는데 그 과정을 통과한 사실도 자랑스러워했다. 그는 "나도 그럭저럭 머리가 나쁘지는 않구나 하며 안도하고 기뻤습니다"라고 이야기하였는데 '기뻤습니다' 식의 표현은 지난 8년간 희귀하게 접하게 되는 형용사이다—이는 그가 절정경험을 표현할 때 쓰는 형용사이다.

그리고 '빛고을 영화동호회'에서의 활약도 대단했음을 알 수 있다. 그는 영화스터디 그룹에 별도로 가입해서 영화보기를 위한 이론적 토대를 공부했고 지인들과도 교류를 해 나갔다. 이 또한 바오로에게는 최상의 경험 중 하나였던 것이다. 그리고 그는 자기 같은 사람은 특히나 뭔가를 원해서 배우고 또 어렴풋이 알던 지식들을 체계적으로 정리하는 일에서 환희를 느끼는지도 모른다고 자신의 헤파이스토스적 특성을 잘 파악하고 있었다. 그러나 무엇보다도 그를 즐겁게 하는 경험은 책과 영화다. 책 이야기가 길까? 영화 이야기가 길까? 영화 이야기를 먼저 시도하고자 한다.

연구참여자는 폭력영화 시청이 사건의 원인이라는 이훈구의 이론에 누누이 반론하면서 연구자에게 여러 차례 자신의 영화 보는 자세를 이야기한 바 있다. 그는 애초부터 영화에 지극히 공감하거나 감동하는 일은 없었고, 영화를 보며 운 적도 없었다고 말한다. 남들과 같은 정도의 스릴, 카타르시스도 느끼지 못했으며, 기껏해야 영화를 보며 유일하게 울 뻔한 적은 1995년 말, 동숭아트센터에서 혼자 〈사운드 오브 뮤직〉을 볼 때였는데, 그 유명한 '도레미 송' 장면이라고 했다. 〈사운드 오브 뮤직〉이 슬픈 영화도 아니고, '도레미 송'이 우울한 노래도 아닌데 어찌 울 뻔 했느냐 묻겠으나, 그는 그토록 감정이입 체계가 다르고 영화에 몰입하여 본 적이 없기에 가능했다고 자문자답하였다. 그러면서 '도레미 송'의 경쾌한 멜로디와 영화 속 푸근한 풍경들이 '내게도 저런 시절이 있었으면 좋겠다'는 생각을 불러일으켜서 자기와 다른 극과 극의 정서로 인해 눈물이 맺히게 된 것이었다고 설명을 덧붙였다.

그나마 강렬한 자극, 감동은 음악영화, 뮤지컬에서만 느꼈는데, 음악, 영상 대본, 연기 등의 종합이 극대화되어야(그만큼 사실성은 배제된 상태) 예술성이 있다고 믿어졌었기에 〈Jesus Christ Superstar〉 영화버전의 역동적 춤사위와 열창에서, 디즈니 애니메이션 뮤지컬 〈미녀와 야수〉 도입부 마을 장면의 노래인 'Belle' 에서 순수하게 감동을 느낀 정도라고 했다. 그 밖에는 그저 흥미로운 정도, 호기심 충족, 그뿐이었다고 한다.

중학교 이전까지는 유명한 영화들을 남들만큼 찾아보는 정도였다. 영화에 등장하는 배우들 이름만 기억하고 그에 따라 영화를 선택하다가, 80년대에 인기 있던 일련의 영화들(〈구니스〉, 〈그렘린〉, 〈이너스페이스〉, 〈E.T.〉,〈인디애너존스〉) 등에 공통적으로 'Steven Spielberg presents' 란 문구가 나타남을 인식하게 되었다. 그 이후로 카메라 뒤에 있는 감독 · 제작자의 영향을 대강이나마 감지했고 배우를 보고 고르는 것보다 감독, 작가를 보고 고르는 영화가 더 나을 수 있다는 사실도 경험으로 터득했다고 한다.

앞에서도 이야기하였듯이 바오로는 그전까지 동네의 재개봉관이든 서울의 개봉관이든 반드시 친구, 가족 등의 동반 없이는 영화관에 못가는 줄 알았었는데, 1990년 중2 때 생전 처음으로 서울 명보 극장에서 혼자서 과감히 〈로보캅 2〉를 보러가는 모험을 감행하게 된다. 혼자 영화 보기가 의외로 홀가분하고 편리하다는 경험을 한 것이 그에게는 여러 가지로 큰 의미를 지니는 거사가 된다. 그러나 고교 때에는 입시 준비 때문에 영화를 별로 챙겨 볼 수가 없었다. 그나마 안전하게 느끼던 기분전환거리가 영화였었고, 남들 하는 만큼 세상물정 따라잡고 유행에 뒤쳐지지 않는다는 점에서도 영화를 봐야 한다는 강박감도 있었는데, 그것이 불가능해진 것이다. 그는 '나도 남들 하는 만큼, 남들 다 보는 것도 다 찾아보고, 뒤쳐지지 않게 살아야지'하는 강박감, 위기감을 많이 느꼈음을 솔직하게 털어 놓았다. 그래서 고교 졸업 후 한풀이라도 하듯, 그리고 세상 유행에 대한 따라잡기, 지식 습득의 도구 차원에서 영화에 본격적으로 몰두하기 시작한다. 손쉽게 접할 수 있고 저렴하면서도 뭔가 있어 보이는 게 영화관람이란 생각에서 그랬다고 한다. 그는 대학 1학년 때인 1995년의 영화와의 특별한 만남을 이야기한다.

1995년은, 1895 프랑스 뤼미에르 형제가 최초의 영화를 탄생시킨 지 100주년 되는 해였지요! 고교 졸업한 직후, 1995년 봄, 5월 즈음에 여느 때처럼 혼자 영풍문고를 기웃거리며 시간 보내던 중, '영화 서적 코너'를 발견하게 되었고 그 코너에서 두 권의 책을 살펴보면서 영화에 대한 심화 학습의 문이 열렸습니다.

한 권은 아마추어 평론가 김억상의 「영화, 이렇게 보면 두 배로 재밌다」였고, 다른 한 권은 영화전문 출판사(한나래)에서 나온 번역서인 「마틴 스콜세지 평전」이었습니다. 그 자리에 서서 대강 훑어보고 나중에 다시 사서 재독할 정도로 흥미로웠는데, 김억상의 책에선 스파이크리, 포르 버호벤, 스탠리 큐브릭 등 유명 감독 여섯 명을 집중적으로 다루며 연출 기법, 촬영, 미쟝센(무대장치)등의 개념을 기초적으로 소개하고 있었고, 「스콜세지 평전」은 그야말로 무심결에 들춰 봤는데 〈좋은 친구들〉, 〈그리스도의 최후의 유혹〉, 〈택시 드라이버〉 등 소위 작품성 있다는 영화들을 만든 장본인 이야기라서 즉시 매료되었지요. 그 길로 중학 때 '미성년자 관람불가' 딱지 때문에 빌리는 데 실패했던 〈택시 드라이버〉를 이제는 당당히 대여점에 들어가서 찾아보게 되었구요. 그리곤 마침내 영화감독이란 존재감에 압도당했습니다.

〈택시 드라이버〉(1976, 깐느 영화제 그랑프리)는 제게 종합선물 세트 같았습니다. 좋아하는 감독, 배우(로버트 드니로, 조디 포스터, 하비 카이텔)뿐만 아니라, '포스트 모던'한 도스토예프스키라고 불릴 만큼 감독 스콜세지와 시나리오 작가 폴 슈레이더가 도스토예프스키를 대놓고 차용했기에 저도 결국 그의 소설까지 읽게 됐으니까요. 그리고 무엇보다 그 이후로는(1995년 5월) 어떤 영화든 사전 계획 없이 무작위로 본 적이 없다고 장담할 정도로 이유, 조건 따져가며 체계적으로 영화를 봐야만 했습니다.

〈택시 드라이버〉는 도스토예프스키 소설 「지하실의 수기」의 주인공과 분위기, 플롯 일부를 가져왔고, 「죄와 벌」의 범죄구상, 실행과도 밀접한 관련 있으며, 감독이 평전에서 도스토예프스키 팬임을 자처했고, 평론가들도 영화버전 도스토예프스키라 했구요. 내용은, 월남 참전 군인으로 사람들과 잘 어울리지 못하는 야근 택시기사가 뉴욕 밤거리에서 택시 몰며 겪는 일을 다루고 있으며, 호감 느끼는 여성과의 실패하는 데이트나 그에 대한 집착의 한 편으로 13세 미성년의 성매매자를 포주에게서 구해내기 위한 총격전, 세상이 악으로 가득하다는 강박감, 자신이 정화의식을 벌여야 한다는 독백 등, 모두가 제 개인적으로 지극히 의미 있는 기호들이었지요. 그래서 저는 PC통신 ID도 'taxidrvr'로 설정했고 프로필 사진에는 아예 〈택시 드라이버〉 영화 포스터를 대신 올려 놓을 정도였습니다. (이훈구 교수가 그토록 선호하는 미디어 범죄론의 증거는 차라리 마틴 스콜세지의 유명작에서 많이 찾아낼 수 있었을 텐데요.) (중략)

95년도 하반기 동안은 그렇게 영화 이론체계, 매체의 특성에 대한 개념을 익히며 보냈구요. 그동안 PC통신 영화동호회 게시판에 영화평을, 연습 삼아, 재미 삼아 올리던 것이 동호회 내부 세미나 팀의 눈에 띄어 95년 말 정식으로 영화 동호회에 가입하고는 영화이론 스터디 팀에도 참여하게 되었지요(그전까진 영화동호회에 6개월 가까이 지나면서도 가입도 안 했고, 가입할 의사도 없었습니다). (영화 동호회에 순전히 심심풀이로 가입한 건 아니었고, 스터디 모임의 초청으로 가입하게 되었음을 분명히 강조하고 싶습니다). (중략) (그 모임 빼고서) 당시 영화동호회 전체에는 영화 지식 인정받는 10여 명의 논객들이 있었고 그중 4~5명 정도가 몇 년간 꾸준히 글을 올리고 있었지요. 물론 다들 저보다 나이 많고 영화도 더 오래 봤기 때문에, 저는 당장은 상대가 되지 않았으나, 금세 따라잡아서 인정받는 논객 틈에 끼고 싶었지요. 그래서 더더욱 중요하다는 영화들을 목록까지 만들고 계획표 세워가며 챙겨보고, 급하게 영화 지식을 늘리려 했구요(영화 폭식의 근본 동기입니다).

영화 공부 1년차인 제 실력치곤, 비교적 제 영화평에 대한 호응이 나쁘지 않았기에 더더욱 인기 필자가 될 수 있다고 생각했었죠. 물론 결과적으로 1997년 6월 군 입대까지 저는 어느 정도 호응 얻어내는 인기 필자가 되는 데 실패했습니다. 4~5년 이상 영화를 챙겨 보아온 사람들의 지식을 1~2년 새 따라잡기엔 역부족이었지요. 자연스레 영화를 즐겨가며 느긋이 익힌 자들의 여유와 내공은 뛰어넘지 못했으나, 억지로 우겨 넣다시피한 수백 편의 영화들과 글쓰기 연습, 시도는 많은 도움이 되었지요. 영화 통해 문 · 사 · 철 · 예술이론 기초 공부까지 할 수 있었으니까요. (중략)

대중 흥행작에서도 예술적 기호를 찾아낼 수 있고, 예술 영화에서도 잡담거리 찾아내곤 하는 유연한 사고, 보다 넓은 스펙트럼에서의 시각을 통해서, 군대 있는 동안 마침내 스콜세지가 아닌 그의 원조 도스토예프스키를 제대로 읽었고, 세익스피어, 카프카, 〈1984〉, 〈백경〉, 〈보봐리 부인〉, 〈멋진 신세계〉, 〈고리오 영감〉, 〈그리스인 조르바〉 등 고전문학도 즐거이 볼 수 있게 되었습니다. 영화 자체, 특히 스콜세지라는 우상을 타파하고 친구로 친근히 느끼게 됐고, 나중에 경탄하던 DJUNA에 대해서도 한계 극복하며 마침내 제 독자성을 키우게 된 것입니다. 스콜세지는 재능 있기는 하나 열정이 앞서는, 마치 반 고흐 같은 감독이었고, 그의 영화는 즉흥적으로 느끼는 것이 제 일일 뿐 지나치게 분석할 정도는 못되며 실패에 가까운 범작들도 있음을 인정하게 되었구요.(중략)

이란 영화감독 압바스 키아로스타미의 〈내 친구의 집은 어디인가〉도 한 번 보세요. 최고입니다! 시골 꼬마가 친구 숙제 갖다 주러 먼 길 찾아 헤매는 내용인데, 그야말로 순수한 감흥을 얻을 수 있지요. 종로의 코아아트홀, 씨네코아(모두 지금은 사라졌죠)에서도 귀한 영화를 많이 봤구요. 〈Velvet Goldmine〉은 미국 70년대 록-패션 체험의 극치였고, 〈전사의 후예〉는 뉴질랜드 마오리족 영화지만 보편적 가정폭력을 다루고 있어 기억에 남구요. 그래, 히치콕 영화 이해를 위해서 「히치콕과의 대화」 책도 챙겨보고, EBS에서 존 웨인의 서부극 〈코만체로스〉나 〈North to Alaska〉, 졸탄 코다 감독의 〈바그다드의 도둑〉 등도 귀하게 여기며 봤고, 현재 거장이라는 오손 웰즈의 〈시민 케인〉, 〈오셀로〉, 〈맥베스〉까지 찾아본 대가가, 고작 헐리웃 오락 영화감독들의 〈Fight Club〉, 〈8mm〉나 보며 살인할 궁리한 영화광 정신병자라는 평판이라니요. 무시하며 넘길 수 있었던 이훈구 교수에 대한 증오가 발생한 건 아주머니 탓이지요. 불필요한 증오를, 이훈구에 대한 혐오를 만들게 된 덕분으로 제 모든 얘기는 길어질 수밖에요. (2006. 11. 11.)

그는 연구자가 미처 답장을 하기도 전에 자신과 영화에 대한 오해를 풀어야겠다는 마음으로 다시 한번 자신이 어떻게 영화를 연구하면서 감상하는 전문가인가를 장장 20쪽의 편지글로 유감없이 토로한다. 일주일도 안 된 2006년 11월 16일 그는 자신이 어떻게 영화를 공부하고 영화에서 무엇을 어떻게 '흥을 깨고' 말짱한 정신으로 보는지를 기록하여 보냈다. 인용하기에는 좀 긴 분량이지만 여기에 우선 실어 본다.

지금부터 제가 영화를 어떻게 이해해 왔고, 영화에 대한 '공부'를 어찌 해 왔는지, 난삽하게 좀 늘어놓겠습니다(그 책에서 강조된 〈Fight club〉, 〈Magnolia〉, 〈8mm〉). 먼저 〈Fight Club〉은 선정기준이 세 가지였는데, 1) 데이빗 핀처 감독, 2) 척 팔라닉 원작, 3) 브래드 피트 주연 때문이었고, '데이빗 핀처' 감독은 80년대 말 뮤직비디오, CF감독으로 주목 받았고 특히 마돈나의 〈Vogue〉 뮤직 비디오가 유명했으니 영화감독이 CF, 뮤직비디오 출신이면 흔히 감상적 영상을 승부수로 내세우는 경우가 태반이고, 이는 〈글래디에이터〉, 〈블레이드 러너〉 등의 리들리 스콧이나 〈진주만〉, 〈아마겟돈〉의 마이클 베이가 역시 CF 출신의 '비주얼리스트'임에서 입증되죠. 역시나 데이빗 핀처는 장편영화 데

뷔작인 〈Alien 3〉에서 완전히 미국의 MTV(뮤직비디오 케이블 방송) 스타일을 선보여 예상을 벗어나지 않았고, 후속 작 〈Se7en〉에서 '필름 느와르' 영상 전통을 감각적으로 되살려 '네오 느와르', 혹은 90년대 느와르의 부흥이란 찬사 받고 성공 거두었지요.

(필름 느와르-Film Noir) : 프랑스어로 '검은 영화'란 뜻이며 1940년대 헐리웃의 탐정영화에서 창시된 장르 스타일을 지칭, 비정하고 계산된 등장인물들, 특히 냉혹한 탐정과 이중적 악녀(Femme Fatal), 그리고 명암대비가 극심한 어두운 톤의 화면과 도심 뒷골목 풍경, 담배연기 등으로 대표되는 '전형적' 특징을 지닌 장르. 대표작으로는 존 휴스톤 감독, 더 쉴 해밋 원작의 〈말타의 매〉가 있으며, 여기서 탄생한 비정한 탐정 '샘 스페이드' 캐릭터를 완벽히 체현한 험프리 보카트는 이후 필름 느와르 탐정의 트레이드마크로서, 레이먼드 챈들러 원작의 〈빅 슬립〉 등 하드보일드 탐정영화에 그 유명한 '필립 말로우'로 계속 등장하며, 스타의 입지를 굳히기도 했다. (중략) 데이빗 핀처의 최대 히트작 〈Se7en〉은 연쇄살인범을 쫓는 형사 이야기이며, 성서, 기독교의 교리상 7대 죄악에 따라 그에 해당하는 자를 처단하는 연쇄살인자의 묘사가 〈Fight Club〉 이상으로 극단적, 자극적이지요. (2005. 11. 16.)

한마디로 그는 자신이 사건 직전까지 봤다는 700여 편의 영화를 90% 이상 이런 식으로 '왜 골랐는지' 자신 있게 설명할 수 있으며 항상 목록을 작성해 두고 계획을 세워서 필요가 있다고 생각하는 영화 위주로 봤다고 밝힌다. 무엇보다도 영화 외적인 측면, 즉 기술, 감독, 배우경력, 상업성, 예술성, 장르 특성 등까지 고려해서 보아야 한 편의 영화를 온전히 봤다고 믿었고 그렇게 실천하였다는 것이다. 그에 의하면 영화도 '순수하게' 봐야 중독, 세뇌되어 사고치지, 배경 따지며 '계산적으로' 봐서는 일반 관객들은 '흥 깬다'고 하는데 그는 영화 볼 때 '흥 다 깨고' 봤다고 분명한 어조로 자신을 변호하였다. 2005년 연구자가 부산 국제영화제에 참가해 영화

자료 몇 가지를 보내었더니 '오해 살까 두려워한다'는 다음과 같은 편지를 보내와서, 그에게 주려고 사놓은 영화관련 살림문고들을 아직도 보내지 못하고 있다.

> PIFF, 영화자료 보내주신 것은 좋은 뜻에서 챙기신 경우겠지만, 사실 저는 오해 살까 우려하여 특히 영화자료 등은 기피하지요. 이훈구의 저술 이후로 그런 경향이 늘기도 했으나…… 저는 바깥에서 영화 한참 보고 공부할 때도 '마니아'니 영화광이니 손가락질 받을까 늘 경계했었지요. 제 방에는 그 흔해 빠진 영화포스터 한 장, 배우사진 한 장 없었고, 제가 무슨 영화 기념품, 상징을

부모 토막살인은 '영화 모방': 범인, '텍사스 살인마' 즐긴 폭력영화광

"영화 〈텍사스 살인마〉, 원제는 〈텍사스 전기톱 살인사건〉, 전기톱을 윙윙거리며 추격전을 벌이는 장면이 압권인 호러무비의 걸작" "샘 페킨파의 〈와일드 번치〉, 처음과 마지막 총격전은 폭력미학의 진수."

부모 토막살인의 패륜범 김OO이 PC통신 영화 동호회에 올려놓은 글이다. 이는 97년 군입대전까지 이 통신 동호회의 시솝(동호회 운영자)을 맡을 정도의 영화광. 대학 친구들도 그가 추천한 영화라면 두말없이 볼 정도로 영화에 대한 이의 식견을 인정할 정도였다. 이는 특히 폭력영화에 대한 애착이 남달랐다는 게 주변의 평. 한 대학 동기는 "그를 처음 만났을 때 '올리버 스톤의 영화 〈킬러〉를 일곱 번이나 봤다. 답답하고 화가 날 때면 언제나 이 영화를 본다'고 말했었다"고 회상했다. 이의 통신ID도 폭력영화의 고전인 〈택시 드라이버〉에서 따온 것으로 보이는 'taxidrivr'다.

이는 또한 스스로 게임프로그램을 제작할 정도의 컴퓨터광. 결국 현실보다는 스크린과 모니터라는 '가상공간'에 빠져 있었던 셈이다.

연세대 의대 고경봉(高京鳳 · 정신과) 교수는 "폭력영상매체로부터 누적돼 온 간접경험을 범행으로 실현했을 가능성이 있다"며 "그처럼 자아가 극단적으로 억눌린 경우 전후파장에 대한 인식 없이 범행을 영화의 한 장면처럼 여길 수 있다"고 설명했다.

(2003. 7. 3. 한국일보)

지니고 다닌 적도 없었으며…… (2005. 11. 5.)

가정폭력관련 영화 중, 뉴질랜드의 〈전사의 후예〉가 대단히 훌륭합니다. 〈American Beauty〉가 중산층 얘기라면 〈Once Were Warrior〉는 빈민층, 유색인종 가정을 다루지요. 〈정글피버(Jungle Fever)〉의 비속살해 사건도 참고할만합니다. (2003. 10. 16.)

이렇게 관련 영화를 추천해 주는 이가 바로 바오로라는 연구대상자이다. 영화와

어느 영화광의 비극…… 영화평론가 심영섭

그는 〈와일드 번치〉와 〈택시 드라이버〉 〈내츄럴 본 킬러〉를 사랑하는 영화광이었다. 그는 정서적 억압이 너무나 심해 자신이 영화를 볼 때만 살아 있다고 느꼈다. 그리고 자신에게 상처를 주는 아버지보다 그 아버지에게서 자신을 지켜주지 못한 어머니를 더 미워하였다. 이것이 내가 영화와 임상심리학을 함께 하는 통에 자문을 맡게 된, 어떤 살인자에 관한 초상이다. 부모를 토막내어 살해했던 김OO 군의 세상은 자폐적이었다. 거기엔 환상만 존재하고 현실이 없었다. 사람들은 계속 궁금해한다. 그가 정말 〈내츄럴 본 킬러〉를 보았기 때문에 살인자가 되었을까. 그러나 잊지 말아야 할 것이 있다. 그는 〈인어 공주〉와 〈모정〉 〈야성의 엘자〉란 영화를 무척 좋아하는 청년이기도 했다.

문제는 그가 누구에게도 자신의 분노와 소망을 털어 놓은 적이 없다는 것이다. 그는 아마도 화면, 통신, 책 같은 간접적인 매체를 제외하고 다른 사람과 직접적인 의사소통을 하지 못하는 「프레임증후군(Frame Syndrome)」에 빠져 있었던 것 같다. 결국 그는 자신이 사랑받을 만한 존재인가, 혹은 사랑받을 수 있는 존재인가에 관한 어떤 확신도 없었기에 그 세계에서 빠져나오지 못했다.

분명한 것은 그가 불행한 사람이라는 것이다. '영화' 외에는 어떤 탈출구도 찾지 못하는, 가족과의 의사소통 단절로 혼자서 세상을 떠도는 세상의 많은 사람들처럼 그 또한, 무척 불행한 사람이었던 것 같다.

(2000. 7. 18. 조선일보)

사건의 관계에 대해서는 여러 가지 이론으로 설명할 수 있겠지만 연구자는 한국일보에 게재된 연세대 의대교수 고경봉의 의견과 한 영화평론가의 글을 싣는다. 수없이 입력된 폭력 장면이 영화 감상자의 뇌리에 학습되고 인지되는 것은 당연한 결과다. 그러나 입력된 것이 행동으로 옮겨지는 데는 입력된 분량만이 아니라 다른 기제가 발동되어야 된다는 것이 연구자의 입장이다. 영화평론가 심영섭의 말대로 그는 폭력 영화만을 감상한 것이 아니었다. 그가 폭력영화를 보면서 카타르시스를 느끼고 폭력미학의 진수에 빠져들어 갔던 것도 인정한다. 그러나 폭력 영화의 광이었기에 살인마가 되었다는 논리는 지나친 단순논리이다.

집보다 나은 군대

잦아지는 군인의 독백 — "니들 M에게 걸리면 다 죽었어"

연구자는 앞에서 심하게 야단을 맞고 부모에 대해 '같이 살지 못하겠구나' 하는 맺힌 마음을 가지고 일기를 썼던 1991년 5월 21일 밤 사건과 2000년 5월 21일의 결정적인 부모살해 사건을 그의 인생의 중요한 전환적인 사건이며 우연히도 기념일 반응이 나타났다고 하였다. 그런데 이 두 사건 이외에 또 어떤 전환적인 사건이 있었을까?

비교적 최근에 해당하는 2006년 11월 20일 바오로는 아주 중요한 정보를 꺼낸다. 그것은 바로 대학 2년 수료 후에 휴학하고 입대한 30개월간의 공군생활 체험이다. 단호하게 그는 말한다. 군대 안 갔으면 그 사건은 발생할 수 없었을 것이라고. 그는 군대생활 후반 매일 사병과 장교들을 대하면서 '니들 M에게 걸리면 다 죽었을 것이다'라는 상상과 함께 '너는 사회생활 못 할 쓰레기'라는 M의 지적이 늘 떠올라서 혼자서 중얼거리는 플래시백 현상을 경험하게 된다(Leehan, 1989, pp. 52–54).

바오로는 군생활의 성공적인 경험을 통해서 결정적으로 부모의 20여 년에 걸친 교육이 허위였으며, 우려하던 바와는 달리 자신은 '괜찮은 사람'이라는 것을 확신하게 되었고 부모에 대한 증오를 잔뜩 키워가지고 제대하게 된다. 그는 실질적으로 집보다 나은 학교, 학교보다 나은 군대생활을 하였다고 한다. 그는 교도소 역시 집은 물론이고 학교나 군대보다 못할 것이 하나도 없다고 얘기한다. 어쩌면 그의 군대 이야기는 그의 사건을 이해하는 데 있어서 가장 중요한 위치를 차지할 수도 있다. 영화 이야기에 이어서 좀 긴 그의 군대생활 편지를 그대로 인용하고자 한다.

> MF, S1까지 그들 모두는 예상하기를, 저는 융통성 없고 둔하며 운동신경까지 미흡하고 체격, 체력도 저열하기 때문에 사회생활이며 직장생활도 제대로 수행 못함은 물론이거니와 엄격, 삭막한 군생활은 더더욱 적응 못하고 낙오 하리라 확신하고 있었지요. 그러나 저는 반신반의, 공포감과 낙관을 동시에 지니고 있었습니다. (의외지요?!) PC통신, 문화(철학)동호회(Cul Fac '문화 공장') 게시판에도, 장교로 입대하는 회원이 '군대, 사관후보생은 그저 폼생폼사'라 적었기에, 저도 입대 얼마 전에 답으로 '군대, 사병은 요령과 눈치'라 쓰기도 했는데, 제 예상으로는 M, S1, 동호회 상대 하듯이 적절한 요령과 눈치로 승부하면 설마 죽기야 할까 싶었습니다. 입대 한 달 전부터 밤마다 아파트 단지 뛰며 체력도 키웠구요, 정신만 똑바로 차리면 된다고, 바닥에서 기겠다는 각오하면 된다고 믿었지요.
>
> 공군은 진주의 공군 교육사령부에서 훈련을 받아야 했으므로, 서울역에서 밤 12시에 야간열차 혼자 타고서 거의 7시간 가까이 지나 진주에 도착했지요. 억지로 잠자려 했으나 졸리진 않았구요, 옆자리 아저씨가 군대 가느냐 묻더니 음료수 사 준 것 기억납니다. 진주에서, 교육사령부 앞의 식당에서 아침 먹고, 혼자 당당히 부대로 걸어 들어갔지요. 거의 다 가족, 친구, 애인 등과 동반했는데, 제가 그렇다고 기죽거나 우울해하진 않았구요. 생각보다 규모 방대하고 깨끗한 부대 풍경을 감상하며 군악대 연주 들었구요. 공군은 지원입대라서,

훈련기간 첫 주 동안엔 체력 부실하거나 거부의사 밝히면 입대 취소시키기도 합니다. 그 첫 관문이 입대 첫날 저녁, 몸이 피곤해졌을 때 치르는 1.5km 달리기였는데, 기준 시간대(지금은 기억 안 나는데 6분 내외였던 것 같네요)에 들어오지 못하면 귀가 조치였지요. 저는 M이 지적하듯(부실하다는 체력으로) 죽어라고 뛰었고, 중간대 지나곤 선두 끄트머리 따라서 당당히 들어왔구요.

지금도 진주 교육사령부의 풍경과 분위기가 아련히 떠오르곤 하지요. 늦여름의 진주 저녁 하늘이 기가 막히게 멋져서, 교육 일과 마치고 내무반 건물로 돌아가기 전, 잠시 멍하니 서서 하늘 쳐다보던 기억도 나고, 그런 제 모습 보고 동기들이 "너무 낭만적인 거 아냐?" 하며 농담하던 것도 생각납니다. 주말이면 빗자루, 푸대 자루 들고 정문 면회실, 작은 비행기 전시장까지 뛰어가서 청소하던 일도 재미있었고, 제초 작업하러 갈 때 군가 대신 만화 '캔디'('외로워도 슬퍼도, 나는 안 울어~') 노래를 부르게 하던 선임하사도 기억나고, 통신학교 식당에서 철수세미로 밥솥 닦던 일이나 내무반 복도를 '활주로'라 부르며 청소할 때 대걸레 밀고 뛰어가는 것을 '활주로 폭력입니다!' 하고 크게 외치게 하는 관행도 즐겁게 떠오르는군요.

내무반 건물 구석에서 카프카의 「변신 · 심판」 책을 발견해 다시 흥미롭게 읽고 제 짐에 끼워 넣은 일도 기억나구요. 특기 교육 7주 끝나고, 자대 선택할 때, 통신특기 중 '청주 공군사관학교 T/O 1명'에 지망하여 며칠간 가슴 졸이며 기다리다 마침내 경쟁자 제치고 선발되어 기쁘던 일, 12주간 지내며 정 들었던 진주 교육사 떠나며 뒤숭숭하던 기분도 생생하군요. 기차 타고 조치원역에서 내리니, 공군사관학교의 인사처 대위와 정훈실 소위가 승합차 끌고 저 포함 자대 배치된 3명의 신병을 태우러 왔구요. 잠시 차타고 이동하다 사관학교 후문으로 들어가니, 신기해하며 학교 풍경 열심히 익히려던 모습도 있었죠. 사병이 무려 800명이라며, 일이 힘들고 편하고를 떠나서 오죽하면 죄진 사람

가둬 놓겠느냐며, 그저 부대에 갇혀 지내는 게 고생이라 말하던 인사처 대위와의 대화도 있었구요. 그리곤 '전입 신병 환영' 플래카드 걸린 사병 내무반 건물 중 하나로 들어갔구요. 거기서 잠시 신병 대기실에서 지내게 되었죠. 마침 인사처 근무한다는 일병이 오더니 출신 학교 물어봤고 K대라 하니까 자기는 Y대 사회복지학과 95학번이라며 반기더군요. 제 근처 고참들만 따져도 연대, 충북대, 서강대, 서울대(생물교육과)도 즐비했고, 제 동기 둘은 총무특기로서 국민대 행정학과, 서울대 산업공학과였습니다. 그 연대 다닌다는 인사처 일병 왈, "너네 여기 후방 내무반 보니 허름한 듯하지? 낼 모레 전방 사관학교로 가 봐. 으리으리하다." 뭐 그런 얘기하며, 은근히 기대하기도 했었네요. 저는 통신 특기라서 통신대대로 갔어야 됐는데, 마침 학교본부 상황실에 자리가 비어서 행정병(총무특기) 위주의 '학교본부 중대' 소속이 되었구요.

상황실장 소령과 선임하사관 중사가 사관학교에서 소문난 다혈질들이라며, 정신 똑바로 차려야 살아남는다는 경고도 들었구요. 소문은 사실이어서 상황실장은, 중위에게도 유리 재털이 집어던지고 하사도 쥐어박아서 징계까지 받을 정도였었고, 중사 역시 집요한 체질이라 사병들 달달 볶아서 자기 성에 차게 해야 직성이 풀리는 수준이었지요(M을 연상케 할 정도의 편집증). 그러나 그래봐야 MF만 했겠어요? 칼같이 그들 비위 맞추고, 정해진 일 제대로 해 놓고, 눈치껏 몸 사리고 있으면, 어찌 저를 건드리겠습니까? 두 달 정도 말썽 없이 지나니 제 근무지인 상황실에선 인정받았지요.

물론 상황판에 가로 5cm×세로 10cm 크기의 글씨로 필기하는 일까지도, 엄청난 글씨 연습으로 제 선천적 악필(M이 이것이 글씨냐며 제 공책을 찢어 던지기도 했지요)을 180도로 개선하는 등의 가시적 노력을 보였기에 인정받을 수 있었습니다. '형편없고 구질구질한 체' 수준에서, 군대 특유의 글씨체인 '분명하고 확실한 체' 수준으로 바뀌었으니까요(보드마커 펜으로 아크릴 판에 쓰면 훨씬 멋지게 쓸 수 있구요……). 그리고 지금 제 필체도 그 보드판 글씨, 군대에서 익힌 글씨체가 바탕이 되고 있구요! 내무반 생활은 또 다른 관문이라서 신고식도 치르고 졸병으로서 청소, 정리정돈, 고참 시중 등의 잔심부름을 성실히 수행할 것이 요구되었지요. 학벌들이 좋다 해도 군대는 군대니까 위계질서 준수, 졸병 노릇하기는 피할 수 없었고, 특이하고 사나운 고참 몇은 꼭 있었구요. 걸레를 몇 등분으로 접는다든가, 청소순서를 그대로 지킨다든가(바닥→총각틀→복도→신발장 등의 정해진 순서) 밤에 TV 불빛으로 날아드는 나방을 재빨리 잡는다든가 앵무새, 스피커처럼 전달사항을 복창한다든가 하는 관행 등으로 인정받고 아니고가 결정되었지요. 저는, 당연히 잘해냈습니다(집에서도 늘 하던 일과 비슷했으니까요!). 비합리적이게 복잡하기만 한 청소 순서를 가르쳐 주자마자 하나도 안 빼 놓고 그대로 다 지켜서, 혼날 핑계를 아예 안 만들었기에, 두 달, 고참이 "어, 생각보다 잘하는데?" 놀라기도 했죠. 제 동기생들은 적응에 조금 더 시간 걸렸구요. 제 주장 완전 버리고 내무반의 틀에 무조건 따르며, 긴장을 늦추지 않으니까 가능했습니다(그러는 만큼, 스트레스는 크게 받았고, 사생활 없는 단체생활 자체엔 짜증이 계속 났구요).

그리고 무엇보다 엄청나게 큰 규모에 멋진 풍경 가득했던 공군사관학교 자체도 추억입니다. 사관생도들 지내는 학교 지역은 대리석 외벽 건물 들어선 대학 모습에 큰 연병장 여러 개 뒤섞이고 군복, 구령소리, 정렬해 가는 사람들 가득한, 매우 독특한 정취였구요. 사병들 지내는 내무반, 수송대, 시설대 등 모여 있는 후방 지역은 전형적 군부대 풍경이었다면, 언덕 하나 넘어가면 나오는 군인 아파트 및 장군 관사 있고 수퍼마켓, 유치원까지 존재하는 관사지역도 있고, 또 한 켠에는 종합병원인 '항공의료원'과 거대한 풀장인 '수중생활훈련장'도 숨어 있고 부대 밖 길 건너에는 비행장까지 있었답니다. 그 방대하고 독특하며 없는 것 없는 독립된 군사 도시, 학교 도시를 보고 또 보며, 그

안을 걷고 또 걸으며, 울고 웃고 했습니다.

그러면서 1년 더 지나 저도 어느 정도 고참되고서는, 차츰 제 본성에 맞게 최대한 혼자 있는 시간, 기회를 많이 만들려고 했죠. 병력 수송버스 안 타고 혼자 숲길로 걸어가거나, 아침 굶고 식사 시간만큼 혼자 중얼거리기도 하고, 다들 모여 비디오 볼 때 텅 빈 독서실 지키기도 했구요. 하지만 그 정도 여유 찾기는, 요령이고 능력이며 고참의 특권이기도 하니까요. 그보다 실질적인 감정적 변이, 붕괴를 가져온 것, 군생활 전반이 순조롭게 풀린다는 점, 바로 그 사실이었죠. 다들 4년제 대학생 위주로 모여서 웃고 떠들며, 혼내거나 화해하거나 하며 잘들 지내고 있었으며, 그들은 구김살 없는 정상인들이었고, 적당히 실수하고, 적당히 유능하고, 적절히 화내거나 웃으며 살고 있었으니, 저는 바로 거기서 아찔해졌습니다. 이 사람들이, 저만큼 긴장 안 하고서도, 저만큼 엄격히 자책하며 노력 안 하고서도, 잘 먹고 잘 살아왔다는 사실에서요. 그들은 제 기준에는 지나치게 허술하고 느긋하며 심지어 무능하기까지 해 보였습니다! 그러면서도 위기의식, 긴장감, 자책감이 없었구요. 저는 그들과 어울려 잘 지내는 표면 유지하에 '만약 M에게 걸렸더라면! M 눈에 당신들은 분명히 쓰레기. M이었다면 니들은 다 죽었을 거야!' 하는 독백하는 횟수가 차츰 늘어나고 있었습니다. 'M에게 걸렸더라면 당신들은 다 죽었다'라는 상상과 함께 '너는 사회생활 못할 쓰레기' 라는 M의 저에 대한 지적이 늘 떠올라야 했지요.

M의 확신, 신앙에 따르면 저는 군대에서 고문관, 왕따되어 맨날 얻어맞으며 쓰레기, 낙오자 처지여야 맞았거든요. 표면상으로라도 성공은 있을 수 없었으니까요. M 기준에서 저는 인간과 쓰레기의 경계선에 처한 '숨 넘어가는 싹수 노란 새끼' 였을 뿐, 업무를 제대로 수행한다거나 고참 요구 적절히 맞추는 경우는 어울리지 않아야 옳았습니다. M 기준에서(그리고 제 생각에도) '저보다 못한 자는 인간 이하' 거든요. 제가 세상에서 제일 무능하고 싹수 노란데 만약

그런 저보다 한 가지라도 미흡하면 그자는 뭐가 되겠습니까? 인간 이하라는 얘기지요. 무슨 뜻인지 아시겠지요?! 군대생활 저보다 미흡한 수십, 수백, 수천 명은 M의 응징하에 숨도 크게 못 쉬고 떨고 지내야 하는데, 아무 일 없는 듯 웃고 떠들고 자기비하 않고 있었거든요. 제가 화 안 날 수 있었겠습니까? 저보다 청소 하나라도, 사무실 일 하나라도 못하는 자들 보면, "M에게 걸렸어야 했는데!" 하는 주문을 외우게 됐습니다. 특히 제 졸병 A는 무능함에도 자기 비하에 안 시달리며 떳떳하게 살려는 후안무치의 결정체였지요("M에게 걸렸더라면!"). 그래서 제가 M이 되어 A를 들볶고 잔소리하고 야단치며 자기비하·긴장감 가르치려 했고, 당연히 격한 반발, 아울러 내무반 다른 고참들도 '그만해라. 너무 한 것 아니냐' 하는 신호 보내기 시작했구요. 저는, 더욱 기가 막혔습니다. '이건 M의 방식이야 M이 늘 말하기를, 다른 집 애들은 너보다 훨씬 유능하고 눈치 있다고, 너보다 멍청한 쓰레기 없다고 했잖아'라고 생각했거든요. M의 의견대로라면, 어떤 못난이도 저보다는 잘났어야 정상, 상식 아니겠는지요. 그런데 그때 저보다 현저히 무능한 자가 위기의식, 수치심조차 없이 느긋히 잘 살았다구요. 게다가 동기들과의 대화를 통해서 "누구도 너처럼 살지 않아. 다들 집에 가면 귀한 자식이고 왕 대접받지, 누가 욕먹으며 청소, 설겆이, 심부름하나?" 하는 말 듣고 기막혔죠. M, F, S1, 그들은 크게 두 가지로 저를 속이고 무시했다는 겁니다. 첫째, "너는 단체생활 못할 쓰레기"라는 반복되게 지겹게 들은 구호였고, 둘째, "남들은 다 너보다 잘났어. 너는 그들에 비해 낙오했어" 하는 평가였죠. 저는, 욕먹고 얻어맞아 불구가 되어 있어야 할 군대에서 잘 적응해서 훈련도 잘 받고 자대 배치도 잘 받아서 안정 속에 지내고 있었고, 대다수 인간들이 저와 비슷하거나 뒤쳐진 경우도 흔했다는 사실도 깨달았지요(반면 S1은 자대 가서 힘들다며 하소연해서 F가 찾아가 대대장 면담하여 S1의 혼자 힘으로 못 구한 좋은 보직으로 빼주기도 했습니다). 왜, 무식하고 무능하며 둔하고 느려터진 자들이 떳떳이 살며, 집에서 대접까지 받아왔느냐 말입니다. 그럼, 대체 저는 뭡니까? 이 모두가 꿈이고 착각이고, 군대에서 행하는 쇼, 연극입니까?

저는 여전히 '싹수 노란 새끼'인데 뛰어난 극한의 연기력으로 고참, 상관, 부대 전체를 속여 넘기는 쇼를 하고 있다는 것입니까? 그게 아니라면 왜 다른 아이들은, 군인들, 학생들은 M, F 안 만났느냐는 겁니다. M에게 걸렸으면 쓰레기 취급도 못 받았어야 마땅한 자들이 어찌 한가로이 웃고 떠들고 있습니까? 처음에 A를 비롯한 저보다 무능한 사병들, 저보다 눈치 없고 일 못하면서도 집에서 왕자 대접받는 다른 사람들, 자격지심, 자기비하 않고 살면서 위기의식도 못 느끼고 노력조차 안 하려 드는 자들을 죽이고 싶었습니다. 왜냐하면 M 기준에 따르면, '저보다 못하면, 마땅히 인간 이하 쓰레기'니까, 죽어야 하니까요. M 말처럼 "다 때려 치고, 나가 죽어, 이 새꺄" …… 군생활 후반 내내 이 사실, 관찰에 치를 떨며 지내야 했습니다. '니들은 M한테 걸렸으면 다 죽었어.' 심지어 전화 똑바로 못 받는 졸병 야단치며 저도 모르게 "우리 집에서 같았으면 너는 취급도 못 받아, 죽었어" 하는 아무도 이해 못 할 이상한 말을 하기도 했었답니다. 군대 군기하고 집을 연관시키다니? 다들 저를 이상하다고 쳐다봤지요. 그러자 차츰 M에 대한 증오가 더 커졌고, 제대하고선 더더욱 심사가 뒤틀어지며 치를 떨게 되었습니다.

대강 짐작하였으면 좋겠습니다. — 김○○(내무반 옆 뜰에서 빨래 널며 하늘 보던 기억납니다. 그 때가 좋게 기억되네요.) (2006. 11. 20.)

그가 제대할 때 지휘통제실장이(소령) '김○○, 너는 여기서처럼만 처신하고 근무하면 어디서든 인정받는다' 이야기했으나, 이미 그의 기력은 소진되었고 증오는 극에 달했던지라, 제대 후 5개월, 삶을 절멸시키고 멸망의 길로 들어섰다고 그는 회상한다.

휴학과 삶의 최저점—"갈 곳이 없었다"

그의 low point의 최하점은 바로 사건 직전 공군 제대 후 복학을 하지 않고 휴학을 하면서 시작된다. 산업공학이 자신의 적성이 아니라고 판단한 그는 영어영문학과 편입을 생각하고 도서관에 다니면서 토익 공부에 몰입한다. 모든 인간관계를 단절하고 동굴에 들어간 시기였기에 고립감이 심하고 건강하지 못한 상태였는데, 그는 여기서 시험 당일의 기분에 좌우되어 토익을 망쳤다고 생각하기에 이른다. 검찰에서 나중에 결과를 받아 보았을 때 나온 성적은 780점이었다. 제대 후 한 달간의 공부 실력으로는 결코 나쁜 점수가 아님에도 불구하고 모든 것을 철저히 최악의 상황을 가상하고 밑바닥부터 점검하는 그는 자신의 점수를 600대로 생각하고 좌절과 수치심, 그리고 자책감에 깊이 빠져버린 것이다. 그 수치심은 그나마 부족하던 자신감을 소멸시키고 열등감을 부추겨서 그를 걷잡을 수 없는 공황 상태로 몰아간다. 일상의 리듬을 저버리고 좋아하는 CD와 테이프를 팔아 홍등가를 계속 방문하고, 제대 말기 그의 마음에 강하게 자리 잡았던 가족에 대한 증오심에 불이 지펴지고 드디어 2000년 5월 15일 어머니에게 항의를 하게 된다. 이 항의가 발화점이 되어서 그는 마침내 존속살해자라는 오명을 뒤집어쓰게 된다.

그는 교회 청년부에서 상상할 수 없는 무조건적인 긍정적 존중을 경험했고 또한 집에서는 무조건적인 모욕과 경멸을 당했다. 앞에서 여러 가지 사례들을 이야기했지만 그가 마음에 담고 있는 한 가지는 군대에 가 있는 3년 동안 한 번도 가족의 면회가 없었다는 것이다. '형이 군대 갔을 때 온 가족이 면회 가거나 제가 따로 가서 돈 전해 주는 등 하던 일과 제가 군대 갔을 때는 면회가 전무했음을 비교해도 섭섭함은 없었지요' 라고 그는 자신의 섭섭한 마음을 직설적으로 표현하는 듯하다가 끝에 가서는 말꼬리를 내리고 부인을 해버린다. 섭섭하지 않았다면 어찌 이런 사실이 마음에 남았겠으며 일기와 편지에 기록으로 올라가겠는가!

그러나 저는 계속 그들을 연구하면서, 특히 군대 거치며 타인, 타 가정, 일상

> 생활들에 대해서도 알게 되면서, MF의 무수한 모순 및 허점과 MF의 불관용, 무신경함을 직시하게 되었지요. '타고난 능력이나 믿고선 남 무시하는 것들'…… 또한 지난 20년간 형성된 저의 무능에 대한 근본적이고 오랜 경멸을 극복할 수 없음에도 화났구요. 말없이 조용하게 K대 다녀도, 고졸 사원 S1보다 못하다는 것 아닌가 말입니다. S1조차도 늘 저를 병신 새끼라 여겼고, 저의 제대 후에도 마찬가지였죠. 달란트 비유와 똑같아요. 가진 자는 계속 더 갖고, 없는 자는 잃기만 하는 겁니다. 모든 노력은 헛되지요. "일하지 않으면 먹지도 말라"구요? 노력 안 할수록 더 많이 얻는 거예요. 엄청난 헛소리지요. **그래서 제대할 무렵, 직후에 제 에너지는 전부 소진되고 증오만 폭발 직전이 되었던 것입니다. 지금도 치가 떨리고 화가 치밉니다.** (2006. 12. 2.)

그가 군대 제대 후에 고교 동창들, 대학친구들, 영화 동호회, 군대 인연 모두를 병적으로 단절시키고 마침내 휴학 신청을 하고 나서 완전히 세상에서 고립된 채 철저히 혼자가 되었던 것이 전환기의 위기를 넘기지 못한 원인이 되었다고 본다. Denzin(Denzin & Lincoln, ed., 1994) 은 전기적 방법을 **'개인의 삶에서 전환적 순간들을 기술하는 생애 기록의 연구된 사용과 수집'**이라고 정의하였거니와 전환기는 개인의 삶에서 중요한 매듭의 역할을 한다. 평소에 가지고 있던 여러 가지 부정적인 콤플렉스들이 복합적으로 작동하여 그가 토익 시험의 낭패를 예감하자 더 이상의 방어기제도 더 이상의 합리화도 어떤 승화도 그를 붙들어 줄 수가 없었던 것이다. 피 말리는 신경과민의 상태가 되어 버린 그에게 내면과 외면의 심각한 불일치의 에난티오드로미(enantiodromie)의 상태는 그를 아무것도 할 수 없는 인생으로부터의 퇴각자(退却者)로 만들어 버린다. 일주일을 그렇게 보내면서 생리적, 신체적, 심리적 리듬이 모두 최저치가 된 상태에서 해묵은 시나리오는 저절로 작동되는 로봇처럼 영화의 장면들을 만들어 나간다.

구속 초기에 그가 써 보낸 편지에 있듯이 그 사건은 그가 한 것인 동시에 그가 하지 않은 것이다. 마지막으로 온몸으로 시위하는 그의 처절한 절규를 끝내 듣지도 보지도 상관하지도 않았던 너무나 잔인한 그의 부모에게 그는 뭔가를 해야 한다는 생각에 몰두했고, 그를 붙들고 있던 이성은 몇 모금의 알코올을 빌미로 여지없이 허물어져 내린다. 놓아버린 그의 손에 잡힌 묵직한 망치…… 그는 절규한다. "사실상 미친 것입니다. 그게 아니라면, 고교 이후로 혼난 일도 없고 대학, 군대를 거치면서 과거 일을 문제 삼을 이유도 없이 지난 10년간을 지냈으며, 제대까지 한 후라서 그저 열심히 신나게 살기만 하면 되는 시기에, 아무 급박한 사정도 없이 왜 목숨을 건 범행을 결심하겠습니까? 당시 일주일간의 기행(奇行)에는 부모님에 대한 원망은 끼어들 여지도 이유도 없었습니다. 부모님이 아닌 타인, 인간 자체에 대한 도피, 은둔이었기 때문입니다. 그게 아니라면, 이왕 말다툼까지 벌인 마당에 계속 항의하고 따지려들지 왜 숨겠습니까." 그는 가슴 깊이 흐르고 있는 복수심을 부정하고 자신의 퇴각 행위에만 의미를 부여하기도 하였다. 사건 전 일주일간 자기 방안으로 은둔한 그는 서서히 판단력과 현실감각이 무뎌져 사소한 일에 집착하고 사실을 왜곡하는 경우가 잦아졌고, 이미 정신이 흐려져 있는 상태라 너무도 쉽게 무너져 버렸다고 한다.

그는 자신이 무너져 버렸다는 것을 인정하고 있다. 그를 잡고 있던, 그를 누르고 있던 힘이 소진된 것이었다. 그리고 지푸라기라도 잡는 심정으로, 일생 최초로 행한 항의가 수포로 돌아갔고, 오히려 부모님을 부담스레 의식하게 되자, 더 이상 피하고 도망칠 타인은 없다고 생각한 시점에서 부모님이 '최후의 타인'이 되어 나타난다. 이미 세상에서 집으로 도망친 처지라서 더 이상 도망칠 곳은 없었고, 이것이 극단적 도피행각과 신경과민으로 이어졌던 것이다. 토익 실패에서 비롯된 낭패감과 수치심은 그의 발에서 설 힘을 앗아갔고 그는 '타인으로부터의 끝없는 도피'의 종착역에서 자신을 이 세상에 존재하게 한 원인이 되는 '최후의 타인' 둘과 조우하게 된다. 「죄와 벌」의 쏘냐의 아버지 마르멜라도프의 '갈 곳이 없다'는 독백은 그 당시의 그의 심경을 대변한다. 아직 그의 범행의 결정적인 심리를 이야기하기에는 이른 것 같아 다음으로 미룬다. 인간은 결코 타인의 도움 없이, 타인과의 나눔 없이 자신의 뒷모습을 볼 수 없다. 타인과의 단절 또 타인으로부터의 회피, 고립—그 결과가 바로 사건이 되었던 것이다.

> …… 제 사건 나기 2~3주일 전 즈음에 저는 도저히(세상을 긍정할 의지도 상실하여) 삶을 지속할 기력조차 없었어요. 그래서 지푸라기라도 잡는 심정으로 일기장을 몽땅 꺼내어 들춰봤었죠. 그래도 살면서 나 자신을 긍정할 만한 좋은 기억, 행복했던 추억이 있지 않았을까 그런 일들이 하나라도 일기장에 쓰여져 있으리라 기대하며 밤새도록 미친 듯이 필사적으로 일기장을 뒤졌지만, 수백 장이 넘는 일기 어느 곳에도 '긍정'의 기억은 없었으며, 오히려 장마다 곳곳에 "이 쓰레기야, 차라리 죽어라"는 저주의 욕설이 판을 쳤고, 대학시절 빈 강의실에 숨어서 '사람이 무섭다'며 호소하던 정황 따위, 서울 시내를 혼자 몇 시간이고 헤맨 일 따위, 그리고 제대 후 "니가 과연 세상에 적응할 수 있을까? 그냥 포기해라"는 요지의 비난 따위의 기록만 가득했어요. 오로지 부정적 사고방식으로만 살아오며 나 자신을 쓰레기로 취급하던 태도가 일기에 고스란히 남아 있었고, 저는 일기장을 들춘 탓에 급격히 절망하여 아예 삶까지 포기하고야 말았던 거예요. (2004. 11. 1.)

여기서 연구자는 '기록된 언어의 장점으로서의 위력과 함께 또한 파괴력'을 지적하지 않을 수 없다. 그가 일기를 기록하는 습관이 없었다면 이렇게까지 자기비하와 비난 일색의 기록 때문에 커다란 영향을 받지는 않았으리라는 것이다. 물론 기록 자체의 문제라기보다는 자기비하 성향을 만들어 낸 그의 삶의 처절한 정황들이 마침내 그를 무너뜨린다.

문제의 외부화—사건 발생

봇물처럼 쏟아지는 그의 이야기

2000년 5월 24일 저녁 9시 TV 뉴스는 '명문대생 부모토막 살해사건'을 일제히 보도하기 시작했다. 연구자도 바쁜 와중에 얼핏 몇 마디 들은 듯했다. 그 다음날 조간 신문은 이 사건을 일제히 패륜적 살인으로 대서특필하였다. 연구자의 눈길이 머문 것은 신문에 난 청년의 갓 이발한 단정하게 정돈된 뒷머리 모습이었다. 마침 연구자의 둘째 아들과 동갑이었고 그의 형은 일주일 전 결혼한 연구자의 큰 아들과 동갑이었다. 모두 우리 아들인데 어떻게 이런 일이 일어났을까? 얼마나 미웠으면 죽이기까지 했을까? 먼저 시사주간지 고제규 기자(unjusa@sisapress.com)의 취재 기사에 눈을 돌려보자.

> 그의 입은 봇물이 터진 듯했다. 눌러 쓴 모자, 한순간도 가만히 있지 못하고 포승줄을 만지작거리는 손, 떨리는 목소리, 그런데도 침착하게 지난 일을 기자에게 털어놓았다. 그의 말은 부모를 엽기적으로 살해한 범인치고는 논리적이었다. 김○○(23),[2] 명문 ㄱ대 산업공학과 휴학생인 그는 부모를 살해해 토막 내고 시체를 유기한 혐의로 5월 24일 집에서 경찰에 연행되었다. 다음날 방송과 신문은 김 씨를 '인면수심'의 살인자로 몰아붙였다.
>
> 하지만 김 씨는 인격 파탄자가 아니었다. 정신병자는 더더욱 아니었다. 그는 오히려 사회와 부모가 요구하는 '모범생'으로 살아왔다. 그런 그가 상상하기도 힘든 끔찍한 범죄를 저지른 까닭은 무엇일까? 그의 삶은 개인을 파괴하기에 충분한 악조건에 철저하게 포위되어 있었다. 사랑 없는 부모의 부부생활,

---

2) 그가 23세라는 고제규 기자의 보도가 정확한 것이다. 그는 1976년 8월 29일 생이기에 사건이 발생하고 보도되던 2000년 5월에는 아직 만 24세가 되지 않았었다. 그러나 연구자는 본인이 그때를 24세로 말하기에 편의상 24세로 쓰고 있다.

끝없는 공부 강요와 폭언, 학교에서의 집단 따돌림, 주변과의 대화 단절…… 물론 그와 같은 악조건에서 살아가는 사람들이 모두 잔인한 살인자가 되는 것은 아니다. 그런 점에서 그의 범행은 동정받을 여지가 없다. 하지만 그가 부모를 살해하기까지 살아온 과정을 더듬어 보면, 이 시대를 사는 젊은이들이 누구나 가슴에 간직하고 있을 법한 상처의 단면들을 엿볼 수 있다. 무엇보다 주목해야 할 것은, 가정과 사회로부터 그 같은 상처를 받은 젊은 세대 가운데 도저히 이해할 수 없는 흉한 범죄를 저지르는 이가 점점 늘어나고 있다는 사실이다.

지난 5월 21일 새벽 5시. 잠을 자지 않고 혼자 양주를 반 병 정도 마신 김 씨는 컴퓨터 책상 밑에 있는 망치를 집어들었다. 그가 어머니 최 씨(50)가 자고 있는 방에 들어갔을 때, 인기척을 느끼지 못한 어머니는 편안히 잠들어 있었다. 김 씨는 어머니 이마를 세 차례 내리쳤다. 그러고는 자기의 방으로 돌아가 네 시간 동안 앉아 있었다. 오전 9시 김 씨는 또다시 아버지 김 씨(59)가 자고 있는 건넌방으로 향했다. 그는 아버지 이마를 한 차례, 뒤통수를 두 차례 망치로 내리쳤다.

21일 오전 11시 30분께 김 씨가 안방 문을 열어보니 벽과 매트리스에 피가 흥건히 튀어 있었다. 그는 어머니의 두 다리를 잡고 화장실 안으로 끌고 들어갔다. 자기 방에 있는 공구함에서 쇠톱과 가위를, 주방에서 칼 다섯 자루를 가지고 화장실로 간 그는 오후 4시께까지 어머니 시신을 열 토막으로 잘랐다. 그러고 나서 아버지 시체를 화장실로 끌고 가 똑같은 방법으로 열한 토막을 냈다. 밤 8시까지 시체를 토막 낸 그의 온몸은 피로 물들어 있었다. 그는 거울에 비친 자신의 모습을 보았으나 두렵지 않고 덤덤했다.

22일부터 김○○은 시신을 하나둘 내다 버리기로 작정하고 새벽 3시부터 토막 낸 시체를 비닐봉지에 나누어 담았다. 오후 3시께 김 씨는 시체 일부가 담긴 쇼핑백을 들고 지하철을 탔다. ㄷ역에서 내린 김○○는 역구내 쓰레기통에 쇼핑백을 버렸다. 버스를 타고 집으로 돌아와 다시 음식물 쓰레기를 버리듯 위장해 시체 일부를 음식물 분리수거함에 버렸다. 돌아오는 길에는 할인매장에서 세제를 사다가 집안 곳곳에 밴 핏자국을 없앴다. 시체 유기는 23일에도 계속되었다. 전날과 마찬가지로 김○○는 오전부터 지하철을 타고 다니며 시체를 버렸다. 그는 놀랍게도 돌아오는 길에 미장원에 들려 이발하는 태연함도 보였다. 그날 김○○는 집에 돌아와 피 묻은 옷가지를 세탁하고, 밤 11시에 마지막 시체 일부를 근처 아파트 쓰레기통에 버렸다. 김○○는 자신이 체포된 24일, 오전 9시에 전날 세탁한 피 묻은 옷을 쓰레기장에 버리고 오후 2시까지 다시 집안을 청소했다.

중앙일보 정찬민 기자〈chanmin@joongang.co.kr〉가 본 그의 심경은 어떠한가?

부모를 살해하고 시신을 토막내 유기한 김○○(24, 서울 K대 2년 휴학) 씨는 살해동기에 대해 "어릴 적부터 냉대받아 온 것이 순간적으로 폭발한 것 같다"고 말했다. 그는 또 "(부모가) 나를 자식으로 여기지 않았고 내 인생에 방해만 됐다"고 주장했다. ―지금 심정은, "죽고 싶다. 후회스럽다. 그러나 그분들이 친부모라는 생각은 들지 않는다." ―살해 동기는 뭔가. "어머니가 자주 구박을 했다. 26개월 군 생활을 한 형은 자주 면회를 다녔지만 30개월 군대생활을 한 나에게는 단 한 차례도 면회를 안 올 정도로 멸시했다. 대학에 붙어도, 휴학을 해도 관심이 없었다." ―왜 시신을 토막까지 냈나. "범행이 들통나지 않을 것 같아서…… " ―사전에 범행을 계획했나. "불만은 항상 있었지만 계획은 없었다. 갑자기 일을 저지르겠다고 생각했을 뿐이다." ―서울에 시신 일부를 버렸는데 어떻게 운반했나. "전철을 이용했다. 그때 내 정신이 아니어서 상황은 잘 모른다." — 혹시 돈 때문에 범행한 것은 아닌가. 형에게 아파트를 사준 것에 불만은 없었나. "그렇지 않다. 돈과는 전혀 상관없다. 단지 가족들에게 인간적인 대우를 받고 싶었을 뿐이다." (2000. 5. 25.)

엄청난 사건을 저지르고 외부화된 그의 삶의 문제들이 일간신문과 주간지, TV 뉴스, KBS '추적 60분' 등의 각종 매체에 계속 보도되었다. 이제 그는 그의 이야기를 취재하려 달려드는 사람들 사이에서 유명인이 되어 가고 있었다. 기자들의 보도대로 그는 침착했고 논리정연했으며 정신이상자는 더더욱 아니었다. 부모가 사람취급을 안 해 줘서 미워서, 형과 차별해서 섭섭해서, 자기에 대해 아무 관심도 두지 않아서, 어려서부터 구박만을 했기에 죽였노라고 그는 잠시의 범행부인을 뒤로 하고 봇물이 터진 듯 그의 이야기를 쏟아 놓는다. 조선일보(2000. 5. 25.)에 보도된 '부모 냉대에 병적 우울증 폭발' 기사에는 정신과 전문의들의 소견이 많이 들어 있다.

대인관계 불안도 요인…… 통제 지나쳐 병적 증세

부모를 살해한 후 토막 내 버린 김○○(24 · K대 산업공학과 2년 휴학) 씨는 왜 그처럼 잔악한 범죄를 저질렀을까? 그는 당시 집안에 있던 양주 5~6잔을 마셨다고 경찰에서 진술, 만취상태도 아니었으며 그날 부모를 살해할 만한 직접적인 계기가 있었던 것도 아니었다. 정신 병력도 없었던 것으로 밝혀졌다. 25일 밤 경찰청 범죄심리분석 자문위원회는 과천경찰서에서 5시간 동안 김○○ 씨에 대한 심리분석을 실시했다. 분석팀은 "김 씨가 근본적으로 공격적 성격은 아니라"며 "극심한 우울증에, 강한 현실도피적 욕구가 불붙어 저지른 범행"이라고 결론지었다. 서울대 의대 정신과 신민섭(여) 교수는 "김 씨가 IQ가 130 이상으로 상위 2.5%에 드는 아주 뛰어난 지능"이라며 "그런데도 김 씨가 '난 K대도 간신히 들어갔다'고 말해온 것은 어려서부터 부모에게 한 번도 인정받지 못했기 때문"이라고 했다. 김 씨는 그림카드를 통한 심리테스트에서 아버지에 대한 두려움, 어머니에 대한 증오를 심하게 보였다고 신 교수는 말했다. 신 교수는 "김 씨와 비슷한 가정환경과 성격을 가진 청소년 중 '부모를 죽이고 싶다'는 얘기를 하는 경우는 흔히 있다"고 했지만, 김 씨에게 법적 책임을 피할 만한 정신분열 증세는 보이지 않는다고 말했다.

심리학자와 범죄전문가들은 전문용어로 '분노 폭발' 상태였을 가능성이 많다고 밝혔다. 유인균 서울의대 교수는 "소심하고 사회성이 적은 데다 공격성을 평소 배출하지 못하는 사람이 분노가 쌓여 있다가 한꺼번에 폭발한 것"이라고 분석했다. 이홍식 영동세브란스병원 정신과 과장은 "범인은 심한 분노를 억압하고 있고 자존심이 매우 낮은 상태로, 성격적으로는 수동·공격적(passive-aggressive) 성향을 갖고 있는 것 같다"고 말했다. 이나미 신경정신과 전문의는 "범행 후 치밀하게 마무리하려고 했던 것으로 봐, 본인이 제어할 수 없는 패닉 상태에서 범행을 저질렀다고는 볼 수 없다"며, "자신이 받은 신체·정신적 학대를 부모에게 수직 이동해 되돌린 것"이라고 했다. 부모의 역할이 제대로 이뤄지지 못한 점도 지적됐다. 자식에 대해 둥지가 되지 못했다는 것이다. 강지원 청소년보호위원장은 "자신의 상처를 극복하지 못한 책임을 면할 수 없지만, 잘못된 '엄한 부모'의 종말도 안타깝다"고 말했다.

시사저널의 안희태 기자의 보도에 의하면 1심 공판 후 수원구치소로부터 안양교도소로 이감된 바오로는 스스로 생명을 구하고자 하는 구원의 손을 찾았다고 한다. 그는 안양교도소 측에 천주교 신부나 수녀를 만나게 해달라고 요청했고 안양 교도소 교목 담당이었던 엘제 수녀는 2001년 1월에 첫 만남에서 울면서 고백하는 바오로의 이야기에 함께 눈물을 쏟고 말았다고 한다. 눈물로 회개했던 그는 엘제 수녀에게 재판을 방청해 달라고 요청했고, 엘제 수녀는 2심 재판부터 재판에 참석했다고 한다. 그런데 2심의 첫 재판이 2주 뒤로 연기되었다고 한다. 이를 엘제 수녀는 '하늘이 이 아이를 살리려는구나' 라는 계시로 받아들였고 이때부터 천주교계가 구

부모 토막살해 대학생 2심서 무기징역 선고

서울고법 형사4부(재판장 박국수 · 朴國洙부장판사)는 18일 부모의 무관심과 신경질 등을 견디기 힘들다며 부모를 토막살해한 혐의로 구속기소돼 1심에서 사형이 선고된 김○○ 씨(24 · K대 2년 휴학)에 대해 무기징역을 선고했다.

재판부는 "김 씨의 범행은 모든 사람이 할 말을 잃을 정도로 부도덕한 것이지만 정신감정, 심리분석 결과와 성장 과정 등을 종합해 보면 극도의 불안감과 절망감, 피해의식 등으로 인해 온전치 못한 정신상태에서 범행을 저지른 점이 인정된다"고 밝혔다.

김 씨는 지난해 5월 경기 과천시 별양동 자신의 집에서 술을 마신 뒤 평소 히스테리 증세를 보이며 자신을 구박하던 어머니(사망 당시 50세)와 아버지(〃 59세)를 둔기로 때려 차례로 살해한 뒤 시신을 토막내 쓰레기장 등에 버린 혐의로 구속기소됐다.

동아일보〈이정은 기자〉 lightee@donga.com 2001/04/18(수)

명 운동에 나서서 김수환 추기경을 비롯한 대주교가 서명운동에 동참했고 사형 집행에 반대하는 수녀들이 재판 때마다 수녀복을 입고 방청석을 가득 메웠다고 한다. 아래의 동아일보(2001. 4. 18.) 보도에 나타나듯이 재판부는 그의 범행에 대해 정신감정, 심리검사, 성장과정 등을 종합해서 사형을 선고했던 1심과 달리 2심에서 무기징역을 선고한다. 바오로는 존속살해 및 사체유기 혐의로 1심에서 사형, 2심에서 무기징역을 선고받았고, 2001년 7월 21일 대법원에서 무기징역이 확정되었다. 그는 사형을 면하게 된 것이다. 형과 변호사, 성당의 탄원서가 하늘에 상달된 결과라고 할 수 있다. 그는 이제 무기수로서의 정체성을 가지고 새 삶을 시작한다.

사회에 비친 그의 프로필

경찰대학 교수인 표창원(2005)은 연쇄살인과 연속살인은 구별해야 하는데, 이 두 경우 모두 연쇄살인이라는 용어로 일반적으로 쓰이고 있는 것은 잘못된 것이라고 말한다. 그는 두 가지를 구별하는 단서로 살인사건 사이에 범죄자의 정신이 일상적인 상태로 돌아온 적이 있었는가를 구분점으로 삼으며 연쇄살인범이 되는 이유로 다섯 가지를 들고 있다. 선천적 요인, 어린 시절의 학대 등 충격적 경험, 사회적 스트레스, 촉발요인, 자유의지에 의한 선택을 들고 있다. 바오로의 사례에 대해 그가 구체적인 언급을 한 바는 없지만 연구참여자가 어머니를 살해하고 아버지를 살해하기까지의 약 4시간의 공백에 그가 완전한 일상으로 돌아왔다고 보기 어렵기 때문에 연속살인으로 볼 수 있다는 것이 연구자의 입장이다. 표창원이 분석한 연쇄살인범의 일반적인 모습은 바오로의 상황과 2/3 정도 일치하는 부분이 있어서 참조할 만하다.

1. 일정한 직업이 없다, 있어도 인정받거나 우수한 실적을 나타내지 못한다.
2. 연령대는 20대 후반~40대 후반일 가능성 높다.
3. 드물게는 여성도 있지만 대개는 남성이다.
4. 결혼하지 않았거나 결혼에 실패한 독신일 가능성이 높다.
5. 평소 속을 잘 드러내지 않고 조용한 편으로 눈에 띄지 않는다.
6. 간혹 아무것도 아닌 일로 자신을 무시한다고 화를 내거나 싸늘하게 돌변해 주위를 놀라게 한다.
7. 사는 곳, 개인 물건 등을 남에게 보여주지 않는 등 사생활을 철저히 감춘다.
8. 진지하게 대화하거나 남의 말을 잘 들으려 하지 않아 친하게 지내는 사람 없다.
9. 때로 멍하게 공상에 잠기거나 다른 세상 사람처럼 느껴진다.
10. 과묵하고 반항적인 모습이 때로는 매력적으로 보이기도 한다.
11. 이성 관계에 서투르면서도 좋아하는 사람에게는 집착이 심하고, 지나칠 정도로 잘해 준다.

12. 이성 관계에서 마음을 나누려 하지 않고 일방적인 애정표현으로 상대방에게 부담을 준다.
13. 부담스러워서 헤어지려 하면 감정이 폭발하여 폭력을 휘두르거나 섬뜩할 정도로 차가워진다.
14. 좋아하는 일이나 취미, 대상에는 대단한 집중력과 인내심을 보인다.
15. 폭력이나 절도, 성범죄 등의 전과가 있거나 이런 사건과 관련해서 경찰조사를 받은 적이 있다.
16. 거짓말을 아주 능숙하게 한다.

지금도 인터넷에서 그의 이름 석자를 치면 많은 기사들을 검색할 수 있다. 1심의 언도대로 그가 사형당하게 될까 봐 구명운동을 벌이던 모임의 흔적도 아직까지 남아 있다. 대부분이 가정폭력에 대해서 비판을 가하는 목소리가 많고, 그래도 살인은 용납될 수 없다는 목소리들도 있다. 패륜아라고 낙인찍은 보도가 없었던 것은 아니지만 각종 매체와 전문가들은 그가 받은 학대와 무시가 결코 그가 벌인 범행보다 적은 것이 아니라는 기사를 더 많이 내어 보냈다. 성당은 벼랑 끝에 놓인 그의 처지를 긍휼히 여기고 구명 운동을 조직적으로 벌였으며 검찰에 탄원서를 제출했다. 이훈구의 저술은 날개 돋친 듯이 팔리며 보름 만에 3쇄를 찍는다. 인터넷 곳곳에 독후감들이 많이 실렸는데 독후감 한 편의 일부를 통해서 일반인들에게 비친 그의 모습을 살펴본다(출처: 카페 blue baby).

§ 1. **일기장-아이의 소리 없는 비명**

그의 방대한 양의 일기는—총 21권이었던가? 확인해 보고 싶지만 현재 저 책을 다시 펴 볼 용기가 나지 않는다—그런 가정환경과 외부적 환경과 더불어 잉태된 소산물이다. 처음 책을 읽으면서는 아주 어릴 때부터 나이가 몇 살인데 매일매일 일기를 쓰는 것 자체가 이상하다고 생각했다. 군대에 가서도 대학에 가서도 무엇을 하든 그날 일기를 빼먹지 않고 썼다는(중간에 석 달쯤 빈 것을 빼면) 그 일기에 대한 얘기를 들으면 여자애도 아니고 남자애가 너무 세심하다는 소리 정도는 나올 것이다.

내가 알기로는 매일매일 그렇게 충실하게 손으로 일기를 쓰는 사람은 흔치 않으니까. 그런데 그에게는 그렇게 자신의 감정을 얘기할 곳이 일기장뿐이었으니까 그것이라도 없었으면 일찌감치 자살을 했을지도 모를 일이라고 생각한다. 공포에 떠는 두려움만을 안고 대인기피 현상을 보이며 대인불신을 가지고 호의에 웃을 줄 모르고 적의에 공포를 느낄 줄만 아는 스스로를 비하할 줄만 알고 자존심을 버릴 줄만 아는 사람에게는 누구도 친구가 될 수 없고 다가갈 수 없다. 함께 있는 것만으로 그 불안과 공포가 전염되기 때문이다. 누구에게도 말로 풀지 못하는 김○○은 일기장을 친구로 자신으로 기타 누구로도 표현하며 하고 싶은 말을 했지만 그 역시도 신통치 못하게 웅얼대며 말했을 뿐이다. 평소의 자신이 늘 사람들 앞에서 그러하듯이.

§ 2. 자라지 않는 아이

김○○은 자라지 못한 아직 아이인 상태라고 생각한다. 이 생각은 처음부터 변하지 않았다. 첫 부분의 대인불신과 대인기피 증세를 엿볼 수 있는 일기 몇 페이지를 봤을 때는 아직 중고등학생 정도의 남학생 같은 글투와 초등학생 같은 마음상태를 보였기 때문이고 이것이 사건일지로 변해가는 도중에는 그런 마음이 조금도 자라지 않은 채로 군대를 다녀오고 대학을 다니고 범행을 저질렀기 때문이다.

저자는 책의 마지막에 면회를 마치고 간수와 함께 돌아가는 김○○의 수의를 입은 모습이 정지버튼이 눌러진 화면처럼 느껴져서 이 화면의 플레이 버튼은 10년이나 그 이상이 지나야만 눌러질 것 같이 느껴졌다고 서술했다. 이것은 김○○의 취미생활이라고 할 수 있는 것이 영화감상과 평론이었으므로 그것을 염두에 두고 썼을 비유라고 생각하지만…… 나는 김○○에게는 이미 오래전에 엄마의 따스함을 간절히 원하는 아이 시절부터 그것이 채워지지 않은 아이가 자라지 못한 듯이 느껴져서 이미 그때에 그에게 정지버튼이 눌러져 있었던 게 아닌가 생각한다.

차라리 부모를 죽였다는 죄책감을 갖고 있는 지금이, 이젠 그 공포의 대상이 사라졌다는 사실을 인지하고 있는 지금이 오히려 평안하게 느껴진다. 실상은 아주 아주 떨릴 정도로 불안하겠지만. 그리고 그 어릴 때 눌러진 정지버튼이 이제는 플레이 됐을 거라고 생각한다. 그의 영화평론은 날카롭고 멋졌으며 그가 무언가를 하고 싶다고 말하는 것만으로 나는 그가 다시 살아갈 수 있을 것이라는 희망을 느꼈으니까. 여러 가지 문제와 복잡한 감정이 얽혀 일어난 사건인 것이 분명하지만 이미 사건은 일어났고 종료되었다. 단지 김○○에게서만 흐를 뿐이다. 조금은 초연하게-

§ **마치며**

읽는 내내 나는 밝은 분위기의 노래만을 들으며 보았다. 그러지 않고서는 모두 볼 수 없을 것만 같았기 때문이다. 무서운 것은 존속살해 사건이라는 것이 무서운 것도 있었지만, 한 사람을 이렇게 만들었다는 주변의 모든 조건들과 사람들이 그 자체로 무섭기 때문이었다. 그리고 또한 아버지를 죽인 일이, 그 때의 기분이 너무 슬펐기 때문이다. 어머니를 죽이고 나서 멍하게 앉아 있다가 아버지를 죽여야겠다고 생각한 9시경에는 그는 아직 아이였다. 어머니만큼 미웠겠지만 어머니보다는 증오하지 않았을 것 같았던 아버지를 죽인 이유는 단지 아버지가 일어나서 이런 광경을 보면 혼날 것 같아서였다니. 혼나는 것에 대한 공포가 사람을 죽이는 것에 대한 윤리의식보다 더 위에 있을 정도로 그는 판단력이 흐린 '애' 였다.

살인 후 시체처리 방법에 있어서도 — 토막을 내는 것은 아이나 여자들의 심리에서 크게 작용한다고 한다. 즉 다시 살아나서 날 잡거나(공포영화처럼) 날 죽이러 온다거나 할까 봐 그게 더 두려워서 아예 자신이 보면서 자신이 직접 잘라서 확실히 죽은 거라고 깨달을 수 있도록 하기 위한 것이라는 것이다. 그것이 24살 청년—IQ 138의 K대 공대를 다니는 소위 엘리트라 말해지는 대열에 들어가 있는 사람이 할 생각이라고 보기에는 무리가 있다.

어른들은 흔히 나이 어린 사람에게 미안하다는 말을 하지 않는다. 특히나 가부장적 사회에 살아가는 사람들은 더하다. 미안하다는 말을 할 수 없으니 돈을 주거나 선물을 주거나 풀릴 때까지 무시를 하거나 자신은 그런 적이 없다고 발뺌을 하거나 화를 낸다. 그런 방법 말고도 편지를 쓰거나 대화를 하거나 사랑한다고 하거나 하는 등의 방법으로 미안하다는 말을 대신할 수 있을 텐데. 그 말 한마디를 입 밖으로 꺼내는 것이 두려운 것이라면 다른 식으로도 얼마든지 방법이 있을 텐데 어른 역시 사람이다. 아이에게는 어른일 뿐이지만 성인에게는 사람이다. 그것을 아직 알지 못하는 자라지 못한 아이는 그것에 또 한 번 상처를 받아 버린다. 자신을 생각하기 전에 자신에 대한 타인의 태도만 생각해서 그 분노를 온몸으로 견디지도 못할 만큼 느끼고 상처받아 버린다.

사건이 일어나기 전, 어머니가 자신이 때리고 폭언을 하고 조롱하고 무관심했던 것에 대해서 미안하다고 확실히 말했다면 이들의 관계는 뚜렷하지 않지만 무언가가 확연하게 달라졌을지도 모를 일이다. 사람이 나이를 먹으면 약해지는 법인데 최여사는 끝까지 고고하게 사는 종류의 사람이었나 보다. 자식 앞에서는 더욱 그래야 한다고 생각하는 가부장적 사회의, 홀어머니 밑에서 강하게 자라야만 했던 외동딸의 역할에서 결혼하고 나서는 강한 부분을 맡아줄 사람이 있었는데도 여전히 강하게 살아야 한다는 생각에 '어머니'는 될 수 없었던 그녀가 조금 안쓰럽기도 하다.

미안하다는 말은 어려운 말이지만 필요할 때에는 꼭 해야 하는 거라고도 배웠으면, 다른 것들과 함께 몸에 그런 습관이 배어 있었다면 온 가족이 모두

위태롭게 줄 위를 걷는 듯한 기분으로 살지는 않았을지도 모를 일인데. 미안하다는 말 한마디면 됐었다고 이젠 들어줄 수 없는, 주인 없는 말을 한숨처럼 내뱉은 김○○의 말에 그의 마음이 너무 많이 담겨져 있어서 슬프고 무서웠다. 내가 아는, 한 기독교인이 아닌 사람도 아이를 대할 때는 하느님이 주신 선물이라고 누가 선물을 소중히 여기지 않느냐고 순진한 반문을 하며 그러지 않는 사람들에 대해 의구심을 갖는다. 이미 고인이 되었지만, 최여사가 이런 마음을 알지 못하고 세상을 떠난 게 못내 아쉽다.

그는 다시 한번 뉴스의 초점이 되는데 바로 위에서 말한 「미안하다고 말하기가 그렇게 어려웠나요」에 관한 소송 건으로 그러하였다. 책의 내용이 가족의 명예에 훼손이 되고 급히 만드는 과정에서 오류가 많다는 이유로 형은 소송을 제기하기를 원하였고 동생은 책과 직접 관련은 없지만 감형을 받은 입장에서 그렇게 하고 싶지 않다는 의견 대립이 있었다. 그렇지만 결국 소송을 하게 되었고 소송의 결과는 원고와 피고가 공동명의로 서울 및 수원 사목위원회에 각기 500만 원씩을 기탁하라는 것이었다. 서울 연합뉴스의 류지복 기자가 보도한 〈사회단체에 배상금 기부한 '존속살해범의 선행'〉 내용을 살펴보자. 물론 책은 판금되었는데, 연구자가 아는 연구참여자는 책의 출판, 소송 이 모든 과정에서 돈을 목적으로 행동하는 성품은 아니라는 것이 분명하다.

사회단체에 배상금 기부한 '존속살해범의 선행'

명문대 휴학생 신분으로 부모를 토막살해한 혐의로 무기징역을 선고받은 한 20대 남자가 손해배상 청구소송에서 법원의 조정을 통해 받은 돈을 전액 사회단체에 기부해 화제다. 서울지법 민사합의13부(재판장 김희태 부장판사)는 부모 살해범 김모 씨가 '허락도 없이 책을 출간해 가족의 명예를 훼손했다'며 모대학 교수 이모 씨와 출판사 대표를 상대로 낸 손해배상 청구소송에서 "피고들은 1천만 원을 부담하되 이 돈을 천주교 교정 사목위원회에 기부하라"는 내용의 조정이 지난달 28일 성립됐다고 2일 밝혔다. 천주교교정 사목위원회는 재소자의 재활을 돕기 위한 사회봉사단체로, 조정내용에 따라 원 · 피고는 공동 이름으로 서울 사목위원회와 수원 사목위원회에 각각 500만 원씩을 기탁하게 된다.

(중략) 원고가 지난해 이 교수와 김 씨를 상대로 손배소를 낸 것은 1심의 사형 선고 후 항소심 재판을 받던 중 알게 된 이 교수가 자신에 대한 상담과 일기장을 바탕으로 책을 출간하는 과정에서 당초 약속을 어긴 것으로 여겼기 때문. 김 씨는 당시 소장에서 "이 교수가 재판부의 정상참작에 유리한 심리연구 보고서를 만들겠다고 해 재판자료와 일기장을 넘겨주고 면회도 했다"며 "하지만 이 교수는 대법원 판결이 나도록 보고서조차 작성하지 않았다"고 주장했다.

김 씨는 "오히려 이 교수가 내 가족들의 이야기를 책으로 출간, 일부 내용을 실명으로 거론하면서 있지도 않은 사실까지 기재해 가족의 명예를 훼손했다"는 주장도 내세웠었다. 문제의 책에서 김 씨는 여성정치인을 희망했으나 군인 남편과 결혼, 꿈을 접은 채 히스테리 증세를 보인 어머니와 아들에게 어떤 마음의 위안도 주지 못하는 아버지 밑에서 외로이 지내다 결국 존속살해로 나아간 비극적 인물로 묘사되고 있다. 이 교수는 그러나 "부모의 비뚤어진 과잉기대와 무관심이 얼마나 자식에게 큰 상처를 주는지 생각케 함으로써 경종을 울리기 위해 책을 쓴 것"이라며 "원고 허락하에 자료 협조를 받은 것이지, 약속을 어긴 것은 아니다"라고 팽팽히 맞섰다.

쌍방의 분쟁이 조정된 것은 돈을 목적으로 소송을 낸 것이 아니라는 원고의 뜻이 받아들여졌기 때문이다. 재판부는 지난 9월부터 두 달간 세 차례 연속 조정기일을 잡았으며, 공동피고였던 출판사 대표가 먼저 원고의 뜻을 이해했고 이어 완강하게 원고측 주장을 반박하던 이 교수 역시 원고의 마음을 마침내 받아들인 것. 재판부는 "쌍방이 사실관계를 놓고 첨예하게 대립해 누구 말이 옳은지는 명확히 판단하긴 곤란하다"며 "다만 돈이 목적이 아니라는 원고의 주장을 피고가 이해해 조정이 성립, 좋은 결실을 보게 됐다"고 말했다.

그는 왜 범죄를 저질렀을까? — 도스토예프스키에 매여 있는 노예

도스토예프스키의 소설은 얼핏 되새기면 영화에 언급되어 관심을 지니게 된 듯하지만, 그보다 먼저 제 어머니가 도스토예프스키에 대해 자주 언급한 사실이 더더욱 관심을(잠재적으로) 유발했다고 볼 수도 있겠지요. 애증의 교차, 산 자와 죽은 자를 이어주는 게 (도스토예프스키 등) 책이고, 저는 그 책들에 노예처럼 얽매어 있습니다(스콜세지 이전에 문학에 취미가 많았던 어머니의 영향으로 도스토예프스키에 관심을 갖고 있었음). (2002. 12. 17.)

그의 영웅들은 너무나 당연하게 책과 영화 속에서 나온다. 고대의 호메로스(Homeros)를 비롯하여 세익스피어, 조지 오웰, 카프카, 도스토예프스키, 톨스토이, 헨리 제임스, 토마스 해리스, 아서 밀러, 이청준, 카잔차키스, 데르스 우잘라, 그리고 니체 등이 책에서 만난 그의 영웅이고 그들의 작품의 주인공들 또한 그의 영웅과 모델이라 할 수 있다. 영화감독으로는 마틴 스콜세지, 스탠리 큐브릭, 오손 웰즈가 그의 편지에 가장 많이 언급되던 감독들이다. 책만 있다면 어디에서나 지낼 수 있다는 그다. 연구자와의 편지 초반부터 책 이야기와 작가 이야기가 주를 이루었었다. 그는 안양교도소에 미결수로 있을 때도 교도소 서가의 책 덕분에 잘 지낼 수 있었다고 말할 정도이다. 그는 자신이 꼽는 베스트 작가에 토마스 해리스를 추가한다. 토마스 해리스는 「Red Dragon」, 「양들의 침묵」, 「Hannibal」 같은 스릴러 시리즈의 작가인데, 얼핏 보기엔 잔인하고 허황된 추리극 같아도 조금만 유심히 들여다보면 놀랄 정도로 깊이 있는 심리묘사에 감탄하게 됐다고 바오로는 이야기한다. 그는 '혼자 사는 법을 배우면서, 자신만의 세계를 구축하기 시작했다. 타인과의 교류에 공포를 느꼈다' 같은 문구들에서 진한 감동과 전율을 느꼈다고 말한다. 한 마디로 세상에서 어긋난 자들의 구구절절한 속내풀이가 그에게는 한층 매혹적이었던 것이다.

카잔차키스의 「그리스인 조르바」에 대해 바오로는 연구자에게 줄거리 소개까지 해 주었다. 「그리스인 조르바」에 의하면, 인간은 오직 자신의 이익을 극대화하려는 이기적 존재로서 근본적으로는 자기 한 몸만 위할 줄 알고 편하면 그만이라고 생각하는 존재이다. 그러나 조르바는 자신이 더욱 편하려면, 진짜로 즐거우려면 옆에 있는 사람도 같이 행복해야 한다는 사실을 깨닫게 되고 그때부터는 서로를 사랑하고 위하게 된다. 그러면서 그리스인 조르바는 그리스인이든 불가리아인이든, 터키인이든 유대인이든, 흑인이든 백인이든 모두 마찬가지로 불쌍한 사람이라고 여기며, 모든 사람을 다 동정하고 사랑하게 된다. 그리스인 조르바 이야기는 "남자나, 여자나 유대인이나, 이방인이나, 할례자나 무할례자나…… 모두 사랑하라"는 신약성서의 말씀을 떠올리게도 해 주었다.

바오로는 고전으로 호메로스의 「일리아스」와 「오디세이아」를 여러 번 탐독하였다. 「일리아스」와 「오디세이아」에서 고대 그리스인 특유의 운명관을 발견하고 존중하게 되었다고 한다. 「오디세이아」는 트로이 전쟁 후, 그리스 영웅 중 한 명인 오디세우스의 모험과 귀환을 다루고 있는데, 그는 20년 만에 고국 이타카로 돌아오지만, 뜻밖에도 그의 집은 건달들에게 점령당해 있고 가족과 자신의 목숨마저 위태로운 지경이었다. 거의 1대 100의 싸움을 벌여(아테나 여신의 도움으로) 원수들을 남김 없이 해치우는데, 그 광경을 보고 몹시 기뻐하는 하인에게 타이르는 장면을 바오로는 인상 깊게 적고 있다. "마음속으로는 기뻐할지언정 조용히 하시오. 떠들지 마시오. 사람을 죽이고 큰소리 치는 것은 신성치 못한 일이외다. 이는 모두 무도한 자의 행동에 신의 심판이 내린 것이오. 왜냐하면, 그들은 자신들 앞에 닥치는 것이 악이든 선이든지 간에 지상의 인간은 아무도 공경할 줄 모르는 천인공노할 죄인들인 것이오. 그러므로 자신들이 난폭했던 탓으로 당연한 최후를 맞은 것이오." 그는 오디세우스의 대사에서 대단히 고매하고 덕이 높은 진정한 영웅의 면모를 발견하고 고대 그리스 영웅들의 세계관, 운명관, 신앙심에 감탄하기도 하였다.

읽어도 읽어도 감동적인 고전이 그에게는 「세일즈맨의 죽음」, 「죄와 벌」, 「그리스인 조르바」 라고 하였다. 「죄와 벌」도 한 세 번은 읽었는데, 원문을 보기 위해 러시아어를 익혀야 되지 않나 생각할 정도라고 한다.

그는 존경하는 인물로 율리우스 카이사르를 꼽는다. 40세가 넘어서야 본격적으로 업적을 쌓기 시작했다는 사실이나(그는 40대 중반 이후에야 출소를 희망할 수 있음), 언제 어디서든 평정심을 잃지 않고 초연하게 만사를 처리한 점 등이 한마디로 '쿨'하게 살았던 위인의 전형이라는 것이다. 그는 언제 어디서든 초연하게 살 수 있다면, 그 삶과 처지를 슬퍼하지만은 않을 수 있을 것이라면서(건방지지만) 카이사르와 같은 초연함과 여유를 배우려고 노력 중이라고 적어 오기도 하였다. 또한 그를 사로잡은 철인 중에는 니체가 포함되는데, 바로 '인간은 짐승과 초인 사이 묶인 밧줄', '주인의 도덕과 노예의 도덕', '영겁회귀에 대한 악마의 유혹' 장면 등이 그를 매혹시키는 것이다.

그리고 그가 한때 꿈꾸었다던 자유인의 원형으로는 '데르수 우잘라'를 들었다. '데르수 우잘라'는 그리스인 '조르바'와 마찬가지로 탁월한 자유인이며 그보다 더욱 자연과 친하고 인간에 대해서 어떠한 악의나 편견도 지니지 않은 위대한 영혼이다. 데르수는 시베리아 토착종교, 문학전통을 따르나 타인의 종교나 취향을 그대로 인정하며 왜곡하지 않을 뿐만 아니라 모든 동식물, 안개나 폭포까지도 '사람'으로 인격화해서 존중할 줄 아는 사람이라고 한다. 그는 조르바처럼 엄청난 명언이나 독설을 쏟아내진 못하지만, 술에 취해 싸우는 병사들을 점잖게 말리며 "싸우지 마, 들어봐, 나 노래한다" 하며 옛 민요를 구슬피 부르기도 하고, 급류에 뗏목이 휘말려도 남부터 구하고 보는, 그러고 나서도 칭찬받을까봐 도망치는 경건한 사람이다. 조르바가 유쾌하다면 데르수는 경건하고 물론 둘 다 자유롭다. 데르수는 원수라도 일단 구해놓고 볼 사람이고, 실상 인간과 자연, 선과 악을 따로 구분하거나 편 가름 하지 않는 자이다. 어찌 보면 2차 세계대전의 독일군과 정반대되기도 하지만 바로 그 독일군의 U보트를 존중하려던 난파선 다이버들하고는 오히려 비슷하기도 하다. 조르바, 데르수, 그 다이버들(미국 바다 앞에 침몰한 2차 세계대전 중의 독일군 잠수함을 인양하기 위해 자신들의 시간과 물질을 헌신하는 미국의 휴머니스트들)은, 남이 지워놓은 가치판단에 얽매이지 않고 자신들의 기준으로 세상을 대하는 사람들이다. 그는 고백한다. "솔직히 저는 한때 데르수나 조르바 같은 자유인이 되고자 하는 희망도 있었으나, 어마어마한 편견의 인간사에 계속 휘말리면서 이제는 아예 포기했지요."

우리는 지금까지 바오로의 어린 시절과 학교생활이 모두 불행하였고 그 시절이 극심한 무시와 경멸 속에서 증오와 복수를 마음에 새기는 과정이었음을 이야기하였다. 그리고 숨 막히는 중고교 시절을 지나 대학에 진학하여 나름대로의 자유로운 활동도 추구하였고 특히 영화, 컴퓨터 등에 많은 열정을 쏟아 부은 것을 보았다. 그리고 그렇게 가족이 걱정하고 힐난하던 군생활 적응이 예상을 뒤엎고 순조로웠음도 보았다. 그러면서 그의 내면세계에 갈등이 퍼져나가게 된다. 군에서 수많은 다른 청년들의 삶을 보고 그들의 이야기를 들으면서 그는 자신의 가정생활이 얼마나 비정상적이었나를 깨닫는다. 자신의 기준에 미흡한 사병이나 동료들을 보면서 자신도 모르게 "M에게 걸렸으면 다 죽었을 것이다"를 중얼거리는 자신을 발견하면서 그는 자신을 그렇게 만든 부모에 대한 증오와 경멸을 키우게 된다. 어렸을 적에는 공포감이 더 컸지만 이제 대학생활 경험도 하고 공군 복무 30개월도 마친 그는 부모를 달리 보게 된다. 그의 자아는 커졌으며 부모의 존재감은 작아지기 시작했다.

제대 후 복학하지 않고 휴학을 연장하고 영문학과 편입학 준비를 위해서 혼자 도서관에 다니면서 토익을 준비하던 그에게는 일시적이라고 시작한 휴학기가 바로 사회로부터의 철수가 되어 버린다. 이전의 군생활의 짜여진 틀에서 벗어난 그는 가족에 대한 평가가 달라졌기에 은퇴기의 삶을 영위하고 있는 부모님의 일상에 더 이상은 보조를 맞출 의사가 없었던 것이다. 토익 시험 실패라는 어이없는 착각이 비극의 도화선이 되지만 특별한 신문기사가 그의 눈을 끌기도 한다.

> 2000년 초, 신문에서 중년 사내의 복수극, 162cm키의 왜소한 체구로 주변에서 계속 무시, 구박당하며 살아오다 마침내 폭발하여 여기저기 찾아다니며 살해, 폭행한 사건 봤는데, 그 사내가 자기 일기장에 '오늘 oo가 내게 욕했다. 죽여 버린다' 적기도 했었다는 사실이 강렬히 인식되었고, 또 일본의 고교생이 미리 야구배트 준비해서 공부 강요하는 모친을 구타, 살해한 사건보도 역시도 각인되었었지요. (2006. 12. 21.)

그는 이훈구의 폭력영화의 영향과 게임마니아 논리에 대해서는 강력하게 항의한다. 영화에 관한 부분은 이미 앞에서 이야기하였기에 다시 재론하지 않거니와 게임에 대해서는 한마디로 마니아는커녕 폭력게임을 해 본 적이 없다는 것이다. 컴퓨터를 가까이 하고 통신을 많이 하였지만 게임 쪽 하고는 거리가 멀었던 것이다. 오히려 그는 검찰이 추궁한 자기와 「죄와 벌」의 관계가 조금은 더 타당하다고 털어 놓는다. 그리고 당연히 라스콜리니코프의 작품 중 논문인 범죄론 사상에 영향을 받았고 그 자신의 범죄론을 구성하여 게재하였던 사실도 숨김없이 이야기한다.

> 경찰은 4~5년간의 비디오 대여목록을 대여점에서 아예 출력하기도 했고, 저 또한 제가 봤던 영화, 도서목록을 빠짐없이 기록했었기에, 사건 자체가 영화와 얼마나 관련 있는지 조사하기는 용이한 일이었으나, 대여목록이든 제 기록이든 '잔혹극'이나 폭력물 따위로 도배되어 있지 않았기에, 검찰 측에서나 병원에서나 '영화'문제는 아예 들먹이지도 않았습니다. 검찰이 주목한 것은 오히려 '책'이었고, 특히 제 방에 있던 책 목록을 다 적어서 내용까지 파악한 끝에, 특히 도스토예프스키의 소설들이 사건과 밀접한 연관 있으리라 여기고 추궁했

으니, 제가 가타부타 확인해 주진 않았어도, 검찰의 추측이 옳았지요. 이 또한 조서에 나와 있어서 이훈구도 봤을 텐데, 그는 책에는 무지했던 것일까요.

그리고 정신병원에서는 제가 중3 때 사건을 계획했었다는 데 주목하여 그 당시(10년 전)에 어느 정도까지나 구체적으로 사건을 계획, 시도했었는지 추궁했으니, 이 또한 꽤나 타당했지요. (2005. 11. 5.)

조연 중 초반부에 나오는 전직 하급 공무원 '마르멜라도프', 중얼대는 문구가 '갈 곳이 없다'예요. 별 볼일 없는 늙은 말단 서기인데, 마침 복직될 참이어서 아내가 없는 돈 털어서 마련해 준 제복을 갖춰 입고 집을 나서지만 '도피 충동'이 발현되어 직장에도 안 가고 집에도 못 들어오고 거리, 술집 헤매다 옷도 잃습니다. 그러고는 자괴감, 공포와 도피의 희열에 떨면서 '나는 갈 곳이 없다' 중얼 거리지요. (마르멜라도프 딸이 바로 그 '소냐'였지요?)

그 다음엔 당연히 주연 라스콜리니코프의 극중 논문인 '범죄론'의 사상입니다. 인간 계층은 입법자와 평범인, 크게 둘로 나뉘어 있고, 법을 만드는 계층은 무엇이든 할 수 있으나 피지배층은 만들어진 법에 구속될 뿐이라는 이야기였지요. 그 예로 나폴레옹이나 고대 그리스의 정치가들이 등장하고 그들이 제정한 법과 일으킨 전쟁에 희생되는 평범인들의 운명이 나옵니다. 그런데 도대체 누가 입법자인지는 어찌 알겠습니까? 자각하고 실행하는 자가 일단 자격 있을지도 모르고, 그래서 라스콜리니코프는 무가치해 보이는 전당포 노파를 상대로 과연 자신이 입법자인지 실험한 것입니다. (그런데 제 사건과 이 사상은 관련 있어 보일 수는 있으나, 실제 관련은 없지요.) (2005. 11. 5.)

그는 2006년 11월 5일의 편지에서 오랫동안 꺼내지 않았던 한 가지 이야기를 꺼내놓았다. 그는 영화를 수백 편씩 보기 이전에, 「죄와 벌」을 정독하기 이전에, 이미 PC통신에 그 나름의 범죄론을 써서 올려놓았었고, 그것이 차라리 어느 영화나 소설보다 범죄의 유용한 핑계가 되었을 수 있었다는 것이다. 물론 영화 동호회 게시판이 아니라 철학 모임에 올린 글이었는데 대학 철학 강사가 그 글을 강의 자료로 쓰기도 했다고 한다. 잠시 그의 범죄론을 보자.

> 그 글의 핵심은 간단합니다. "도둑질은 죄가 아니다"는 것이지요. 물론 도둑질뿐만 아니라 기타 죄악, 범법 행위 모두에 적용되는 가설이었죠. 줄거리도 단순하지요. '도둑질한 사람이 죄의식을 느낀다면, 이는 도둑질 행위 자체가 악해서인가 아니면 단지 일탈행동을 행함 자체에 놀라서인가 혹은 경찰에 붙잡혀 처벌받는 게 두려워서인가? 그렇다면 이미 절도가 직업인 상습범도 죄의식을 느끼나? 그런 죄의식을 계속 느낀다면 어떻게 범행을 지속할 수 있나? 상습범은 죄의식을 느끼지 않는다면 결국 절도 자체는 악하지 못하다. 또한 굶주린 자가 빵을 훔친 것도 도둑질이고, 유흥비 마련을 위해 빈 집 털이 한 것도 똑같은 도둑질 행위 그 자체인데, 그 두 가지 도둑질을 똑같이 악하다고 볼 수 있나? 결국 도둑질 자체는 죄도 아니고 악도 선도 아니다. 상황에 따라 그 의미가 달라질 뿐이다." 대강 이런 내용이었습니다.
>
> 이 글을 쓰기 전에는 마빈 해리스의 「식인과 제왕」이란 인류학 서적을 읽었는데, 고대 아즈텍 왕국이 식인 문화를 분석하여 그들이 국가 행사로서 공식적으로 식인을 한 배경, 이유를 설명하는 책이었지요. '식인'조차도 죄악이 되기도 하고 종교행사가 되기도 하며, 식인 행위자들이 죄인이 되기도 하고 사제 · 공무원이 되기도 한다면, 결국 식인 행위 자체는 선악의 가치가 없는 것이지요. 그러나 마빈 해리스의 책은(90년대 중반) 당시에 인기 있었기 때문에 저 혼자만 본 것이 아니었습니다. 제가 범죄론에 대한 글을 쓰기 위해서는 보다 많은 실제적 증거와 체험이 필요했지요. 윤리나 제도에 대한 불신, 의문을 장기간 동안 체험할 수 있었다면 그런 글도 쓸 수 있겠지요? (2006. 11. 5.)

위의 이야기 후반에 나오는 「식인의 제왕」은 인류학적 입장에서 식인 행위를 다룬 것으로서 식인행위가 문화적으로 다른 평가를 지닐 수 있다는 요지, 즉 가치평가를 초월한다는 입장인데 이 논리를 바오로는 도둑질 행위에도 결부시킨다. 식인행위가 현대인에게는 악한 살인행위이지만 지나간 문명권에서는 종교적 예식이었으며 악이 아니었음을 인류학적으로 밝히는 것과 도둑질 행위를 결부시켜 볼 수는 있다. 그러나 그가 말하는 대로 상습범이 죄의식을 느끼지 않는다는 것이 죄악일 수 없는 기준이 될 수 없기에 이것은 너무 무리한 논리의 전개라고 하겠다. 내용을 떠나서 그는 라스콜리니코프의 범죄론에 관심이 있었고 또한 범죄에 대한 자신의 견해를 발표할 정도로 범죄행위에 관심이 많았다는 점을 우리가 주목해야 한다고 생각한다.

그는 누군가를 말살시키고 자멸하게 되는 폭력의 심리를 숨김없이 노출하면서 자신의 사례를 이해하기 위해서는 영화 〈Full Metal Jacket〉을 보면 이해가 될 것이라고 친절하게도 말한다. 〈Full Metal Jacket〉은 월남전 자체를 가장 냉소적으로 포착한 담담하면서도 무서운 영화로 평가받는 작품이다. 영화는 크게 두 부분으로 나뉘는데 신병훈련소에서 훈련받으며 일어나는 조직에 의한 개인의 살생, 훈련병들이 자대 배치 후 전쟁에서 겪는 또 다른 살생, 둘 중 어느 부분도 마음 편히 보기는 힘든데, 특히 전반부의 훈련소 장면들에 감독의 메시지가 큰 울림으로 다가오는 영화이다. 이 영화는 사람이 환경에 의해서 어떻게 변해가는지를 훈련병 역할을 맡은 빈센트 도노프리오를 통해서 잘 보여주는데 고등학교를 갓 졸업한 조커와 로렌스(빈센트 도노프리오) 등은 베트남전쟁에 참전하기 위하여 해병대 신병 교육대에 입소한다. 이들의 교육을 맡은 하트먼 상사(리 어미)는 인격적인 모독을 서슴지 않으며 신병들을 혹독하게 훈련시킨다. 뚱뚱하고 둔한 로렌스는 훈련을 잘 따라가지 못하여 이른바 고문관이 되고, 하트먼 상사는 분대장 조커에게 로렌스의 개인 조교 역할을 맡긴다. 로렌스로 인하여 단체기합을 받는 일이 잦아지자 동료들은 그를 따돌리고 집단 폭행을 가하기도 한다. **이런 일을 겪으면서 로렌스는 자신의 총과 대화**

를 나누는 등 비정상적인 정신 상태를 보이지만, 사격에서만은 발군의 실력을 발휘하면서 살인 기계로 거듭난다. 퇴소식을 끝내고 부대를 배정받은 날 밤에 로렌스는 하트먼 상사를 죽이고 자살한다(출처 : 네이버 백과사전). "도대체 왜 '화일' 훈련병은 수료식 전날 밤에 교관인 '하트먼' 상사를 죽이고 자살했을까? 다음날이면 끔찍한 훈련도 끝나고 자신을 괴롭힌 교관으로부터도 해방인데, 왜 하필 훈련병은 힘든 훈련 죽어라 고생해서 다 받아놓고 다 끝난 마당에 자포자기 했을까?" 차라리 훈련 도중에 사고를 치든지, 아니면 탈영을 해 보든지, 이왕 훈련 다 받았으면 그냥 참는 거 더 참고 수료나 해서 자유를 기다리든지 할 것이지, 어찌하여 고생만 다 하고는 막판에 파멸을 선택했을지 궁금하지 않느냐고 묻는다. 그 역시 왜 중고교 때는 참고 지내다가 정작 해방될 수 있었던 시기에 자멸하게 되었을까? 그는 자신이 〈Full Metal Jacket〉 화일 훈련병의 정서와 유사하다고 스스로 이야기한다. 여기에 대해서 교도소에서 상담을 한 경험을 가지고 「Violence: Reflections on a National Epidemic」을 저술한 James Gilligan(1996)에게서 결정적인 해답의 일부를 얻을 수 있다. **그는 수많은 범죄자들이 극복할 수 없었던 수치심이 바로 폭력을 일으키는 전염병이라고 제시한다.** 바로 한 인간으로서의 수치심의 극치가 폭력의 정서이며 폭력의 도덕이라고 그는 이야기한다. 연구참여자 바오로의 친절한 설명처럼 그와 화일 병사 모두는 결과를 얻기는 얻었지만 과정 중에 극복할 수 없었던 집단으로부터 억눌렸던 수치심과 모멸감이라는 병이 그간의 압력을 더 이상 견디지 못하고 뚜껑이 열렸을 때(수문현상) 범죄를 저지르게 되는 것이라고 유추할 수 있다.

> 그게 중3, 16살 때부터의 일입니다. 그런 식으로 9년, 10년 삭힌 게 대학 가고 군대까지 다녀와서 폭발할 줄은 정말 꿈에도 몰랐지요. 그저 참다 보면 상황이 나아지고 갈등이 해결되리라고, 어리석게 믿었었지요…… (2004. 10. 26.)

아스퍼거 증후군과 폭력성과의 연관성

연구자가 아스퍼거에 대한 해외저널들을 참고하는 과정에서 아스퍼거와 폭력의 관계에 대한 연구논문이 많음을 알게 되었다. 아스퍼거 증후군에 대한 설명과 아스퍼거 증후군과 범죄의 연관성을 주장하는 학자들의 학설을 살펴보고자 한다. 아스퍼거 연구로 정평이 있는 Baron-Cohen(1988)은 아스퍼거 증후군이 있는 청년의 폭력성에 대한 평가 연구를 하였다. 그는 21세의 아스퍼거 증후군을 가진 청년이 71세의 여자 친구를 자주 폭행한 사례를 제시하였다. 자폐의 사회인지적 모델에 의하면 이 남성은 피해자에 대한 사고나 감정에 대한 이해가 현저하게 손상되어 있는 것으로 짐작된다. 인터뷰에 근거한 평가에 의해서 이러한 결핍이 확인되며, 이것이 그의 지속되는 폭력성의 중요한 요인으로 논의되고 있다. 이러한 연구는 희귀하기에 중요성을 가지며, 아스퍼거 증후군을 가진 사람들의 폭력성이 사회인지적 결핍과 관련이 있다는 가능성 때문에도 중요하다.

Baron-Cohen의 연구에 선행하는 이 분야 최초의 연구자(Mawson, Grounds & Tantam, 1985)인 Mawson의 1985년의 문제제기에 의하면 정신분열증으로 잘못 진단된 수많은 자폐스펙트럼의 환자들이 소리에 대한 민감성에 의한 공격, 상호작용의 실패, 무표정, 반사회적 행위, 공감능력의 부족에 의한 대인관계의 곤란함 등을 드러낸다. 그는 이러한 사례를 제시하면서 특별히 44세 된 남성의 사례사를 중심으로 아스퍼거 증후군의 폭력적인 행위가 조사 보고된 바보다 광범위하게 존재할 가능성이 있음을 조심스럽게 제기하고 있다.

법정의학 쪽에서 제시된 연구논문인(Murrie et al., 2002) 「Asperger Syndrome in Forensic Setting」에 의하면 지난 20년간 AS(Asperger Syndrome)에 대한 관심의 고조로 비록 AS가 발달장애이지만 각 분야의 전문가들은 사회적, 의사소통적 이상을 나타내는 성인 AS들에 대하여 이러한 진단들을 더욱 고민하게 되었다. Baron-Cohen의 1988년도 사례연구와 법정의학 분야의 연구(Scragg & Shah, 1994; Schwarts-Watts, 2005 재인용) 등은 AS를 나타내는 환자의 작은 부분집합이 그들의 사회적 능력의 손상과 특이한 관심에 의해서 법정체계에 접촉하게 되었음을 보고한다. AS로서 법정에 오게 된 사례들을 논의하면서 법정임상의들을 위해 이 장애가 의미하는 바를 살피는 것이 Murrie 등의 연구이다. 그들의 6사례 모두 어떤 공통점과 공감능력 부족으로 인해서 유명하며, 이 사례들은 또한 AS환자들이 법정 환경에서 다른 개인들과 다른 방식들을 나타냄을 보여준다. 대체로 대인관계의 결핍이 드러나며, AS는 피해자가 될 가능성이 많지만 어떤 AS들은 이 장애의 특징으로 인해서 다른 사람들에게 피해를 입힐 수 있다는 것이 지난 15년간 출판된 사례연구를 보면 알 수 있다. Murrie 등은 총 6사례를 통해서 AS와 폭력성과의 관련성을 제기하고 있는데, 그들의 임상적 관찰에 의하면 사회적 상호작용의 손상, 공감능력의 결핍, 대인관계의 고지식함, 성적 좌절감, 즉각적 고백이 이들의 특징으로 드러났다.

Ghaziuddin, Tsai 및 Ghaziuddin(1991)의 비판적 연구인 "Brief Report: Violence in Asperger Syndrome, A Critique"는 AS와 폭력성을 연계하는 학계의 연구들을 통틀어서 재검토하고 비평을 가하는 논문이다. 아스퍼거는 인구 10,000명당 10~26명을 차지한다. 다른 정신질환에 비해서 발병률이 상당히 높은 편이다. 이 논문은 AS 증후가 폭력적 행동과 연관이 있다는 연구 보고, 특히 Mawson, Grounds 및 Tantam(1985)이 제시한 44세 남성사례의 작은 폭력행동과 그로 인한 정신과 입원과, Baron-Cohen(1988)이 다른 타인의 상태를 잘 이해할 수 없기에 사회적 인식이 결핍되어 폭력이 따를 수 있다는 연구보고 등에 대해서 문제를 제기하는 비판적 연구이다.

Ghaziuddin은 1944년에 Asperger 자신에 의해서 보고된 최초의 4사례부터 1990년까지의 21개의 연구사례를 종합하여 AS의 임상적 특징을 규명하고 규준을 정하였다. 12개의 연구사례는 제외되었고 총 132명 중에 오직 3명(2.27%)만이 확실한 폭력범죄의 기록을 가지고 있었다. **이 결과에 의하면 AS에 폭력성이 흔하다는 논의는 지지를 받지 못하였다.** 미국의 경우 1987년 통계에 의하면 각기 12~15세,

16~19세, 20~24세의 폭력행위자가 100명당 각기 6, 6.5, 7%이므로 AS는 일반 통계에 미치지 못한다는 것이 입증되었다. 그리고 이들은 폭력(violence)에 대한 정확한 조작적인 정의가 요구된다고 하였다. 교도소에서 우세한 연구결과에 의하면 보다 정확한 조작적인 규준을 사용하여 이 증후군의 폭력성 연관 여부를 연구할 필요가 있다는 것이 이 연구의 제안이다. 그렇지 않으면 수수께끼만 증폭시키고 환자 당사자와 가족의 우려만을 증가시킬 뿐이라는 것이 이 연구의 논의 결과이다.

Schwartz-Watts(2005)의 「Asperger's Disorder and Murder」이라는 연구논문에 의하면 자폐스펙트럼 장애와 폭력의 우세에 대해서는 별로 알려진 바가 없다고 한다. 우선 그녀의 논문에 의하면 정신과에서 Asperger Disorder(AD)와 범죄에 대한 관심이 증대하고 있어서 이 분야에 대한 현재의 지식을 더 명확히 할 필요가 있다는 것이다. 최근의 여러 분야의 연구를 종합하면 AD와 폭력 사이에 연관성이 있을 수 있다는 것이다. 이 분야에 대한 연구는 지난 20년간 노력의 집적물이다. Schwarts-Watts가 논평한 Siponmaa와 그의 동료들의 연구를 보면 성인 범죄자들 사이에 AD가 1~3%인 것으로 보고되었다. 여러 조사결과 가장 높은 통계가 인구 10,000명당 0.367%인 것에 비하면 높다고 할 수 있다. Schwarts-Watts는 아주 중요한 점을 지적한다. 그녀는 전반적 발달장애와 AD를 전문적으로 진단할 잘 훈련된 전문가가 더 필요함을 역설한다. 법정의 임상학자들은 이러한 장애와 폭력적 범죄와의 관계를 더 깊이 조사하고, 이것이 결정적으로 다른 연구자들에게 영향을 미치리라고 생각한다. 예를 들면 살인은 피해자를 죽이는 것에 대한 이해에 어려움이 있는 AD에 의해서 자행될 수 있다. 이런 범죄자 환자에 대해서는 마음의 이론에서의 결핍에 의해서 그의 행위가 명료화될 수도 있을 것이다. 자폐에 대한 극단적 남성이론도 AD를 가진 범죄자의 성격에 대한 이해에 도움을 줄 것이다. Schwarts-Watts는 AD를 가진 방어자의 범죄 상관성에 대해서 목소리를 낮추고 있다. 결론적으로 자폐스펙트럼 장애는 높은 유전율을 가지고 있고 기본적으로 신경정신학적인 기초를 가지고 있는 것으로 사료된다. 그러므로 AD에 대한 법정 정신의학적 평가는 전문화된 신경심리학적인 검사와 가족의 정신병력의 취재가 폭력과 관련된 AD 사례의 생물학적 성격을 명료화하는 데 도움을 줄 것이라는 것이다.

그렇다면 연구참여자의 범죄는 아스퍼거 증후군과 어떠한 관계를 갖는 것일까 탐구하게 되었다. 연구자가 내린 잠정적인 결론은 바오로가 어려서 아스퍼거 증후군과 유사한 증상이 몇 가지 있어서 더욱 더 부모로부터의 박대, 친구로부터의 따돌림을 받는 소인이 되었으나 현재는 성인으로서 이러한 부분을 상당히 극복하면서 살아가고 있다는 것이다. 물론 현재도 대인관계에서의 어려움, 부모에 대한 증오, 일반인에 대한 강한 비판과 거리감 등으로 자신을 소외시키고 있는 것이 사실이다. 하지만 그는 교도소 내에서 일상을 유지하는 데 어려움이 없고, 오히려 바른 생활 십자가 사나이로서 교도관들의 칭찬을 듣고 있으므로 이 부분을 더 이상 언급할 필요는 없다고 생각한다.

원만, 화목과는 거리가 먼 형제관계

사건 후 처음 들은 그의 형에 대한 이야기는 애정이 넘치는 것이었다. 자신은 괜찮으니 자신보다 형을 조금이라도 격려해 주었으면 좋겠다는 편지와 함께 그는 형의 전화번호까지 친절하게 보내왔었다. 그리고 연구자가 수원 법정에서부터 함께 서울로 올라오면서 만난 형은 인생의 위기를 최대한 지혜롭게 대처하고 있는 여느 성인에게서도 찾기 어려운 침착하고 사려 깊은 모습을 보여주는 청년이었다. 동생이 1심 공판에서 사형구형을 받던 날 우리는 수원에서 과천 범계역까지 함께 차를 타고 올라 왔다. 찻집에서 잠시 대화를 나누면서 연구자는 위기에도 쓰러지지 않고 동생을 위해서 변호사를 선임하고 최선을 다하는 든든한 형의 애정을 가까이서 눈여겨 볼 수 있었다.

그러나 이들의 아름다운 조화는 위기에 대한 일시적 동거이고 이훈구(2001) 저술에 관한 이견으로 그들은 현재 강의 양편 언덕에서 서로를 애써 외면하고 있다. 이들의 입장 차이는 판연하다. 책 내용 중 부정확하고 가족의 명예가 훼손되는 부분에 대해서 사회에서 또 다른 징역을 살아내야 하는 형은 감내하기 어려운 현실로 받아들이며 법적 대처를 원했고, 사형에서 무기로 감형되어 형을 살고 있는 동생에게 그것은 급한 문제가 아닐 수도 있었던 것이다. 그의 형은 그 책과 저자를 철저히 불관용했고, 동생의 반대에도 불구하고 독자적으로 움직였다. 그 일을 계기로 바오로는 어릴 적부터 쌓인 형에 대한 감정이 노출되어, 결국 형과 완전히 결별하게 된 것이었다. 형과 동생은 원만함과 화목함과는 거리가 멀었고, 주로 일방적으로 동생이 철저히 무시당하며 눈치봐야 하는 처지였으니, 동생은 악감정이 충만했으나, 형은 아예 동생 따위는 안중에도 없는 식이었다고 바오로는 술회한다.

형이 주인이었다면, 동생인 그는 하인, 장난감이었고, 그의 부모도 자신에 대해서 장난감, 노리개, 노예, 무능력자로만 인식했을 뿐이라고 바오로는 기억한다. 그래서 바오로가 불만과 고통을 토로했을 때에도 그들은 이해할 수 없는 엉뚱한 얘기로만 치부했었다는 것이다. 형이 MF에 대한 명예훼손으로 소송을 걸자고 해도 거절했었고, 그뿐만 아니라 그때껏 남아 있던 그의 상식적인 인간관습과 도덕에 대한 통념에 의거하여, 그 자신부터가 사형에서 무기로 감형된 처지에, 어쨌든 사형을 면하는 배려를 받았음에도, 그 교수가 책을 제멋대로 썼다고 소송까지 걸 형편은 아니다 싶어서 참자고 했는데, 결국 거기서부터 형과의 대립이 시작되었던 것이었다. 그는 형하고는 180도 다르다고 오래전부터 느끼고 있었다. 그러면서 형과 편지를 통해 할 말 못 할 말 마구 쏟아내며 싸우면서 자신이 얼마나 음울한 존재인지 느꼈으며, 자신에게 '인간'이란 용어를 못 쓰고 '존재'라고 말을 돌리는 것도 자기확신이 없기 때문이라는 설명까지 그는 덧붙였다. 어쨌든 그러다보니 그는 형과도 불화하여 지금은 남남이나 마찬가지가 되었고, 어차피 오랜 갈등과 반목이 쌓여진 형제간이니만큼, 이렇게 정리되니 홀가분하다고 그것이 자신의 천분이라고 받아들이고 있다.

근본적으로 형은 부모의 기대를 한몸에 받고 자라다가 고1 이후 사춘기부터 불화의 길을 걸었고 사건 직전 그의 독립은 가정의 전반적인 분위기를 뒤흔드는 커다란 영향력을 발휘한다. 결혼하지 않은 아들이 부모와의 불화를 계기로 집을 얻어 독립한 것은 그 가정에 엄청난 정서적인 충격파(Emotional Shock Wave)를 몰고 왔고 이는 바오로의 부모에 대한 대항이나 사건의 발발과 다 맞물려 있는 이야기이다. 그의 형의 입장에서 부모-자녀 관계와 형제관계 이야기를 풀어 간다면 우리는 전혀 다른 이야기를 들을 수 있을 것이라고 생각한다. 무엇보다 그는 부모의 간섭을 견디지 못하고 일찍부터 친구의 집을 전전하였고 마침내 사건 직전에 독립을, 다시 말해 부모와의 결별을 하였다.

2000년 5월 11일 이사한 그의 형에 대한 궁금증을 이기지 못한 어머니는 이것저것 바오로에게 묻게 되고 바오로의 심사가 뒤틀리는 결과를 초래한다. 물론 이 와중에서 정서적으로 가장 많은 상실감과 깊은 충격을 갖게 된 것은 어머니라고 할 수 있다. 기대하던 아들이 끝내 불화하여 가정을 박차고 나간 뒤, 어떻게 이사했는지 엄마로서 궁금하기는 하고, 허전하고 뒤숭숭한 마당에 둘째 아들은 해묵은 문제를 제기하였으니 그것을 들을 여유가 있었을 리 만무하다. 바오로의 입장은 마치 누가복음 15장 탕자의 비유에서 큰 아들의 입장과 같다고 할 수 있다. 온갖 박대에도 말대답도 안 하고 순종하고 심부름 다하는 자기에게는 무관심하고 부모에게 대들고 싸우고 나간 형을 챙기는 어머니에 대해 그는 수용의 한계를 느낀 것이다. 형의 독립으로 생겨난 집안 분위기의 변화는 온 가족에게 정서적 충격을 주었다. 항상성을 회복하기 위한 긴장 상태에서 형의 독립에 이은 자신의 정신적 입지를 내세우고자 시도한 둘째 아들의 항의는 부모에게는 감내할 수 없는 정서적 충격이 되었고 서로 불화하던 부부가 긴급하게 연합하고 동맹할 정도의 위협을 발휘하였다고 볼 수 있다.

형제란 영원히 sibling rivalry의 파트너들 아닌가. 그리고 나이 차이도 겨우 2살로서 같은 세대로서 성장하고 있는데 부모로부터 받은 대접이 너무나 다르기에, 아니 대접이 다른 것이 아니라 그의 표현에 의하면 그것은 대접의 유무에 해당하는 것이기에 숨겼던 감정이 솟구쳐 나온 것이었다. 그는 자신에 대한 대접이 전무하였다고 여러 번 편지글에 섭섭함을 밝히고 있다. 그의 표현대로 대접의 차이가 아니고 유무의 문제였음을 간과해서는 바오로의 마음을 제대로 읽기가 어렵다. 앞에서도 이야기한 대로 형은 부모의 기대를 한몸에 받을 정도로 두각을 나타내고 있었고 동생은 언제나 그늘에 가려 있었다. 형제란 인생에서 부모 다음으로 서로 영향을 주고받는 삶의 동반자이지만 통상적으로 생각하듯 서로 많이 닮은 존재가 아니라 서로 다른 입장과 조건에서 생을 시작하며 대체로 부모들의 비교 속에서 애증이 쌓이기도 하고 인생의 서로 다른 지점을 향해서 질주하기도 한다. 처음에는 비슷한 곳에서 시작했지만 점점 오차가 벌어지는 관계라고 할 수 있을 것이다(양혜영, 2001).

그는 형과 대화 시 무조건 그의 말 · 의견에 찬성하고 자신의 주장을 내세우지 않으면 그 끔찍한 "체! 병신아" 소리도 안 들을 테니, 엄연히 맞는 사실도 S1 앞에선 틀리다며 감정을 속여 보자는 전략, 곧 '눈치 보며 감정 속이기' (M · S1의 가르침)를 시행하게 된다. 그는 이것이야말로 부국강병을 위한 문명개화였다고 말한다. 이렇게 일방적으로 양보하고 자기 감정을 속이면서 외관상으로나마 평온한 형제관계를 유지할 수 있었는데, 이것이 그의 형제관계의 실상이었다.

동생으로부터 이러한 평가를 받는 형이지만, 사건 직후부터 동생이 무기징역으로 확정되어 목숨을 구할 때까지 형은 완벽한 보호자의 역할을 해내었다. 형이 처한 삶의 자리를 돌아보면 그는 동생 못지않게 인생 최대의 위기를 맞이하였다. 동생은 교도소에서, 형은 사회에서 징역을 사는 것과 같은 형국이다. 그는 동생의 변호와 뒷바라지를 위해 다니던 직장을 휴직하였고 결국 복직할 수 없었다. 그 역시 동생과의 결렬 후 세상으로부터 철수해서 아무도 만나지 않는 고립의 생활을 할 수밖에 없었고, 그에게 접촉을 시도한 고 김아가다 수녀님은 그와의 대화를 위해서 심리상담 교육을 받아야 하겠다고 연구자의 직장으로 교육문의를 해오기도 하였다. 그 수녀님은 사실은 연구참여자 바오로를 위해서 기도하며 만남을 생각하고 있었는데, 다른 수녀님을 통해서 동생도 어려운 처지이지만 형이 말할 수 없는 지경에 있으니 형을 좀 만나라는 조언을 듣고 형을 만나기 시작했다. 시작도 되지 않던 대화가 그녀가 2006년 1월 세상을 떠날 즈음에는 세상에서 가장 아름다운 누나와 동생의 관계로 발전하였었다. 연구자가 바오로를 대상으로 논문을 구상하고 있다는 이야기에 그는 이 형제를 생각하고 가급적 쓰지 말아줬으면 좋겠다고, 아니 쓰면 안 된다고 할 정도로 이들 형제에 대해서 깊은 애정을 가지고 기도하고 있었다.

그의 형이 당한 어려움을 생각하면 그는 사회적, 공적, 사적 체제에서의 정신적 지원이 필요한 상태이다. 그는 엄연히 범죄의 최고 피해자인데도 불구하고 그러한 도움을 전혀 받지 못하고 있다. 피해자학회에 의하면 1960년대 이후 서구 선진국을 중심으로 범죄피해자 지원을 위한 법제도가 마련되기 시작했다. 피해자 지원제도는 원래 범죄피해로 인해 경제적 곤란을 겪는 피해자와 그 가족을 위한 경제적 부조를 주목적으로 하였지만, 최근에는 정신적 · 심리적 또는 사회적 부조에도 힘을 기울이고 있다. 우리나라에서도 외국의 입법례를 본받아 다양한 형태의 제도개선이 이루어져 왔다. '1987년 헌법'에서는 범죄피해자에 대한 국가적 지원을 명문으로 규정하였고, 이 규정에 근거하여 1988년에 '범죄피해자구조법'이 시행되었으며 '형사소송법'도 일부 개정되었다. 그러나 현실은 바오로의 형을 범죄의 피해자로 보는 데까지는 아직 이르지 못하고 있다. 이 분야는 앞으로 개척되어야 하고 연구되어야 할 것이라고 생각한다.

형은 동생의 사건에서 충실한 조연의 역할을 하였고 이제 모두에게서 잊혀져 가고 있다. 사건을 통해서 동생은 스타가 되었고 형은 악조건의 어려운 조연 배우의 역할을 마치고 탈진하였다. 이야기를 그의 입장에서 전개한다면 전혀 다른 이야기가 되리라는 것은 명약관화하다. 그는 지금 그의 이야기의 주인공이 되어 그의 목소리를 내고 있는지, 그의 이야기는 어떻게 흐르는지 연구자의 기도 속에 간간이 신음 소리가 들린다.

죽음의 터널을 넘어서—이미 한 번 죽은 것이나 다름없습니다

부모를 살해하고 사형구형을 받았던 바오로에게서 이보다 더한 삶의 최저점을 찾을 필요는 없다. 연구자와 바오로와의 첫 대면은 2000년 6월 28일 수원 구치소에서 이루어졌다. 연구자의 수첩에는 '맑고 좋은 날 화창한 날'이라는 메모가 남아 있다.

2000년 5월 29일 월요일 과천 경찰서에서의 1차 면회요청은 그가 거절했고 어쩔 수 없이 가지고 갔던 영화관련 책자와 속옷 그리고 사식을 넣어주는 것으로 만족하고 발걸음을 뒤로 해야 했었다. 그 당시 연구자는 우연히 영화관련 책자를 선물받게 되었는데 신문과 TV에서 바오로가 영화와 컴퓨터를 좋아한다는 보도를 접했기에 영화관련 책자를 들고 가게 되었다. 그의 편지에서도 마음 다스리는 데 영화가 도움이 되었다고 하고 TV 추적 60분 '명문대생, 그는 왜 부모를 살해했나?' 프로그램 속에서 최근에 어떻게 지내느냐는 황용호 프로듀서의 질문에 성경책도 보고 "서울의 어떤 아주머니가 보내준 영화관련 책을 보면서 마음을 다스리고 있다"는 대답이 나오는데 그 서울의 아주머니가 바로 연구자이다. 이렇게 연구자와 연구참여자의 만남의 매개 속에는 그가 좋아하는 영화관련 책자 한 권이 적절한 역할을 하였다.

2차 면회를 위해서 과천경찰서에서 알려준 대로 6월 1일에 과천경찰소로 가보았지만 바오로는 이미 5월 31일에 수원구치소로 이송된 상태이어서 두 번의 면회 시도가 모두 무산되었다. 그런데 연구자는 어떻게 된 일인지 이번에도 다시 114로 수원구치소를 문의하게 되어 드디어 2000년 6월 28일에 첫 면회를 하게 된다. 그는 떨리는 모습으로 나와서 말을 잘하지 못하였지만 정중하게 지난번에 면회 거절한 것을 사과드린다고 말해 왔다. 그의 첫인상은 나중에 그로부터 '학문적인 글에 그렇게 쓰시면 되겠습니까?'라는 지적을 받았지만 '파리 한 마리도 못 죽이게, 중학생 만하게 생겼다'는 것이 나의 솔직한 첫인상이었다. 위의 지적은 연구자가 1차 예비연구 결과물을 보냈을 때 그가 지적한 내용 중 한 가지이다.

그와는 엄청난 사건을 저지르고 수갑을 차고 포승줄에 묶여 나온 미결수의 모습으로 처음 만났다. 그는 완전 기결수가 될 때까지 수갑 찬 생활을 14개월 하였는데 큰 어려움이 없었다고 말한다. 그 14개월 동안 연구자에게도 많은 편지를 하였는데 언제나 수갑 찬 상태로 쓴 것이라는 사실을 후에 알게 되고서는 마음이 쓰리고 아팠다. 한편으로 그는 일상의 웬만한 것은 어려움으로 치부하지 않는다는 것을 알 수가 있다. 가정에서의 생활이 언제나 어렵고 험악하기도 하였기에 수갑을 차고 14개월도 그에게는 커다란 족쇄가 아니었던 것이다. 그의 이전 생활에는 부모의 지시, 명령에 대한 일방적 이행과 복종만 있었던 것이다. 사건 이전에 그야말로 수인과 같은 생활을 영위해 왔다고 볼 수 있다.

그의 첫 편지에서 그는 자기는 사건 당시 이미 한 번 죽은 것이나 다름없으며 지금의 목숨은 자기 형의 것이고, 모든 일은 하느님의 뜻에 달려 있기에 남은 일은, 죽으나 사나 자책하고 회개하는 것뿐이며, 아주머니의 말씀대로 자신을 돌아보고 반성하는 일만 남아 있다고 또렷한 연필 글씨로 써 보냈다. 그러면서 한편 그와 같은 극한 상황에서조차 열린 마음으로 성경말씀을 받아들이기 힘들게 하고 있는 여건들을 기억하고 있었다. 그는 존속살해자로서 최고형은 각오하고 있었고 그것을 마땅하게 여기고 있었다. 연구자에게 법정에서 말을 걸어온 황산성 변호사도 희망이 없다고 이야기하면서 도대체 가족이 없는데 누구시냐고 묻기도 하였었다. 그렇다면 그를 이러한 사건으로 내몬 절망은 과연 어떤 것이었을까?

그의 이야기에 의하면 토익 성적이 문제의 발단이었다. 단지 시험 당시 자신감이 없었다는 이유만으로 600점도 못 받았다고 생각했고, 그러한 막연한 착각으로 인한 좌절감과 원망으로 사건 전의 부모와의 말다툼이 시작되었다고 그는 술회한다. White와 Epston이 말하는 대로 문제의 외부화가 이루어졌더라면 공감도 받고 이해와 지지도 얻을 수 있는 일이었지만, 문제의식에 포화되어 절망에 갇혀 버린 그에게는 정상 출구 사인이 보이지 않았던 것이다. 도처에 출구가 있었음에도 불구하고 말이다.

몰락만은 아닌 수형인의 삶

뼛속 깊은 불신의 문제

그는 미결수의 상태에서 자신의 뼛속 깊은 불신의 문제를 토로하면서 과연 믿음을 가질 수 있을까, 그것은 불가능한 일이 아닐까 하는 자신의 심경을 연구자에게 토로한다. 믿음은 느낌의 차원의 일이라기보다는, 의지와 결단, 선택차원의 일이다. 그는 비록 자세한 과정을 연구자에게 이야기하지는 않았지만 2001년 10월 원주 교도소로 이감된 후에 천주교 사동에서 생활하였었는데 후일의 고백에 의하면 2003년에 천주교 영세(세례명 바오로)를 받았다가 그 후에 다시 냉담하게 되었다고 한다. 그는 종종 신부님과 수녀님들의 은근한 권유가 부담스럽다고 이야기하곤 했었다. 일단 믿음을 갖기로 결단했다가 어떤 계기인지는 모르지만 얼마 가지 않아서 다시 '자유'의 몸이 되었던 것이다. 그가 말하는 불신은 인간과 신에 대한 것이 모두 망라되고 있다. 그러나 그의 신앙편력의 굴곡에도 불구하고 연구자가 접해온 그의 심중에는 바른 십자가가 변함없이 세워져 있음이 감지되곤 한다. 입술로의 고백이라든가 교회 출석의 차원을 넘어서, 어려운 이와 함께 하고 놀림 받는 이들을 대우하고 가진 것을 없는 이들과 나누는 삶을 그는 실천하고 있다.

연구참여자와 연구자의 만남에는 하나의 매듭이 있었다. 처음에 편지를 주고받기 시작하고 나서 워낙 엄청난 위기를 맞고 있는 그이기에 그의 편지를 주의 깊게 읽어보곤 하였는데 사건에 대한 설명이 도무지 앞뒤가 맞지 않는 것 같았고, 편지가 10통이 되었을 때에는 앞뒤가 맞지 않음이 명백하게 보였다. 그는 나름대로 검찰에 나가서 쓸 것을 아주머니(연구자)에게 미리 써보기도 하였다고 하는데, 편지글을 쓰는 것을 보면 정상인인데 '자기가 했지만 자기가 하지 않았다는 둥, 무엇보다도 원한이 없었다'는 부분에서는 좀처럼 수긍이 가지 않는 것이었다. 심신미약상태였다라고 하나 어찌 사무친 원한 없이 무서운 살인행위가 자행되는가 말이다. 그리하여 연구자는 그의 초기 편지 1번부터 10번까지를 요약하고 정리하여 연구자

나름대로의 의견을 제시하는 일종의 직면을 시도한다. 돌이켜보면 이러한 직면 과정이 서로에게 솔직한 만남이 될 수 있는 하나의 계기가 되었다.

그는 10통의 편지에 대한 연구자의 피드백에 대해서 우선 자신의 편지들을 전부 다시 읽고, 검토, 정리, 분석하여 답장을 주신 점이 너무나 놀랍고 감사해 했으며, 자신의 넋두리들이 누군가에게서 조금이라도 의미 있게 받아들여졌다는 사실, 공허한 메아리처럼 사라지지 않았다는 사실이 꽤 충격이었고, 겁도 난다고 답장을 보내왔다. 이 글을 여기에 게재하는 것은 그가 이렇게 정식으로 자신의 죄를 인정하고 사죄를 바란 것은 오직 이 한 번뿐이었다는 데 있다. 이때는 편지 말미에서도 언제나 죄인 김○○ 올림, 혹은 죽을 죄인 김○○ 올림 등으로 끝을 맺곤 했다. 이러했던 것이 세월이 지나면서 서로의 신뢰관계가 더욱 돈독해지자 내면 깊숙이 저장되어 있던 자신의 10년 묵은 복수심, 범행 시나리오 대본 1, 2, 3안이 모두 공개되었던 것이다.

이렇게 연구자와 연구참여자의 관계가 깊어가기 시작하였고 그는 자신의 감상을 꾸밈없이 장장의 편지글로 보내오기 시작하였다. 연구자에게 가장 아련하게 다가온 그의 편지 하나를 공개한다. 읽으면서 함께 울었던 편지이다. 법원 재판을 위해서 안양교도소를 출발해서 자신에게 너무나도 익숙한 과천-사당-방배-서초동을 지나가면서 느끼는 그의 아득한 마음을 표현한 글이다.

> 지난 3월 16일 모처럼 버스를 타고 이곳 안양을 나와 과천을 지나서 사당-방배-서초동으로 지나가며 세상구경을 했습니다. 제가 살던 곳이 과천이니만큼 워낙 익숙한 풍경들이었고, 저도 모르게 눈물이 흘렀습니다. 도대체 이 모든 일들이 무슨 의미인가, 너무 어이없고 기가 막혔습니다. 1년 전만 해도 과천에서 도서관 가서 책 빌려보고 학원 다니고 있었는데 말입니다. 이번 사건과 저의 무서운 범죄, 그리고 수없이 지나다니던 과천과 사당동 풍경은 마치 우주의 끝에서 끝만큼이나 멀어보였습니다. 변명을 하자는 것이 아니고 실로 저는

미친 것입니다. 너무도 어이가 없고 상식에 어긋나는 제 삶을 도무지 어떻게도 이해할 수가 없기 때문입니다. (2001. 3. 23.)

그는 이훈구의 저술 및 상담심리 관계자들과의 접촉 경험을 상당히 부정적으로 각인하고 있기에 연구자가 그의 동의를 얻고 논문을 쓰는 것은 일차적으로는 그가 자신에 대해서 더 연구하고자 하는 목적이 있기 때문이고, 이차적으로는 연구자와 개인적으로 맺은 친분에서 비롯되었다고 할 수 있다. 그는 연구자가 몸담고 있는 목회상담학 분야에 대한 회의적인 견해를 주저 없이 피력한다. 그것은 우선 그가 6세 때부터 겪어온 개신교 경험이 나쁜 탓이며, 상담 · 심리학 등의 관계자들과도 사건 직후 면담 · 감정을 통해 오히려 불신만 더해 왔기 때문이라는 것이다.

상담자, 심리학자, 정신감정의들은 그 대상자를 재단하고 평가할 특권이 있다고 여기는 동시에 극한 체험을 겪은 자에 대한 경험은 부족하여, 자아도취적인 태도로 작업에 임하는 경우가 많았다고 그는 느꼈다. 반면 경찰 · 검찰의 수사관들은(비록 속으로는 대상자를 경멸할지언정) 사건과 당사자 자체에 집중하여 그 순간만큼은 신뢰 · 이해 분위기를 형성했다고 한다. 이훈구는 학벌, 경력, 지위로 볼 때 대표적, 평균 이상의 심리학자, 상담자의 전형이라고 판단할 수 있는데, 바오로는 그러한 자가 철저히 자아도취적 입장에서, 지극히 사적인 자신의 일기를 멋대로 게재하고 자의적인 해석을 가했다며 울분을 토로하였다. 대상자의 명예, 자존심, 사생활 보호에는 전혀 관심조차 없이, 자신의 연구 · 저술만을 위해서 당사자에게는 어떠한 양해도 구하지 않고 멋대로 인용하고 질문하고 결론내린 책을 출판했고 그 덕분에 그는 그에게 가장 소중한 인맥이자 친구인 PC통신 동호회, 군 복무시절 지인들과의 관계를 끊어야만 했고 그의 명예에는 무관심한 형과의 관계도 단절하기에 이르렀다고 한다. 책 발간으로 인한 부작용과 손실이 엄청나며 형제관계가 악화되었고, 소중한 소수 인맥과의 관계가 단절되었다는 것이다. PC통신동호회, 군 시절 인맥은 사건 이후 꾸준히 이어져서 면회, 서신교류 등을 지속했었으며, '그 책 대신 우리가 실제로 알던 너를 믿는다'라고 했었고 그의 여생을 지켜봐 줄 가장 소중한 인맥이었는데 그것을 몽땅 잃었다고 생각하는 연구참여자의 이 크나 큰 상실감을 누가 어떻게 보상할 수 있겠는가?

그의 '24세 사건'은 인생 후반부를 위한 전환점으로서 기능하고 있고 이 사건을 통해서 그는 한편으로는 성숙을 향한 행진을 계속하고 있다. Freud가 운명처럼 따라다니는 핵사건으로 오이디푸스 콤플렉스를 들어서 이야기하였다면 Tomkins는 핵사건의 대본이 운명의 힘처럼 따라다니며 반복되는 삶의 이야기 대본이 될 수도 있으나 다른 이들에게는 똑같은 충격적 경험을 체험한 대본이 있다 하더라도 그가 지닌 다른 이야기 자료들의 여건에 따라 조금 덜 영향을 미치며 덜 반복적일 수 있다고 하였다. 바로 바오로의 경우가 이처럼 바람직한 변화를 보여주고 있다. Tomkins는 인간은 무의식적-자동적으로 형성한 삶의 대본을 수정하고 직접 쓰는 능력을 지닌 이야기의 구축자라는 것을 강조하고 있다. 바오로는 원래 어머니로부터 대본 이론을 받아 가지고 있었는데, 연출자와 배우들이 그것을 따르지 않고 연극을 파장내었다고 한다면, 이제 그는 원본을 폐기해 버리고, 자신만의 독특한 해석을 가지고 자기의 대본을 쓰면서 연기하고 살아가는 하나의 이야기적 연기자로 탈바꿈하고 있다고 말할 수 있다.

엉겅퀴 속에 가득 섞여 있어 보이지 않던 순한 풀잎들이 가녀린 목을 내밀다가 마침내는 튼실한 자기 모습과 개성을 드러내듯이 얽히고 설킨 24세 이전의 삶 속에도 순수한 마음과 풍성한 사랑이 숨어 있었기에, 그는 이제 새로운 집에서 자신의 삶을 건강하게 살아내고 있다. 후반부 인생의 성숙을 위한 깊은 숙고 속에서 연단(鍊鍛)을 쌓아가며 새로운 탄생과 비상을 위한 고치 안의 삶을 살고 있는 것이다. 그는 실질적으로 집보다 나은 학교, 학교보다 나은 군대생활을 했다고 하였으며, 제대 후 생활보다 못할 것이 없는 교도소 생활을 지금 하고 있다. 수형생활이 몰락만은 아니라고 그는 말한다. 사형 구형을 받았을 당시의 삶과 죽음의 교차로에서 뜻밖에(현행 법제도 아래서 거의 불가능하게 보였던) 무기징역을 받았을 때도 그의 삶이 전환되는 또 하나의 시기였다.

그는 교도소에는 온갖 잘못으로 들어온 수많은 사람들이 있으나, 자신의 과실을 진심으로 죄스럽게 여기는 이는 단 한 명도 없다는 사실에 경악했다고 수감 초기에 말하였다. 그는 좀 구차하긴 해도 정신 차리고 냉정히 자신을 인식할 수 있으니 교도소에 와 있는 자체가 잘못된 운명만은 아니라고 자신의 처지를 수용하는 여유로움을 보이기도 하였다. 그의 경험에 의하면 인간 집단 속에서의 '손해 보는 장사'를 지속해야 함이 가장 큰 고통인데, 어차피 우월한 폭력이나 범법능력도 없으므로 다른 도리가 없다고 바른 생활 십자가 사나이로서의 고충을 털어 놓는다. 인간을 신뢰하고 도덕률에 충실하려는 자는 결국 이용만 당할 뿐이라고 쓰디쓴 경험을 이야기하기도 한다. 손해 보는 대인관계의 결손 상태가 감당할 수 없는 지경에 이르렀기에 그는 2007년 9월에 10인 혼거 방에서 2인 1실 독방으로 옮겨주기를 청원하였고, 12월 초에 소거실로 옮겼다는 기쁜 소식을 전해 왔다.

그는 3년간 컴퓨터 교육장의 조교 일을 하면서 나름대로 교도소 생활에 적응해보려고 했으나, 컴퓨터 일 자체는 그럭저럭 해냈어도 사람들과 융합하지 못했고, 결국은 못 견뎌서 그만두게 된다. 옷 공장에서 다시 신참으로 살고 있으니, 참으로 한심한 징역살이, 대인관계, 사회 부적응이라고 그는 한탄한다. 그는 공장에서 한 2~3년 머물다가 만 7년 징역살게 되어 방송통신대 지원할 자격이 생기는 즉시, 무조건 거기로 또 떠나려는 꿈을 품고 있었고, 방통대에서도 3~4년 있다 또 어디론가 가야 하는 장기수의 운명을 자연스럽게 받아들이고 있다. 그러기에 누군가와 깊은 연을 맺는 일이 꺼려진다는 것이다. 그는 언젠가 연구자에게 어떤 가정폭력 피해 가출 여성을 도와달라는 부탁을 조심스럽고도 정중하게 해온 적이 있다. 하지만 자신의 생각과 달리 그녀가 경제적인 문제해결을 위한 계약결혼을 한다는 이야기를 듣고 경악과 실망 속에서 다시 한번 마음을 비우고 사는 것이 옳다는 자신의 철학을 되새김질하기도 하였다.

바오로의 말에 의하면 그는 장기적인 대인관계 지속이 어려웠고 결국 사람들과의 관계가 소원해지곤 했었는데, 선생님과는 6년째인데도 불구하고 이런 관계가 유지되니 특기할 일이라고 했다. 징역 들어와서 알게 된 분들 중에선 제일 오래된 인연이기도 하다면서 새삼 놀랍기도 하다고 자신의 달라지는 대인관계 유형을 새로운 눈으로 바라보고 있었다. 그는 인간관계 지속에 큰 어려움을 느끼고 있고, 사실상 지속보다는 단절로써 살아왔기에 정말 의외의 경우이며 자기에게는 연구자와의 관계지속이 일종의 시도, 실험, 변화이기도 하다고 의미를 부여하였다.

오직 영화, 소설, 책 따위 토론하는 거라면 몰라도, 친구도 필요하지 않다는 그에게서 우리는 인생 전반에서는 아니지만 아주 작은 하나의 high point을 보게 된다. 모든 재판 과정을 마치고 무기수 언도를 받고 교도소 배정을 몇 달간 지루하게 기다리다가 마침내 원주교도소로 이감되었을 때에 그는 밝은 톤으로 기결수 징역의 이점이 정말 크고 희망적이라는 기쁨의 편지를 보내온다. 그러면서 그는 3.5평 작은 방에서 10여 명이 혼거하는 열악한 징역살이의 현실에서 넓은 공장의 공기를 마시면서 자신의 일을 하고 적으나마 고정 수입을 기대할 수 있다는 것이 어찌 기쁜 일이 아니었겠는가라고 묻는다. 그는 솔직하게 이야기한다. "물론 죄지은 처지, 죄수 주제에 본격적인 징역을 살게 된 걸 가지고 웬 호들갑이냐고 하시겠으나 그럼에도 불구하고 공장으로 출역을 나가고 기결수 징역을 살게 되었다는 사실에 기뻐하게 되고 마는 죄수의 심정인 걸 어쩌겠습니까? 공장에서 일을 하게 되면 과연 여러 가지 이점이 있긴 합니다. 우선 행형성적에 참고되어 등급도 올라가고 가석방, 감형의 혜택도 바랄 수 있게 되지요. 그리고 방안에서 답답하게 갇혀만 있다가 넓은 공장에서 서 있고 걷고 움직일 수 있다는 사실도 이점에 속하구요, 또한 미미하나마 한 달 10만 원 수준의 작업수당도 주어집니다. 저처럼 징역이 많은 장기수의 경우에는 더더욱! 출역해서 행형성적을 좋게 받아 등급을 올리고 감형대상이 되는 것이 유일한 희망이므로, 출역생활이 매우 중요한 것입니다." 그는 기결수 징역의 장점을 여러 가지 점에서 열거하며 정말로 기쁜 마음으로 소식을 전해온 것이다.

거의 모든 재소자들이 관습적으로 불평하는 교도 정책에 대해서 그는 매우 긍정적인 표현을 한다. 자신의 가정이나 중고교에 비해서 오히려 현재의 교도소 생활이 음식, 인격적 처우 등등의 면에서 더 낫다는 것이다. 과천의 중산층 아파트에 살다가 온 청년의 평가이니 그의 가정생활이 얼마나 부실(음식 포함)하였으며 분위기가 살벌하였고, 중고교 시절 또한 개인의 인격 존중이 미흡하였는지를 알 수 있다. 그러면서 그는 다른 편지에서 재소자들이 교도정책을 상향 발전시키고 있는 참여정부에 대해서는 비판을 일삼으며 왜 군사독재정권 시절을 그리워하는지 도대체 이해할 수 없다고 한다. 연구자가 8년의 서신교환을 통해 감지한 서신 검열은 현재 계속되기는 하지만 처음에는 페이지마다 검열 도장을 크게 찍던 것이 앞뒷장 만으로 축소되고 검열 도장도 점차 작게 완화되어 스마일 모습이 되더니 현재는 아무 표시를 하지 않는다. 지난번 특별 교화접견 시에 만난 어떤 직원은 총무과의 편지검열이 힘들기도 하거니와 하지 말아야 한다고까지 말해서 연구자를 놀라게 하였다. 교도관들의 이야기에 의하면 교정정책이 상향되니 지도하기가 훨씬 수월하다고 한다. 특별접견 시의 실제 경험이나 그의 편지에서나 일반 가정 부럽지 않게 난방을 해 주고 있어 재소자들의 생활수준이 이전보다 많이 향상되었다고 한다. 특별접견 시 만난 한 교도관은 "선생님 논문 쓰실 때 교도소에 에어컨과 공기정화기 좀 넣어 주라고 써 주십시오. 다른 것은 괜찮습니다"라고 할 정도이다.

교도소에서는 인터넷으로 서신을 보낼 수 있기에 연구자는 2005년 8월부터 바오로에게 인터넷 서신을 보내고 있어 급한 연락이 가능하다. 하루 A4 1장 분량의 편지가 가능하고 다음날에 당사자에게 전해진다. 아직 시도해 보지는 않았지만 화상 면회 예약도 가능하다. 그리고 2007년 3월 16일에는 이러한 일도 있었다. 연구자가 3월 6일에 연구참여자가 부탁한 몇 권의 원서를 등기로 발송하였고 3월 7일에는 MBTI검사 결과 등을 또한 우송했는데 3월 16일(약 10일 경과)이 되도록 아무런 회신을 받지 못해 몹시 궁금한 상태에 이르렀다. 이에 연구자는 원주교도소 총무과에 전화를 걸어 사정을 말하니, 직원들은 친절하게도 그가 일하고 있는 편직공장에 즉석에서 전화를 걸어서 '우편물을 잘 받았고 답장도 보낼 것'이라는 사연을 연구자에게 즉석에서 전해 주는 것이었다. 대한민국의 교도행정이 이 정도로 친절한지는 이용해 본 관계자 외에는 알 수 없으리라고 사료되어 여기에 기록하는 바이다. 그의 직접적인 표현을 통해서 들어보면 더욱 실감이 난다.

> **요즘은 교도정책이 아주 좋아져서** TV와 신문도 볼 수 있고, 각종 기술자격 획득은 물론 학사학위까지도 받을 수 있다고 하며 스스로의 의지에 따라서는 여러 가지 공부도 할 수 있습니다. 저는 일단 종교에 진심으로 귀의해야 할 것이 최우선 과제이고, 그 다음으로는 기회가 닿는 대로 최대한 많은 책을 읽어 볼 셈입니다. 영어, 한자, 일어 등 외국어, 문학, 역사, 철학 등은 책과 교재를 통해 얼마든지 공부할 수 있겠지요. 또한 하모니카나 기타 등의 악기도 배울 시도를 하려 합니다. 악기, 간단한 악기 하나만 자유자재로 다룰 수 있어도 삶을 버티는 데 큰 힘이 되겠지요. (2001. 4. 27.)
>
> 보호감호제도, 삼청교육대를 만든 전두환을 좋아하고, 난방, 수도, TV 등으로 교도소 질을 향상시킨 김대중, 노무현은 비웃는 재소자들이라니요. (2005. 2. 20.)

아래 글에서 보듯이 그는 사람보다는 규정, 현실보다는 이론을 선택해 온 자신에 대해서 잘 인지하고 있다. 거꾸로 유추하자면 그의 가정이 인간중심적이기보다는 규율이 엄격하고 당위적 사고가 많았음을 반증하는 사실이라고 할 수 있다. 여기에서 가장 문제가 되는 점은 그가 인간에 대한 불신, 현실에 대한 비판, 새로운 이론의 구성 작업으로 항상 내면이 복잡하다는 것이다(그는 항상 속이 시끄러운 상태에서 생활을 유지해 온 것이 사실이고 이는 카프카의 경우와 동일하다). 삶의 에너지가 부정적인 일에 많이 사용된다는 것은 안타까운 일이다.

Erikson의 이론에 의하면 인간에 대한 신뢰는 인생 초기의 반석이기에 이 반석 없이 삶을 이어 온 과정에는 수많은 발달적 위기가 있을 수밖에 없었고, 앞으로의 성인기 삶을 위해서도 이는 경험적으로 재구성되어야 할 중요한 그의 발달적 과제라고 할 수 있다. 그는 연구자와의 서신교환을 일종의 실험이라고 표현한다. 바오로는 '느슨한 유대관계'들만이 안전했지 누구와 깊이 오래 사귀는 것은 불가능했었다고 고백한다. 연구자가 특별접견에서 실시한 DSM-IV 2축 장애를 위한 면담 결과에 의하면 그는 회피적, 강박적, 편집증적 인격특성을 보여주고 있었다. 그는 수형생활을 통해서 인간에 대한 존중감은 감소되고 불신감이 증대했다고 이야기한다. 가정과 학교에서 쌓이기 시작한 불신과 의심은 그 심도를 더해 가고 있다. 반면에 그의 변함없는 친구는 책이라 할 수 있다. 지난 8년간 교류한 바에 의하면 그는 정말 많은 책을 계획성 있게 읽어 가고 있다. 그의 편지에는 책 이야기가 언급되지 않는 경우가 거의 없을 정도이다.

> 교도소를 소재로 한 영화를 많이 보셨는지요. 흔히 억압적인 규정과 그에 반항하고 조금이라도 빈틈과 허점을 노려 편해지려고 애쓰는 모습을 대조시켜, 인간성을 절절하게 그려내곤 합니다. 여기서도 마찬가지입니다. 규율이 이론이라면 그것을 어기려는 시도는 현실일 것입니다. 누구나 인간이라면 모두 이론보다는 현실을 택하지요. 하지만 저는 정반대로 이론을 택해 왔습니다. 학교, 군대에서도 그랬고 여기서도 사람보다 규정편입니다. 그토록 인간을 불신한 탓일 뿐, 결코 규칙이나 이론이 좋아서가 아닙니다. 사람들은 겉으로는 모든 규칙을 질서 있게 부정하고 자유를 원하는 척하지만, 실제로는 자기들끼리 담합한 고유 규칙에 구속되기를 바란다는 것을 알기 때문에 사람들 편에 가담하는 것도 부정하고 기존 규칙을 신뢰하는 일도 거부합니다. 한마디로 박쥐, 회색분자이지요. 저는 아무도 믿지 못하고 믿어 본 적도 없습니다. 믿음보다는 의심이 강합니다. 현실보다는 이론을 선호할 뿐, 역시 이론도 맞지 않습니다. (2001. 1. 28.)

책 소식만 가득하니까 괜히 덕 보는 기분 들지요

그가 자발적으로 보내준 고교 생활기록부에 보면 고교 3년간 독서반에서 특별활동을 하였는데 1학년 담임교사는 '자주적 참여, 의욕 있음'으로 기록하였고 2학년 때는 독서반 차장을 역임한 것으로 나타나 있다. 그의 인생의 설계는 1차적으로 책 읽기와 영화이야기로 시작된다. 「책과 인생」의 별책부록으로 범우사 종합 도서목록을 보냈더니 40년간 출간된 오만 가지 책 목록 보는 재미가 대단했다며 최근 읽은 책 중 가장 흥미롭고 유익했던 것이 바로 그 도서목록이라고 할 정도였다. 그의 책 편력을 다 소개하기란 용이한 작업이 아니다. 그는 비판적 시각을 가지고 각 문명과 문화를 바라보는 인문사회과학적 식견을 넓혀 나가고 있는 과정에 있다.

> 「책과 인생」이 좋은 이유 하나는 넘겨도 넘겨도 계속 책 관련 이야기가 나온다는 겁니다. 보통 신문을 봐도 주말 책 소개 꼭지가 제일 기다려지고 다른 잡지보다 서점에 가도 신간서적 코너가 가장 반갑고 그래서 이왕이면 책이야기가 한두 장에서 그치지 말고 더 많은 분량으로 계속되기를 바라게 되곤 했죠. 그런데 「책과 인생」은 당연하게도 처음이나 중간이나 끝이나 책 소식만 가득하니까 괜히 덕 보는 기분 들지요. (2003. 3. 11.)
>
> 학지사와 교보문고 도서목록은 정말 멋지군요. 잠깐 들춰 보았는데도 흥미로운 책이 여러 권 눈에 띄는군요. 천천히 검색해서 슬슬 주문해 봐야지요. 웬만한 책은 여기서도 구입할 수 있거든요. 심리학 서적들도 많은 도움 될 듯합니다. (2005. 1. 10.)
>
> '야간 조종사의 사고는 늘 있는 일이고, 그건 일일이 슬퍼하다간 아무도 감당 못 할 것, 그래서 오히려 더 크게 웃고 노래하며 극복하려는 것'…… 학지사, 교보 카탈로그 보니 무한한 식욕이 돋궈집니다! 이왕 카탈로그도 보여주셨으니, 「정신장애 사례연구」(김청송 지음, 학지사), 「타타르로 가는 길」(로버트 카

플란, 르네상스)=부시의 외교정책 지주라고 함. 위 두 권을 부탁드립니다. 제가 남들보다 소심하고 불안정한 성격임은 확실하므로 심리학 서적이라도 보며 자가진단, 치료할 수도 있겠지요. (2005. 1. 16.)

요즘에는 중남미의 고대문명 아즈텍, 마야, 잉카에 대해서 생각하고 지냅니다. 15~16세기 스페인 정복자들과 가톨릭 사제들이 오기 전까지 외딴 신대륙에서 자신들만의 종교와 문화를 지니고 거대한 도시와 신전을 세운, 그 사람들…… 무조건 야만적이고 원시적이라 몰아세우기에는 너무 훌륭하고 체계적인 문명을 이루고 살던 사람들이지요. 사실 그들보다 스페인군대가 훨씬 잔인하고 파괴적이고 비열했습니다. 잉카제국을 멸망시키고 원주민을 노예로 삼아 금을 캐고 농장에서 일하게 만들었지요. 그런 역사는 기독교는 해명할 수 있을까 하는 의문, 의문, 의문들…… 예전에 어릴 적 정말 궁금해서 물어보기도 많이 했었습니다. 그런 질문에 명쾌히 수학공식처럼 논리적으로 대답해 주는 사람은 없었습니다. 그래서 저는 그런 일종의 오류, 사각지대야말로 '불신' 승리의 근거라 여기기도 했습니다만, **지금은 그렇지 않습니다.** (2001. 5. 28.)

조선 정조 때의 실학자 이덕무는 책만 읽어 세상물정을 모르는 자신을 가리켜 '간서치(看書癡)', 책 읽는 바보라고 농담하기도 했다는군요. (2005. 5. 1.)

그동안 교도소에서 읽은 책 목록을 대충 적어 볼 수 있느냐고 했더니 전기집을 합쳐 약 200여 권의 목록을 단숨에 적어 보내기도 하였다. 그의 대화에서 가장 부드러운 부분이 바로 책 이야기이다. 연구자도 그가 책 자카트(선물)를 청해 올 때 큰 반가움을 느끼는 것이 사실이다. 그의 책 이야기를 듣고 있으면 한이 없고 그가 지금 수형 중이라는 사실을 잠시 잊게도 된다.

다만 기억나는 대로 대충 적어보자면, 박노자(당신들의 대한민국 1), (나를 배반한 역사), 요아힘 페스트(히틀러 평전), AJP 테일러(2차 대전의 기원), 갈레아노(수탈된 대지)(라틴 아메리카 경제수탈 역사), 호크 쉴드(레오폴드 왕의 유령)(벨기에의 콩고 대학살), 안드리치(드리나 강의 다리)(발칸반도 역사소설), 도킨스(이기적 유전자), (눈먼 시계공), 왓슨(DNA), J.M.톰슨(20세기 러시아 현대사), 홉슨(제국주의론), 비젠탈, 엘리 위젤, 빅토르 프랑클의 나치 수용소 수기를, (번역과 일본의 근대)(일본제국 흥망사), (덩샤오핑 평전)(근대일본)(체게바라평전)(일본근현대사), '근대일본사' 몇 권, 롬멜 평전, 괴벨스 평전, (스탈린그라드)전투기록, 시오노 나나미(로마인 이야기) 시리즈, Oliver Sacks(화성의 인류학자)(뇌신경장애인사례집), Temple Grandin(동물과의 대화), 조셉 콘라드, 헨리 제임스, 제인 오스틴 책 몇 권, 아사다 미노루(동인도 회사), 로버트 헤어(사이코 패스), 필립 아리에스(아동의 탄생)(서구 근대이전의 아동과 가족), (타타르로 가는 길), 한비야 여행기 몇 권, 데이브 펠치(child abuse-이름을 잃어버린 아이)(로스트 보이), 카이자르(갈리아전기/내전기), 샤이러(독일 제3제국의 흥망), '이슬람 입문사' 몇 권(정수일, 이희수, 카렌 암스트롱), 브루스 링컨(Holy Terrors)(9. 11과 종교), 나폴레오니(모던 지하드)(테러경제체제 분석), 옥중기. 서신집 몇 권(정수일, 신영복, 오스카 와일드, 황대권, 솔제니친) 아르세니예프(데루스 우잘라), 칼라일(영웅의 역사), 스벤 닉크비스트(야만의 역사)/(폭격의 역사), (서구 폭격비판), '태평양전쟁' 기록 몇 권, (일본의 군대), Veblen(유한 계급론), 미셸 보(자본주의 역사), 반 고흐 서간집/전기 몇 권, 강준만(인물과 사상) 1년치, 피터 마쓰(네 이웃을 사랑하라)(보스니아내전 취재기), 로버트 카파의 2차 대전 종군기, 비잔티움제국관련 몇 권, 사만다 파워(Problem from hell)(20세기 Genocide 사례분석), 홉스, 루소, 니체 개론, 독일 제3제국 선전정책, 노동정책, 위스트리치(히틀러와 홀로코스트), U-boat 승조원 수기, 리콴유 자서전, 중국빈민 취재기(저층 방담록), U-boat사령관 수기. 마오쩌둥 주치의 회고록, 마오쩌둥의 논문(실천론, 모순론 등),

Weber(프로테스탄트 윤리와 자본주의 정신), 프랭클린 자서전, '영국의 인도 통치 정책' 연구논문, 칼 세이건(코스모스-과학사), 송정남(베트남의 역사), 안정효(지압장군을 찾아서)(베트남전 종군기 등), (교수와 광인)(정신병동환자의 옥스퍼드 사전제작 참여), (마샤와 다샤)(러시아 샴쌍둥이 전기), (Rusia's War) 2차 대전 중 러시아전선, 황석영(객지)(손님). SF(낙원의 샘)(우주엘리베이터)(화씨 451도)(책 없는 사회), 에코(바우돌리노)(장미의 이름), JB. Russel(The Price of darkeness)(서구 문화 속 악마개념), 포이케르트(나치시대의 일상사), 히틀러(나의 투쟁), 시오노 나나미(콘스탄티노플 함락 로도스 공방전레판토 해전), 카포티(in cold blood), 빌헬름 라이히(파시즘의 대중심리), 팩스턴(파시즘), 푸엔테스(라틴 아메리카 역사), 귄터글라스(게 걸음으로 가다), 커밍스(한국현대사), 와다 하루키(북조선), 한홍구(대한민국사1.2), 앤 애플바움(Gulag), 이덕일(정약용과 그 형제들), (살라딘과 신의 전사들), 밀란 쿤데라(향수)…… (전기집을 합쳐 200여 권만 기록) (2006. 12. 23.)

뛰어난 장인 헤파이스토스의 원형 — 컴퓨터 스타

연구자는 여러 해 동안 사건에 관해서는 물론이고 갖가지 이야기를 나누면서 알게 된 그를 어느 날 책 속에서 만나게 된다. 그것은 바로 Jean Shinoda Bolen(1989/1994)의 「우리 속에 있는 남신들」이라는 책에 나오는 대장장이 신 헤파이스토스였다. 신화를 문학 텍스트의 밑그림으로 여기거나 원형 텍스트로 간주하는 이론을 정당화하기 위해서는, 단지 해당 신화가 작가 개인이 선호하며 집착하고 있는 것이라거나 그 시대나 사회의 주요 문제를 비유하고 있는 것이라는 사실만으로는 충분한 뒷받침이 되지 못한다. 신화가 오랜 시간이 지나서도 여전히 그 근간이 남아 있고 또 새로이 해석될 수 있다면 그것은 그 속에 시대를 넘어서는 요소가 있기 때문일 것이다. 즉 보편적이면서도 '현행적' 일 수 있고 또 '실제적'이면서도 '구체적'일 수도 있는 요소가 있기 때문일 것이다. 신화는 그래서 상상력의 결을 이루어 내는 일종의 구조이다. 그것은 상징적 의미로 이루어진 이야기 구조이다(김성택, 1992, p. 21).

자신만의 활동 영역이었던 대장간에서 일하는 장인 헤파이스토스는 대장간의 불과 도구들을 이용하여 아름다운 창작품을 만들었다. 헤파이스토스 원형을 가진 남성(여성)은 자기 속에서 깊게 느껴지면서도 뭔가 분명하지 않은 것에 형태를 부여하여 작품을 만들어 낸다. 이 원형상을 가진 사람은 자기 느낌에 관해 말하거나 자기 의견을 쉽게 드러내지 않는다. 이는 마치 연구참여자가 부모나 타인에게 자신의 의견 말하기를 매우 어려워했던 것과도 일맥상통한다. 그들은 대장간 같은 자기 혼자만의 공간에서 일하기를 좋아한다. 대장간의 불은 창조적 작업에 영감을 주는 표현되지 않은 열정이다. 이는 연구참여자 바오로가 혼자 영화를 보고 영화 비평을 써본 시간과 열정에 비견될 수 있다.

헤파이스토스는 절름발이라는 신체적인 장애를 가진 불완전한 신으로서 버림받은 신이며 부모로부터의 상처가 많은 신이다. 그들은 자기발전을 이루고 감정의 상처를 치유하기 위한 방도로써 일하고 싶은 본능의 원형—**상처받은 치유자**(Wounded Healer)의 원형을 갖고 있다. 아름답지 못했기에 아름다운 것을 완벽하게 창작하였고 그를 통해 자존심을 회복하면서 자신의 상처를 치유하였다. 박대와 상처가 창조력의 어버이가 될 수 있는데, 이것은 창조적인 매개물을 발견할 수 있을 때에만 가능하다. 또한 그들은 가정 평화의 수호자이다. 〈부러진 화살〉이란 영화를 온 가족이 함께 보고자 시도했으나 누구는 바쁘다고 들어가고, 피곤하다고 들어가고, 또 재미없다고 들어가서, 결국 2번이나 보았던 영화를 혼자 다시 보는 바오로 모습에서 가정의 평화를 위한 노력을 엿볼 수 있다. 사이다가 떨어졌다고 아버지가 어머니를 나무라는 상황에서 밤 12시에도 아무 말 없이 나가서 사이다를 사가지고 들어오는 작은 아들이 바로 가정의 평화를 도모하는 연구참여자의 성품이었다.

헤파이스토스 원형은 미와 사랑에 빠진다. 그는 미의 여신 아프로디테와 결혼하여 자신의 일을 사랑과 미와 결합시킨다. 이 원형을 살려 내는 길은 시간을 쏟는 것이다. 남들과 어울리지 말며, 자기 손으로 무언가를 만들거나 가두어진 무언가를 직관적으로 알아채고 바꾸고 표현하고 변형시킬 수 있는 것에, 일에 몰두—자기 고유의 창조적 재능을 살릴 길을 찾는 것이다. 마치 Jung이 Freud와의 결별 이후 가장 암울한 시기에 불확실성과 내적인 압력으로 인해서 고립되고 고통 받을 때에 어렸을 적의 놀이를 생각해 내고 다시 이어감으로써 운명의 전환점을 만들었듯이 그들은 홀로 이루는 고독한 작업을 필요로 한다.

박대받은 원형으로서의 헤파이스토스는 당연히 심리적인 문제들을 갖게 되는데 자기 자신을 표준 남성형에 맞추기 어렵다는 것이다. 학대의 결과로 외톨이가 되며, 학교에서 유명해지거나 성공한다 해도 집안에서 사랑이나 인정을 받지 못한 것이 보상되지는 않는다. 그는 정치력, 사교술, 의사소통 기술의 부족으로 적응에 어려움을 겪는다. 또한 박대의 결과로 감정적인 불구가 되기 쉽다. 박대에 의한 심리적인 상처로, 세상이 좋은 곳이라는 기본적인 신뢰를 갖고 있지 않으며 화가 나 있으며 모든 것을 믿지 않는다. 그는 인생을 외톨이로 시작한다. 이러한 유형의 사람들은 훨씬 나중에 객관적으로 '그렇게 나쁘지 않았다'는 것을 알게 될 수도 있겠지만, 타고난 내향성과 결합된 버림 받았다는 주관적인 느낌으로 인해서 고통스런 감정을 갖게 되고 쉽게 상처를 입을 수도 있다. 오히려 물러나서 혼자 얼마나 상처를 입었는가를 곱씹는 유형이다. 그는 어느 누구와도 그 문제에 관해 얘기하지 않으며 감정적으로 불구 상태가 되고 표현을 억제하며 남들로부터 소외당할 수도 있다. 혼자 물러나서 자신의 상처를 일기장에 옮기고 그것을 두고두고 다시 되새김질하는 것이 연구참여자 바오로의 습성이었다. 사건 2~3주 전에 일기장을 들추며 혹시나 행복했던 기억이 있는가를 찾던 바오로는 실망하고 마는데 이는 그의 주관적인 경험이 늘 부정적인 해석으로 끝나는 성향도 일조를 했다고 볼 수 있다.

그들의 내성적인 감정이 지닌 문제점들로 실제의 왜곡을 들 수 있다. 자기감정을 감추고 상처를 입기 쉬운 성격은 '실제로 일어난 일'을 주변 모두의 일로 왜곡하기

쉽다. 나의 의도나 실제 상황보다는 그에게 미친 감정적 효과가 그의 시각을 결정짓는다. 남들이 미처 알아채지 못한 상처가 그를 고통스럽게 할 수도 있다. 여러 달 여러 해가 지난 뒤 '그가 마침내 말을 하면' 남들은 그 일을 기억조차 못하고 섬뜩해 하며 화를 낼지도 모른다. 사람의 기억은 사실적이지 않으며 감정에 의해 채색되기 마련인데, 헤파이스토스에게 훨씬 더 그러하다. 이 사실은 연구참여자가 부모님에게 섭섭한 내용들을 조목조목 따졌을 때 어머니가 "기억이 안 난다. 왜 이제 와서 그런 말을 하느냐? 어이가 없다"고 한 것과 일치하는 이야기이다.

헤파이스토스가 권세를 상징하는 올림포스로부터 버림을 받았다는 것은 출세의 어려움을 의미한다. 이들은 낮은 자존심과 부적응의 문제점을 극복하기 위해서 익살부리기를 시도하기도 한다. 잘 어울리지 못하는 내성적인 성격 때문에 그들은 계속해서 부적절한 일을 하여 웃음이나 조롱을 산다. 연구참여자는 중학 시절 왕따를 면하기 위해서 친구들을 즐겁게 하려고 광대 짓을 하는데 그로 인해 원숭이라는 별명을 얻는다. 그러나 고교 시절에 그는 이 익살부리기가 자존심 유지에 아무 도움이 되지 않는다는 것을 깨닫고서 모두와의 관계를 단절하기에 이른다. 그리고 고3 졸업식 날에는 아무와의 대화도 없이 혼자 졸업식장을 박차고 나오는 외톨이로서 고교생활을 마감하였다. 공적인 얼굴은 붙임성 있는 페르소나이고 면회 때에 보이는 평범한 모습들과 인정 넘치는 사나이라는 가면 아래에는, 속으로 삭힌 분노와 우울이 있다.

이 원형은 술, 영화, 비디오, 텔레비전 등에 중독되어 시간을 때워서 다른 감정을 마비시키고, 사람 사귀는 일에 대해서 움츠러든다. 연구참여자 바오로는 1,000편의 영화와 비디오를 보며 이 분야에 대한 정통적인 학습을 하는데 '작가주의' 중심의 영화보기를 위해서 자신의 시간과 열정을 불태우며 전문적인 공부에 뛰어든다. 그들은 큰 대가를 치르고 평화를 얻는다. 학대를 받아서 감정적으로 상처를 입은 어린아이가 가정의 평화수호자 역할을 하면서 위기의 순간을 모면하는 일을 한다. 평화를 위해서 자신을 위험에 처하게 만들기도 하고 자신의 일부분을 희생하기도 한다.

이 원형은 분노와 적개심을 내부에 더욱 깊숙이 몰아넣는다. 그러면서 자기의 진실한 감정을 모르게 되고, 화를 참을 수도 없게 된다. 성인이 된 그들은 자신의 진정한 모습을 희생하게 되고 남들의 감정표현을 참지 못하게 되는데, 그것은 대인관계를 망치는 결과를 가져온다. 연구참여자 바오로는 자신의 가정을 살 만한 곳으로 만들려고 온갖 노력을 기울였다. 하지만 그러한 노력은 실패하고 만다. 헤파이스토스는 보통 자신의 분노를 속에 쌓아 둔다고 해도 그가 병을 깨뜨리는 순간 그 분노를 막고 있던 병뚜껑이 헐거워질 수 있다. 이것이 바로 폭력 순환의 가설에서 말하는 수문현상(lockage phenomenon)이다.

그의 대학에서의 전공은 산업공학이었다. 그는 대학 재학 시절 컴퓨터 동아리에서 성실하게 활동하여 전시회를 연 적이 있고 교도소에서도 PC 조교 역할을 한 적도 있다. 그는 편직공장에서 3년을 보내고 다시 PC 조교가 되었다고 2007년 8월에 알려왔다. 한 번은 면회를 갔는데 직원이 바오로를 면회왔다고 하니 '우리의 스타'라면서 사무실 컴퓨터도 고장나면 모두 고치고 성실하고 훌륭한 친구이니 재범들이 있는 원주교도소에 있게 하지 말고 초범만 있는 교도소로 옮기도록 하라고 자진해서 조언을 청하기도 하였다.

> 대학에서 배운 것도 컴퓨터고 군대에서 일한 것도 PC로 문서 작성하는 게 주임무였으니, 그럭저럭 조교노릇을 할 정도는 됩니다. PC의 기본조작법과 타자연습요령을 알려주는 거지요. 거의 1년 6개월 만에 PC를 다시 만져보았는데도 타자속도가 1분에 400~500타 나오는 걸 보면, 제가 PC를 가까이하기는 했었나 봅니다. (2002. 1. 27.)

> 저는 컴퓨터를 이래저래 조금씩 알던 것으로 여기서 조교까지 하며 버티고 있고, 워드, PC정비, 데이터베이스 등 각종 과목을 계속 공부하느라 상당한 시간도 투자해야 하고 많은 부담도 되는 상태인데요. (2003. 2. 22.)

그의 컴퓨터 실력이 상당해서 원주 시내에서 알아 줄 정도임을 본인의 고백과 교도관의 진술을 통해서 이미 확인할 수 있었다. 그는 철두철미한 성격으로 교도소 PC 36대의 모든 상황을 다 파악하고 있었고, 조교로서도 자격증을 준비하는 재소자들을 헌신적으로 지도하고 있었다. 그는 컴퓨터 실력이 뛰어남에도 불구하고 다른 조교와의 불편한 관계 등을 이유로 조교라는 지도자의 신분을 버리고 편직공장의 신참부터 다시 일을 시작한다. 희랍신화에 장인의 이마고를 지닌 헤파이스토스가 나오거니와 바오로야말로 그의 출생 스토리부터 부친 제우스와 모친 헤라의 박대 이야기, 뛰어난 그의 기술을 볼 때 그의 원형이 헤파이스토스라고 할 수 있다. 헤파이스토스와 바오로를 그들의 박대당한 기원신화, 외톨이와 익살꾼으로서의 힘겨운 대인관계, 내성적 성격, 불후의 명작을 희망한다는 점, 끈질긴 창작활동, 성실근면하고 철두철미한 생활철학, 안티이마고 등으로 비교하여 보면서 많은 일치점을 찾을 수 있었다.

바오로는 자신이 영화에 대해서 공부한 것이 있기 때문에 관련 서적 한 권 없이도 1,000쪽이든 2,000쪽이든 얼마든지 이야기할 내용이 있다고 자부하고 있다. 바오로의 창조적인 에너지가 한 곳으로 모아질 때 그는 인류 역사에 크게 공헌할 거대한 우물이 될 수 있을 것이라고 확신한다.

어울림의 어려움은 교도소에서도 마찬가지이다. 그의 우수한 PC 실력, 성실함, **'바른 생활 십자가 사나이'**의 삶은 사이코패스도 섞여 있는 재소자들과의 인간관계에 별 도움이 되지 못하고 그는 여전히 고립으로 치닫고 있다. 그의 문제는 징역의 공장에 와서까지도 먹물티를 내며 제대로 사람들과 어우러지지 못한다는 것이다. PC 조교니 뭐니 하고 있으면, 시다일, 재봉일을 하면서 타 재소자들과 섞여들지 못하게 되는 것을 그는 염려하였다. 이것은 배부른 고민이라기보다는 나름대로 그에게는 중대하고 민감한 문제였다.

다수 속에 묻힐 수 있느냐 하는 기회를 시험하기조차 어렵고, 교도소에서도 눈총받고 어긋나서 주변부를 맴돌아야 하는 상황을 그는 우려한다. 그는 수감생활 5년간 그 곳 사람들 자체를 무시하고 그곳에 적응하지 못한 탓에 총체적 난국을 경험하고 있다. 그렇기 때문에 한동안은 그 안에서의 생활, 인간관계 해결에 총력을 기울여야 하는 형편이며, 대략 앞으로 10~15년까지는 외부 인맥 확장은 최대한 피하고, 그 안의 삶에서 승리하도록 전력투구해야 할 것을 다짐하고 있다. 이 얼마나 반가운 변화인가! 헤파이스토스 바오로는 교도소 내에서의 보다 안정된 대인관계를 위해서 전력투구할 것을 다짐하고 있다.

그는 사건 후 서신교환 초기에 자신을 '60억 인류 일반과 다른', '인간이라고 할 수 없는 외계인' 등으로 표현하여 연구자의 의구심을 자아낸 적이 있다. 이후 8년간 지속된 주제가 있다면 그것은 '대인관계'가 과거에도 어려웠고, 현재에도 이 문제로 갈등하고 있으며, 미래에도 희망이 없다는 내용의 반복이었다. 그러던 중 대인관계의 난점에 대한 수수께끼 한 가지가 풀리게 되었다. 그는 DSM-IV 임상면담 결과 회피성, 편집성, 강박성 인격 성향이 뚜렷하게 검색되었다. 가정과 학교에서의 비인격적 대우에 대한 상처 등은 타고난 대인관계 회피 성향을 강화하는 방향으로 발전하여 사건 직전에는 모든 관계를 단절하고 완전한 고립을 이루었으며 오직 책과 영화만이 그의 인생의 동반자였다. 그는 연구자와의 인연이 지속되고 있는 것을 해가 지날 때마다 감탄하며 그것은 일종의 시도, 실험, 변화라고 생각하고 있다. 단절만 있던 인간관계가 오히려 수감생활 이후에 변한 것이다. 연구자와의 관계를 비롯한 다른 서너 그룹과의 관계가 건전하게 지속되고 있으니 이것은 그의 말대로 실험적이기도 하다.

집, 학교보다 나은 교도소

그는 집과 교도소 생활을 비교한다. 결과는 교도소가 집보다 못할 게 하나도 없다는 것이다. 집에 이어서 그는 학교생활도 숨 막혔었다고 입시현실에 시달렸던 과거를 부정적으로 평가한다. 1년 365일 하루도 쉬지 못하고 공부하였다는 그의 다른 편지 진술을 보면 그의 부모는 오직 공부에 치중하는 교육방침으로 일관했던 것을 알 수 있다. 그의 고교 성적은 우수하여서 3년 통틀어 전교 3.25% 안에 위치했으며 담임교사들은 전 교과 성적이 우수하고 노력형이고 성취욕구가 강하다고 기록하고 있다. 그의 진로 희망은 1학년부터 3학년까지 내내 교수였고 특기는 컴퓨터로 기록되어 있다. 지능은 138로 우수하였고 3년 개근을 유지하였다. 행동발달상황에도 온순, 책임감 강함, 노력, 성실, 조용하고 침착, 예의바름, 의욕적임 등 긍정적인 내용이 많다. 그의 학교생활 일화를 보기로 한다.

그는 고2 때 늘 그렇듯 교칙과 학교의 권고사항에 따라 머리를 스포츠형으로 짧게 깎고 있었는데 그 덕분에 두발, 복장 검사에서 지적받을 일도, 처벌받을 이유도 없었고 학생과에 호출될 일도 없었다. 하지만 머리 기르고 한껏 멋 부린 아이들이 그에게 접근하여 명찰을 바꿔달고 두발검사를 대신 받아 줄 것을 요구했다고 한다. "우리는 머리를 계속 길러야겠으니, 어차피 머리 짧은 네가 대신 검사받아라"는 간단한 이유에서였다. 아울러 의리, 동지애, 상부상조 정신 등도 들먹여졌고, 거부하면 얌체, 배신자, 이기주의자라고 욕을 먹어야 했다. 그는 불쾌하고 구역질이 났으나 비난이 두려워 망설이던 끝에 결국 명찰을 바꿔달고 두발검사를 대신 받으러, 생전 처음 학생과 사무실로 걸어 올라갔다고 한다.

반 2등, 전교 10등이라고 해도, 학생과의 교사들은 그가 누구인지, 명찰이 본인 것이 맞는지조차 전혀 의심하지 않았고, 대리검사는 조용히 끝났다. 그하고 전혀 친하지 않았고 자기가 평소에 교실에 있나 없나조차 신경 안 쓰던 머리 기른 아이들 역시도 바로 그러한 그의 희박한 존재감 때문에 대리검사를 맡겨도 안전하겠다고 여긴 것이고 그것이 성공적이었다고 한다. 물론 그는 구역질이 났으므로 다음에 다시 그들이 당연하다는 듯 부탁할 때는 한사코 거절했다. 하지만 그들은 '머리 깎으면 여자 친구는 어찌 만나냐?'는 둥, 배신이라는 둥, 좋은 일로 인심 쓰자는 둥, 싸가지 없다는 둥 회유, 협박을 다했으나 결국 그는 거부했고 이후로 다시는 대리검사 따위는 받아주지 않았는데, 그는 이 일을 통해 총체적으로 역겨움을 느꼈다고 한다. 우선, 교칙을 철저히 준수해 봐야 교사들은 의식조차 못하고, 아이들에게선

범생이, 쪼다로 비웃음 산다는 것, 둘째로 교칙준수하며 머리 깎고 멋도 못 부린 대가를 치르고도 모자라, 머리 기른 아이들 대신에 학생과까지 가서 대리검사를 받아야 했다는 이중피해, 그리고 그러한 이중피해 감수를 거부하자 결국 교칙을 지키고도 아이들에겐 배신자가 되었다는 난관, 최선은 자기 또한 교칙을 어기고 대리검사를 받는 것이었으니 규칙, 윤리, 법률을 지키는 자만 병신된다면 준수할 가치가 있겠는가 하는 회의가 들었고 그 일을 통해 총체적으로 역겨움을 느꼈다고 한다. 그룹에 휘둘리는 그의 입지는 교도소에서도 크게 달라지지 않았다. 궂은 일을 도맡아 하면서도 좋은 소리는 못 듣고, 고교 때의 일을 떠올리게 하는 '범칙'에 대한 요구까지도 받고 있는 실정을 그는 2007년 10월 소상하게 알려 왔다. 연구자의 마음이 너무나 상해서 차마 그 편지는 인용하고 싶지 않을 정도이다. 적나라한 교도소의 이면과 속사정, 집단역동은 인간이라는 존재에 대해서 깊은 회의를 품게 만든다.

그의 중고교 교사들에 대한 비판과 폭력교사들에 대한 고발은 심각하다. 그들을 전과 10범보다 못한 인간쓰레기로 평가하고 있다. 그가 경험한 1990년대의 중고교 학교 현장은 여전히 인격무시, 폭력구타가 난무하는 곳이었음을 그는 체험적으로 고백하고 있는 것이다. 한마디로 그는 '교도소보다 더한 학교'라며 그는 장황하게 할 말이 많다.

"학교체험만으로도, 제가 기존 질서체계, 가치관을 존중해야 할 이유를 찾기 힘들었지요. 제 자신에 대해서나, 집에서의 경험까지 더하면 책, 영화의 자극적, 부정적 내용은 오히려 지극히 온건해 보일 때가 많았습니다. 자기과목에도 무식하면서 매질만 서슴없이 잘하는 교사들보단 전과 10범이 낫구요. 아직 그 정도의 인간쓰레기들은 학교에서밖에 못 봤습니다. 일평생 수천 명 아이들을 모욕하고 구타하고 집에 돌아가선 편안히 잠드는 가장, 부모인 교사들은 아우슈비츠의 학살공무원과 비슷한 정신구조였겠지요… 그런데 학생얼굴에 침 뱉어놓고 머리를 벽에 찧고 팔을 부러뜨리고도 실실 웃으며, 다음 수업에 들어가서는 농담하고, 복도 지나가다 즉석에서 따귀치고 욕하고는, 귀가 후엔 평범한 가장으로 돌아가는 교사들은, SS친위대, 나치공무원, 수용소장의 마인드와 무슨 차이를 지녔습니까? 중1짜리 아이가 비위에 거슬린다고, 수업 중에 '인간 같지도 않은 게' 하며 주먹을 들어 얼굴, 배를 치고 따귀질하는 교사에게 무슨 망설임, 죄의식이 있었겠습니까? 나치가 유태인을 학살할 때는?"

그는 또한 학교 다니며 다양하게 맞아봤다고 한다. 반 2등, 전교 10등? 2등은 누구도 기억 못하기 때문이란다. 초등학교 시절에도 구둣발로 채이고 따귀 맞기는 흔했고 회초리로 손, 다리 맞기는 예사였고, 중학 때는 볼펜 던졌다고 교실 1층 바깥쪽 창틀로 고개 내밀고 따귀 3대 맞기도 했고, 지우개 굴렸다고 사회시간에 종아리 10대 맞아 멍이 한 달간 들기도 했고, 분필 입에 물고 30분 서있거나, 칠판지우개로 얼굴 얻어맞기도 했으며, 바닥에 머리 박고 허벅지 맞거나 책상 위에 올라가 무릎 꿇은 채 허벅지 맞기는 흔했다고 한다. 그는 학급, 학생회 간부를 해 본 적도 없고, 1등도 아니고, 특기도 없고, 집에서 신경 쓰는 것도 아니라서, 교사들에겐 인지되지 않는 존재, 아이들에겐 필요할 때 갖고 놀거나 부려먹는 물체 정도였다고 자기 자신에 대한 부정적인 표현을 서슴없이 사용한다. 그가 발견한 가치관은 바로 공식적 교칙, 교사의 지시에 충실히 복종하고, 학업성적을 유지하는 일은 무가치하다는 것이었다.

그는 후회막급의 심정을 토로한다. "이면의 실질적 규칙(인간 이기심, 집단을 위한 가치규범)을 파악해서 따랐어야 했던 것인데……" 고3 말, M은 따로 그를 불러놓고 '너 같은 건 키도 작고 융통성도 눈치도 없어서 사회생활, 직장생활 못한다. 니가 어디 회사 들어가서 배겨낼 수 있겠어? 그러니 무조건 의사되어야 사람대접받고 그게 니 살길이다' 라고 말했지만, 그는 M에게 의대는 죽어도 안 간다며 악을 썼다고 한다(사실 그 이전부터도 TV에 수술 장면 나오거나 책에서 그런 묘사 읽기만 해도 손에 힘이 빠지고 긴장되어 의사는 못 되리라 여겼는데, M의 그런 모욕으로 결심을 굳히게 되었다는 것이다).

그는 집이나 학교에선 교도소의 전과자, 강력범들보다 더 고단수의 악마들에게

끌렸었다고 회상한다. 그는 한 줄 간단하게 적는다—**가축상태, 숨 막힌 학교, 거기에 비해서 지금 교도소생활이 못할 게 하나도 없습니다.**

「선악을 넘어서」

그의 영원한 화두 중 한 가지가 바로 니체의 「선악을 넘어서」이다. 그는 앞에서 본 대로 생태적 민감성을 갖추었을 뿐 아니라 인간중심주의를 극복하고 만물에 대해 열린 태도를 주장하고 있다. 이것은 그의 당위적 사고유형(유영권, 2007. p. 44) 특성과 대조되는 사실로서 '높은 도덕률에 사로잡힌' 동시에 '판단중지'를 부르짖는 이율배반의 현존을 드러낸다. 인간중심주의, 서구중심주의를 벗어나고자 하는 그의 문화적 민감성(cultural–sensitivity)은 상당한 수준에 달하고 있다(McFague, 1993). 이를 주장하는 그의 목소리는 그칠 줄을 모르고 이어지고 있다. 바오로는 인간중심성을 극복한 것으로 보이는 생태적 민감성을 표현하는 글들과 남성중심주의를 극복한 문화적 민감성이 돋보이는 편지들을 연구자에게 보내고 있다. 이러한 글에서는 인간중심주의, 인종차별 및 각종 차별을 넘어서고자 하는 연구참여자의 의식세계가 도처에서 표출되고 있다.

> 그건 그렇고…… 요즘 제가 계속 연구 골몰하고 있는 주제가 있으니 바로, 니체의 저작 제목처럼 「선악을 넘어서」라는 것입니다. 선악을 구분하는 것 자체는 인류의 오랜 관습입니다. 그러나 저는 이걸 '악습'이라고 부릅니다. 대체로 선이란 인간이 자신에게 득이 되는 것을 지칭하고 장려하기 위한 수단이었으며, 악은 인류에게 불필요한 것을 도태시키고 배제하려는 취지에서 구분되었지요. 여기서 잠시 인류의 독선을 봅시다. 수저란 것은 그 자체가 나무든 플라스틱이든 쇠든 그냥 그 물질 자체에 지나지 않으나, 거기에다 인간이 '좋고, 나쁘고' 구분을 해놓은 것입니다. 수저, 도구, 물건만 그런 것일까요? 다른 생명체, 자연에까지도 독선과 편견의 잣대가 휘둘러집니다. '익충'과 '해

충', 곡식과 잡초, 옥토와 황무지 등 구분…… 어떤 벌레든 곤충이든 다 나름대로 생명을 지니고 열심히 살며 자연의 섭리에 거스르면 도태되겠지요. 그러나 인간이 거기 개입하며 '거미, 벌, 나비는 익충이며 파리, 모기, 나방은 해로운 것이다' 라고 멋대로 구분해놓고, 인간에게 득이 되지 않는 생물은 나쁜(악한) 것이므로 살 권리가 없으니 죽여 없애자고 합니다.

강아지풀, 자리공 등 식물은 식량이 되지 않으므로 잡초라고 하여 농약을 뿌려 죽이고, 보리, 콩, 쌀만 잘 살라고 비료까지 뿌려주는 전원생활을 소위 '자연'이라고 착각하지요. 그러나 어느 보리가, 어떤 옥수수가 인간의 노예가 되어 구획 지어진 밭에서 사육되고 베어져 창고에 들어가길 원합니까? 소 역시 낙후된 농촌에서 콩 죽 쑤어 외양간에서 쓰다듬는 것은 자연이고, 공장화된 사육장에서 약품 중독시켜 기르는 것은 매정하다고 지칭하나, 어차피 그 소는 결국 도살될 텐데요. 인간의 착각과 위선은 어이가 없을 정도지요. 소는 이로운 동물, 이리는 악한 것이라고 차별해 놓고는 결국 인간 자신의 이익을 위해 죽어가기는 마찬가지입니다. 소는 키워서 죽이고, 이리는 총으로 쏘겠지요. 그러면서도 늑대는 악한 것으로 규정해 예로부터 온갖 전설과 민담으로 나쁜 얘기 다 가져다 붙이고 교활하고 사나운 인간을 빗대기도 합니다. 이리 떼는 오로지 먹고 살기 위해 울부짖는 일밖에 없는데 말이죠. (중략)

이래서야 인간의 선악 구분이 어디 정상적이라 하겠습니까. 세상에서 아니 우주에서 제일 옹졸하고 구역질나는 가치관이 바로 선악의 개념이라 하겠습니다. 인간은 모든 것을 이분법적 가치로 판단합니다. 그래서 우주조차도 시작과 끝이 있다고 하지요. 여기도 역시 대체로 '시작, 창조 = 좋음' '끝, 멸망 = 나쁨'이라는 편견이 박혀 있지요. 그러나 창조주가 우주라는 선을 하나 그었다고 할 때 과연 선의 양쪽 중, 어디가 끝이고 시작인지 사람이 알겠으며, 우주가 원이라고 할 때 그 원에서 어디가 출발점이고 끝인지 인간이 어찌 압니까. 애초에 시작이니 끝이니 하는 개념조차 인간 선악구분의 오류입니다. 하지만 인간은 구분을 않고는 못 삽니다. 인간의 원리 자체가 편 가르기를 계속하게 되어 있지요. 다만 보다 스스로에게 정직해져야만 합니다. 이제 앞으로는 섣불리 무엇을 선이다 악이다 하지 말아야 합니다. 차라리 '더 이득이 되는 것'과 '덜 이득이 되는 것'이라고 구분해야 하지요. '덜 이득이 되는' 낡은 수저, 모기, 잡초, 적군을 도태시키고 배제하더라도 그것이 '악'이 아님만 알면 어리석은 감정의 낭비도 줄일 수 있고 위선과 자폐증, 정신병에서도 빠져나올 수 있습니다. 인류가 자기 자신에게 정직해지기를 바랄 뿐입니다. (2002. 1. 27.)

그는 사건 이후에도 죽을 것 같지는 않은 예감을 가지고 있었다고 연구자에게 털어 놓은 바가 있다. 물론 1심 사형구형 이후 2심에서 무기징역이 언도될 때까지 그는 어떻게 살아남을까, 검찰 진술을 잘할 수 있을까 나름대로 최선의 노력을 다하였다. 하지만 막상 사형수가 아니고 무기수가 되어서 장기복역해야 한다는 것을 알았을 때 긴 세월을 교도소에서 살아내야 하는 막막함이 더 컸다고 그는 연구자에게 이야기하였다. 그리고 때로는 출소 후를 꿈꾸며 멀리 우즈베키스탄이나 멕시코 등 자기를 아는 사람이 없는 곳으로 가서 새로운 삶을 시작하는 판타지를 고백하기도 하였다.

수많은 인파, 차량, 시설물, 빌딩, 지하철, 강, 다리, 네온사인 등 거기 푹 파묻혀서 제가 누구인지 숨기고 잊기 쉬운 메트로폴리스가 어찌나 그리운지 모릅니다. 길모퉁이, 빌딩 앞 계단, 벤치에 걸터앉아 몇 시간이고 구경해도 저를 알아보는 이가 하나도 없을 그런 대도시에서 살고 싶네요. (2005. 1. 10.)

그의 비판적 성향은 어떠한가? 그는 온갖 범죄영화를 즐겨 보면서 카타르시스도 느끼고 인생관, 세계관, 무엇보다도 인간이란 어떤 존재인가를 궁구하게 된다. 인간의 본질은 무엇인가? 나란 존재는 과연 무엇인가? 이런 물음을 좇다보니 그의 독서 목록에는 「군주론」, 「사회계약론」, 「사회생물학과 윤리」, 「사회생물학 논쟁」 등 고전적인 사회과학적 논의까지 포함된다. 그의 사색의 무대는 넓다. 비열한 거리를 걸으며 무정부주의를 부르짖고, 그러면서 끊임없이 세계가 바르게 진행되고 있는가에 관심을 놓치지 않고 있다. 물론 이 중 상당 부분이 자기성찰에 해당되는 작업이다. 자기 자신에 대한 관심—이보다 더 큰 중대사는 그에게 없다.

> 저 혼자 즐겨 보고 듣고 읽던 책, 음악, 영화들은 비교적 진보, 전위, 좌익에 가까운 것들이 많습니다. 뒷골목 인생들의 극단적이고 허름한 모습으로 사회를 비판하거나 조롱하는 〈증오〉, 〈비열한 거리〉, 〈좋은 친구들〉, 〈트레인스포팅〉 등이 아니면 온갖 범죄영화들 말이지요…… 오히려 운동권 사람들이 저보다 사상적으로 점잖고 강도가 약하다고까지 생각 들었지요. 저는 사실상 무정부주의, 아나키즘에 가깝지 않은가 여겨집니다. 그럼에도 불구하고 제게는 끊임없이 욕망이 꿈틀거립니다. 제가 좋아하는 작가나 인물이 공정한 언행을 하는가 아닌가, 저 자신의 사상이나 행동은 진보적인가 보수적인가를 관찰하고 평가하는 게 이제는 습관이 되다시피 했습니다. 제게는 파시즘적인 면과 아나키즘적 충동이 뒤섞여 있다는 것도 깨달았지요. …… 진리를 찾으려면 모든 기존 가치관을 부정하고 사랑, 우애, 형제, 가족, 부모 모두 버리라던 김윤식 교수…… (2003. 2. 2.)

그는 지금 이전에 비할 수 없는 자신감을 가지고 있다. 최근에 검사한 그의 MMPI 화일을 비교해 보면 놀랄 정도로 안정되고 자아강도가 올라간 것을 볼 수 있었다. 자아분화 검사(제석봉, 1989) 결과에 의하면(89/144) 비교적 분화가 이루어진 것으로 나오면서 동시에 정서적 단절이 매우 심하고(6/24) 가족 퇴행이(15/44) 심각한 것으로 나온다. 〈그림 6-1〉에서 2007년 1월 말에 행한 MMPI 결과를 사건

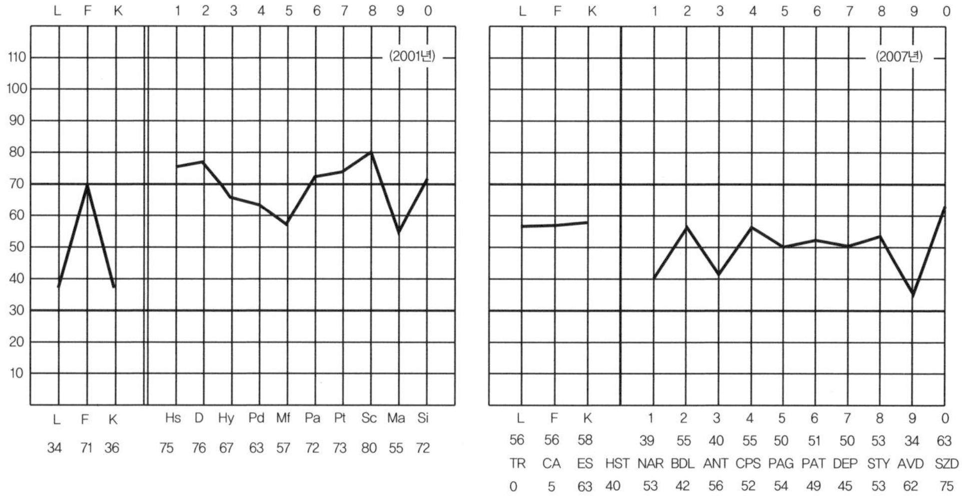

척도해설 L : 무반응점수, F : 신뢰성 점수, K : 교정척도, HS : 심기증 척도, D : 우울증 척도, Hy : 척도, Pd : 정신병질척도, Mf : 남성성-여성성 흥미, Pa : 편집증 척도, Pt : 정신쇄약증 척도, Sc : 정신분열증 척도, Ma : 경조증 척도, Si : 사회적 내향성 척도

평가기관 : 연세대학교 기독상담센터

이름 : 바오로 성별 : 남성 연령 : 31 학력 : 대중퇴

그림 6-1 다면적 인성검사(MMPI) 결과표(2001, 2007)

후에 행한 프로파일(이훈구, 2001)과 비교하여 보면 자아강도 지수가 63으로 상당한 수준의 자아강도를 보여주고 있다.

그의 hungry self를 채워주는 좋은 대상을 가족이나 교사, 친구 그 어디에서도 발견하지 못한 그는 '신은 스스로 돕는 자를 돕는다'라는 경구처럼 스스로의 철저한 노력으로 스스로의 mirroring self가 되기 시작하였다. 물론 다양한 책과 무수한 영화가 그의 거울에 끊임없이 등장한다. 그는 자신을 돌아보고 살찌울 뿐더러 이웃을 돌보는 여유를 보이기 시작하고 있다. 그는 재소자 중에서 다운증후군, 클라인펠터 등 동네북으로 무시당하고 하인 취급받는 이들에게 화 한 번 안 내고 오히려 편지도 써주고 최대한 인간적으로 대하려고 노력한다. 왜냐하면 무시, 모욕당하는 게 어떤지 잘 아는 그이기 때문이고 기독교 정신이 그의 몸과 마음과 영혼에 배어 있기 때문이라고 연구자는 생각한다. 그는 자신보다 모자라고 불리한 처지의 인간에게 욕하고 화낸 적이 없으며 그들이 저지른 일, 잘못을 자신이 뒤치다꺼리할지언정 결코 경멸하거나 업신여기지 않는다고 한다. 설날 전에도 다른 이는 다 무시해도 자신은 다운과 클라인을 데려다 바나나도 몇 개씩 먹이고 그랬다고 최근의 편지에서 알려왔다. 그에게는 기독교 인간구원의 정신과 인간 사랑의 긍휼과 자비의 정신이 내장되어 있기에, 그는 재소자 가운데서 모두의 놀림감이 되는 장애인들에게 선행을 베푸는 아름다운 마음씨를 보이고 있다. 부모로부터 엄하게 받은 기독교 정신의 헌신대본으로 인해서 그는 자기도 모르게 '바른 생활 십자가 사나이'로 살아가고 있는 것은 아닐까?

그는 특별접견 시 질문에 현재 연구자 외에 서너 그룹과 교류를 지속하고 있다고 대답하였다. 영화를 찍자는 감독과 작가가 있어서 6개월간 대화를 하였지만 뜻이 맞지 않아서 그만두었다고 한다. 그는 나름대로의 유명인사이다. 인터넷에 이름을 치면 그에 관한 글들이 죽 떠오른다. 한국의 웬만한 사람들이 기억하는 안타까운 청년이고 언론에서도 수시로 그를 이야기 소재로 삼기를 원한다. 연구자에게까지 공영 방송에서 전화가 오기도 하였다. 꾸준히 바오로를 면회하는 사람으로서 관심의 대상이 되었던 것이다. 그는 사건으로 한 번 죽었고, 이제 나름대로 훌륭한 재소자의 삶을 살고 있다.

그와 부모와의 만남은 더할 수 없는 비극으로 그 막을 다하였다. 형에 대해서는 애증의 감정을 가졌었지만 사고 이후에는 형의 노력으로 무기수가 되면서, 동생에 대한 연민과 형에 대한 고마움이 어우러진 아름다운 관계가 일시적으로 이어졌다. 하지만 이 두 젊은이는 출판된 책에 관한 의견의 대립으로 현재 완전히 관계가 결렬된 상태로 벌써 5년여의 세월이 흘렀다. 형은 형대로, 동생은 동생대로 각기 외롭고 괴로운 길을 가고 있다.

그러나 연구자가 감히 추정하는 것은 그 외에 그를 알았던 사람들 중에서 그와 좋지 않게 나쁘게 개인적인 연을 맺은 사람들이 있을까 하는 것이다. 부모와 가정의 엄격한 계율에 순종할 줄밖에 모르고 자라난 이 '바른 생활 십자가 사나이'는 남을 해친 적도 남에게 해를 입히거나 무례하게 행동한 적도 극히 드물 것이라고 생각한다. 그가 군대에서 말년에 사병들을 야단치면서 자신 속에서 어머니의 모습을 보았던 것처럼 그에게 부모는 내면화되어 있어서 지금도 그는 지나칠 만큼 '바른 생활 십자가 사나이'의 삶을 영위하고 있다.

연구자가 매우 조심스럽게 꺼내고 싶은 이야기가 아직 지속되고 있는 형과의 결렬이다. 앞에서 연구참여자가 밝혔듯이 그의 복수 시나리오에 형에 대한 계획은 없었다고 했다. 그런데 연구자가 다른 경로를 통해서 들은 전언에 의하면 형은 동생이 출옥하면 자신을 죽일지도 모른다고 두려워하고 있다는 것이다.

여기서 형과 동생, 그리고 앞에서 언급했던 연구자와 얽힌 한 수녀님의 이야기를 하고 넘어가기로 한다. 연구자와 연구참여자를 묶어주는 또 하나의 계기를 제공한 분이 고(故) 경이 아가다 수녀님이다. 연구자가 한국상담연구원에 상담실장으로 근무하던 2003년 늦여름 즈음에 생긴 일이다. 교육담당 직원이 전화상담을 마치고 너무나 놀랍다고 세상이 이렇게 좁을 수가 있느냐는 것이다. 심리상담교육 문의를 수녀님으로부터 받았는데 자신이 교육을 받고자 하는 이유가 자신이 돕고자 하는 내담자와의 상담이 너무 어렵기 때문인데 그 내담자가 바로 연구참여자의 형이라는 것이었다.

함께 근무하던 직원은 연구자가 연구참여자와 서신을 교환하고 있는 것을 알고 있었다. 그리고 이때는 한국상담연구원의 또 다른 직원이 연구자가 제안한 '동세대와의 교류'를 위한 제안에 자발적으로 나서서 서신을 주고받기 시작할 즈음이었다. 그리하여 수녀님의 방문을 받게 되었는데 자신은 사실 연구참여자 바오로를 만나기를 원하였는데 주위에서 동생도 중요하지만 형이 너무 큰 고통 가운데 절망하고 있으니 형을 만나라고 해서 그와의 접촉을 시도하고 있다고 했다. 하지만 대화지속이 너무나 어렵다는 것이었다. 그 후 수녀님은 형과 깊은 유대를 맺고 신앙적으로 인간적으로 가깝게 지내었는데 아쉽게도 2006년 겨울에 대장암 때문에 30대 중반의 젊은 나이로 세상을 뜬다.

연구참여자의 형은 또 한 번 커다란 상실의 충격을 받았을 것이다. 비록 갈등하고 불화했다고는 하지만 졸지에 부모님을 모두 잃었고 어렵게 맺은 수녀님과의 인간적인 정도 다시 끊기는 상실의 연속이 그에게 다가왔다. 앞에서도 이야기하였지만 형이야말로 범죄의 피해자로서 사회적, 공적, 사적 도움, 즉 정신적인 지지와 치유를 받아야 할 대상이다. 피해자학(victimology)에서 주장하는 범죄피해자에는 형과 동생이 모두 해당된다. 본 연구에는 동생의 우려로 인해서 형에게 일체의 참여를 부탁하지 않고 있는 상황이다. 동생과 형에 대한 이야기가 곁길로 갔지만 이야기를 꺼낸 서두는 형이 두려워하고 있는 동생의 마음이다. 연구자는 이에 대해서 카페에 올라온 사신을 주목하고 있다.

> 저는 제 무능과 그로 인한 패배를 깨끗이 인정하며, 제가 현재 살아 버티는 건 **'최종해결책'으로 마무리할 한 가지 사명이 남았기 때문이에요.** (2004. 10. 24.)
>
> 어제는 비디오로 〈블래이드3〉이라는 판타지 액션물을 봤는데, 뱀파이어와 그 사냥꾼 간의 대결을 다룬 내용이고 현란한 액션이 펼쳐지기에 그냥 별 생각 없이 즐겼지요. 그러다 뱀파이어들이 생존을 위해 '최종해결책' 마련에 돌입 어쩌구 하는 부분에서 꽤 흥미로워졌습니다. '최종해결책(Final Solution; Endlosung)'이란 용어는 나치가 2차 대전 때 유대인학살을 기획하며 쓰인 것이었거든요. 이 판타지 영화에서도 F.S.는 그 용어가 내포하는 잔혹+극단+궁극의 이미지에 걸맞게 부랑자들을 납치해 혈액생산 기계로 삼는다는 계획으로 나옵니다. (2005. 5. 1.)

바오로가 사용하는 최종해결책이란 용어는 어디에서 온 것인가? 그는 극단의 심리연구를 위해서 2차 세계대전과 히틀러에 대한 서적들을 많이 읽고 있는데 '최종해결책(Final Solution; Endlosung)'이란 용어는 나치가 2차 세계대전 때에 유대인학살을 기획하며 사용한 것이다. 연구자는 이 부분에 대해서 연구참여자에게 면회시간에 확인을 한 적이 있다. 그는 가볍게 형에 대한 계획은 없었다고 대답하였다. 연구자는 처음부터 연구참여자를 신뢰하였을 뿐 아니라 그의 8년간의 언행은 신뢰할 만한 것이었다. 앞에서도 거론하였던 내용(형에 대한 계획은 없었음)이나 수녀님을 통해 들은 형이 동생을 두려워하고 있다는 이야기, 그리고 위에서 언급한 '최종해결책'으로 마무리할 한 가지 사명이 어떠한 연관이 있는지 우리가 다 알 수는 없다. 이런 이야기가 형제의 논쟁에서 비롯된 것인지, 기자라든가 제삼자의 질문에서 비롯된 것인지, 아니면 없던 계획이 새로 추가되려고 하는 것인지……

연구자는 현재의 시점에서 이 문제를 더 이상 집요하게 파헤치지 않는다는 입장이다. 연구참여자에게 다시 질문을 하는 것이나, 형의 의사를 확인하는 것이나 아무 도움이 되는 않는다고 생각하기 때문이다. 연구참여자가 이러한 일로 질문을 받았거나 논의가 되었다고 해도 그가 분명히 그러한 계획이 없었다고 밝혔기에 연구자는 그의 말을 신뢰한다. 그에게 최종 해결책으로 남은 한 가지 사명은 세월이 더 흐른 후에 물어도 늦지 않는다고 생각한다. 그는 논문과 관련해서 연구자에게 조언을 아끼지 않았다. 그의 편지글로 들어본다.

> 논문 쓰시는 자체는 전혀 문제없습니다(사실 제 동의도 필요 없지요). 다만 예전 이훈구 교수의 저술에 대해 제 형이 소송을 제기했던 것처럼, 제 형의 영역만 침범하지 않으면 되겠습니다. 실질적으로 초점은 저와 Parents 관계에만 맞춰야 하며, brother는 전혀 연관성도 없지요.
>
> 또한 parents에 대해서는 오로지 객관적 사실만을 열거, 인용할 뿐, 어떠한 (자의적) 해석이나 논평도 보이지 않으시는 편이 좋겠지요. 모든 사건의 시작과 끝은 제 책임이지 남의 탓이 아닙니다. 다만, 논문이 순수한 연구목적이며 흥미위주의 목적에서 회람되지 않고, 오로지 관련 분야의 연구자들만 볼 것이 확실시된다면, parents, brother에 대해서도 보다 자유로이 접근하실 수 있겠

습니다. 예전 일기에는 오로지 난삽한 넋두리에 암호화된 감정, 생각만 가득 해서 어차피 제 해독 없이는 무슨 의미인지 이해가 불가능할 것입니다. (2005. 7. 17.)

무언가 사명이 있으리라

자기 자신을 대단한 실패라고 생각하는 사람들에게 있어서는 단지 그들의 인생에 나타나는 사건의 긍정적인 점을 지적해 주고 전반적으로 또 직접적으로 열성을 보이는 것은 '힘을 잃게 만드는(disempowering)' 특성이 있다. 이러한 상황하에서 사람들은 자기가 자기를 인식하는 것과 남이 자기를 인식하는 것 사이에 큰 차이가 있음을 발견한다. 그들은 다른 사람들이 자기에 대해 갖고 있는 그림이 그들이 생각하기에 그들의 실제 상황이라고 생각하는 것보다 훨씬 앞에 있는 것을 '발견하고는', 자신을 부족하다고 느끼며 자신의 실패감을 확인할 것이다. 다른 사람을 뒤에서 도와주는 것은 문제될 것이 없다(White & Eptson, 1990).

연구참여자를 색깔로 말한다면 어떻게 말할 수 있을까? 겉으로 드러나는 것은 칙칙한 회색이나 검은색일 수 있지만 그의 가슴 속에는 파란색 맑은 물이 흐르고 있고 조금 더 지나 그의 혈관에는 붉은 피가 흐르고 있음을 알 수 있다. 허나 외부로 드러난 것은 칙칙한 무채색 일변도이기에 그의 심정 깊은 곳을 전달하려면 시간과 기술이 필요하다. 그는 스스로도 착각에 빠져, 보이지 않는 푸른빛이나 붉은 색깔은 잊고 겉에 보이는 색깔로 자신을 왜곡 인식하는 경향이 심하다고 볼 수 있다. 그는 앞으로도 오로지 고통, 고난밖엔 장담할 것이 없다고 생각한다. 처칠의 연설을 기억하면서 '오직, 피, 땀, 눈물밖에 약속할 것이 없다'를 생각하고, '피고름, 피눈물, 통곡, 신음소리만이 죽는 날까지 가득할 뿐입니다'라고 마음에 새기고 있다. 그는 자신이 어느 정도로 극단적이고 음울한지는 모르실 것이라면서 자신은 오직 불신과 혼돈 외에는 아무것도 인정하지 못한다고 말한다. 그러면서 어떻게 이런 상태로 그간의 삶을 버텨냈는지 스스로도 의문스러울 정도라고 토로한다. '곤경

(plight)은 끝나지 않는다. 당신이 추구하는 것이 곤경이므로' 라던 소설 속 죄수의 말을 주문처럼 마음에 새기고 있다.

사실 그는 어렸을 적부터 지금껏 타인과 지속적이고 심층적인 유대관계를 맺은 적이 없고 오로지 '느슨한' 유대만이 조금 더 오래 유지되었을 뿐이라고 말한다. 교도소 안에서도 마찬가지여서 자신과 전혀 안 맞는 재소자들과 거리를 두는 것은 물론이고 외부와 새로이 연결된 사람들과도 2002~2003년을 기점으로 관계를 단절하기 시작하여 지금은 몇 명 남아 있지를 않다는 것이다. 지금까지 30년 가까이 그래도 어느 정도는 인간에 대한 예의 비슷한 것이 남아 있었고 그걸 애써 유지하려 했으나, 도리어 '무른' 마음이 자신에게 막대한 고통만 가중시킨다는 사실을 절실히 깨달았다는 것이다. 특히 교도소에서 많은 인간들이 얼마나 '아름답게' 자기이익에만 충실하며 돌 같은 마음으로 사는지 다시금 깨달았으며, 자기 또한 마음을 점차 돌같이 다지고 다져서 단단히 굳게 하려던 참이었다며 변화된 자신의 입장을 이야기하기도 하였다. 김기석(2007)은 사람은 '생(生)' 인 동시에 '명(命)'이라고 말한다. 주어진 조건 속에서 살아가는 것이 '생'이고, 그 의미를 물으며 사는 것이 '명' 이라고 그는 말한다. 바오로는 자기 삶의 의미를 찾고 있다.

> 그럼에도 불구하고 어이없는 삶이나마 지속하는 것은, 제게도 무언가 사명이 있으리라는 짐작 때문입니다. 노동법전을 들고 불타오른 전태일은, 가톨릭에서 말하자면 성인품에도 오를 수 있을 것입니다. 저는 그 반대이긴 하겠습니다만, 그래도 하늘이 저를 창조하고 목숨을 부지시키는 것에 뜻이 있으리라고 추측합니다(정말 그러기나 하면 다행이겠습니다). (2001. 10. 24.)

그는 도무지 자기 또래의 사람들처럼 행동하고 생각하고 느낄 수가 없었고 나름대로 사람 모이는 곳, 온갖 동호회를 찾아다니며 노력도 해봤지만, 결국 언제 어디서나 사람 모이는 곳에서는 마치 물과 기름이 자연스레 분리되듯 그의 존재가 이질적임이 드러났다고 한다. 그는 남녀노소를 막론하고 인생의 최고의 행복으로 생각하는 친구에 대해서 일반적인 생각과는 정반대의 입장을 표명한다. "사실 저는 친구는 별로 필요치 않습니다. 이제껏 살면서도 친구는 만들지 않는다는 걸 철칙으로 삼고 살았거든요."

그러나 그는 작은 변화를 이야기하기도 한다. "이전까지의 인간관계에는 단절만 있었고 재개나 회복은 결코 없었지요. 하지만 올해는, 형과도 결별하고 수녀님 한 분과도 돌아서는 등 데미지가 무척 컸음에도 불구하고 모든 대인관계가 그런 식으로 종결되지 않고 몇몇 사람들과는 회복되기도 했으니 꽤 새로운 체험이었지요." 그의 인터넷 카페에 공개된 사진과 연구자에게 보낸 서신들을 통해 그의 변화를 본다.

> 솔직히 말해서 (대외 홍보용 멘트 끊고) 저는 제 삶이 갈수록 편해지고 발전하고 있는 걸 느끼고 확신합니다. 집보다 학교가 덜 힘들었고 학교보다 군대가, 군대보다 징역이 더욱 편하고 살기 좋아요. 남들 기준으로는 헛소리한다 여기겠지만 천만의 말씀. 여태껏 살면서 MF보다 극악한 인간은 본 적 없고 집에서 그들 비위 맞추고 사는 것보다 지독한 일도 없었답니다. 학교, 공부, 일, 군대, 징역 따위는 제 기준에선 별로 큰 고난도 아니에요.
>
> 20년 징역 살고 늙고 쇠락해 나가면 인생 끝난 것 아니냐 손가락질들 하고, 저 또한 남들에게는 맞장구치며 "내 삶은 이제 끝났어요. 그저 조용히 속죄하듯 연명할 뿐이지요." 등등 지껄이며 죄수로서 어울리는 얘기하지만, 세상 사람들과 나 자신은 어차피 삶의 기준이나 목표가 완전히 다르거든요. MF 앞에서 보였던 긴장의 30%만 발휘해도 20년 후의 사회에 적응하는 건 일도 아니거니와, 제 나름대로의 목표를 실현하기도 어렵지 않다는 확신이 있습니다. 안일하게 안락하게만 살아온 세상 사람들 따위가 감히 상대나 되겠는지요? (2004. 11. 5.)

제 죄명에서 나이 오십 다 되어 나가서는 혼인을 하느니 가정을 꾸리느니 하는 것 자체가 난센스이고, 물질적 풍요도 무관심하여 단칸방에 세끼 먹고 추위 피할 수만 있으면 그만이지, 아파트니 자동차니 유흥이니 하는 건 바라지도 않지요. 오직 죽기 전까지 인간 본질, 그리고 제 속성만 제대로 파악하려는 목표뿐인데, 그것이 과연 얼마나 오랜 시간이 걸릴지, 책 1,000권이면 될지 나이 40, 50 먹으면 가능할지 알 수 없음이 두려울 뿐입니다.

어떤 대가를 치르더라도 그건 알아야겠고 그래야만 죽어도 여한이 없을 테고, 그래서 여기서조차도 일반적 이익이나 편의마저도 추구하지 않고 있는데, 과연 가능할지, 알 수 있을지 확신조차 할 수 없으니, 그게 너무도 무섭군요. 그마저도 모르면 여기까지 온 제 삶에 아무런 의미조차 없는 것 아닙니까. 여하튼 그래서 지금도 책을 붙들고 오만 가지 생각을 하며 제 꼴과 주변, 세상, 역사를 뒤적이고 있습니다. 과연 인간 본질, 제 삶의 의미, 속성을 죽기 전까지 얼마나 이해할 수 있을까요? 어찌 생각하십니까? 또한 어떻게 해야 가능성이 커질까요? 무얼 읽고 공부해야 하겠는지요? (2005. 2. 10.)

아래 인용한 편지는 그의 속에 성경 말씀이 얼마나 저장되어 있는지를 자동적으로 보여주는 사례이다. 수감 이후 사건 판결 전에 적어도 성경을 1독 이상 했거니와 20년간의 주일학교 생활로 다져진 성경지식은 상당한 수준에 이르고 있다. 연구자가 「창세기 다시보기」(차준희, 1998)를 보내면서 그가 좋아하는 성경인물, 사건, 성경구절을 묻는 편지를 보냈었다. 성서 인물 중 욥 같은 사람은 딱 질색이며 야곱, 아벨에 대해서도 의구심만 든다고 적어왔다. 기독교인들이 흔히 질문하는 카인과 아벨의 제사문제에 대해 그는 하느님의 차별대우로 해석하고 있으며, '에사오(에서) 역시 죄 지었다는 내용 없음에도 야곱의 농간에 놀아나야 했습니다'라고 야곱에 대한 강도 높은 비판을 전해왔다.

그는 차별의 문제, 다시 말하면 모든 사람들이 공평하고 동등하게 대접받고 있는가 하는 문제에 매우 민감하다. 흥미롭게도 자신의 선호 인사로는 '사울' 왕을 꼽았다. '일방적으로 신에게 선택되었다가 버림받은 인물로서 용맹하여 전공을 세우고도 전리품을 탐냈다는 지극히 인간적인 감정을 억누르지 못했다는 이유만으로 신에게서 파면당해야 했고, 그럼에도 죽는 순간까지 적군에 의연히 맞서다 명예롭게 자결한 인물' 인 사울이 과연 타의에 의해 왕위에 오르지 않았다면, 또 공로에 비해 사소한 인간적 실수를 용서받기라도 했었다면, 그처럼 비극적으로 몰락했을지 그는 묻는다. 그러면서 "누구든지 있는 자는 더 받아 넉넉해지고, 없는 자는 있는 것마저 빼앗길 것이다"라는 말씀을 인용한다. 좋아하는 성경구절로는 '인생사에 대한 가장 냉정한 경고들' 이라며 "헛되고 헛되다. 세상만사 헛되다", "하늘 아래 새것이 있을 리 없다", "그러므로 무엇을 먹을까 무엇을 마실까, 또 무엇을 입을까 하고 걱정하지 말라"를 들었고 마지막으로 바울의 경구는 그냥 각인되어 있다고 덧붙인다. "일하기 싫어하는 자는 먹지도 말라."

가장 인상적인 성서의 사건으로는 민수기의 '발람의 나귀가 입을 열고 항의한 일' 을 들추어 내어 그의 성경지식이 매우 세밀한 부분에 이르고 있음을 보여준다. 그러면서 그가 언제나 바이블처럼 꿰뚫고 있는 「까라마조프가의 형제들」에서 사생아 스메르쟈코프가 침묵을 깨고 말하기 시작하자 "발람의 나귀처럼 말한다"며 빈정거리는 장면에서 자신이 바로 "발람의 나귀이며 스메르쟈코프이니 마음에 와 닿을 수밖에요"라고 고백한다. 그는 계속한다. "입을 연 스메르쟈코프는 결국 살인자가 됐고, 저 역시 그냥 끝까지 침묵했으면 몰락은 없었겠지요. 서서히 고사할 수는 있겠습니다. 물론 발람의 나귀 사건 자체의 의미에선 저와 무관하구요, 스메르쟈코프에 대한 조롱, 비유에서 공감했다는 것이지요"라고 선호의 이유를 밝힌다. 그는 비록 범죄의 경험이지만 그 경험을 통해서 얻게 된 통찰에 관해서 이야기한다. 바로 그가 바이블처럼 붙들고 있는 「죄와 벌」을 제대로 공감하려면 죄든 벌이든 어느 정도 관련이 있어야 가능한데, 그는 교도소에 들어오기 전에는 결코 이해할 수 없었던 사실들이 교도소에 들어 온 후에 보이기 시작했고, 사건 당시나 직후의 심리가

'갈 곳이 없다'고 술주정하던 「죄와 벌」에 나오는 소냐의 아버지 마르멜라도프의 심리와 닮아 있었다고 고백한다. 그리고 교도소에서 공동생활의 처지를 수용하지 않을 수 없는 그가 새삼스럽게 공부, 집필, 연구, 자기 계발을 위해서는 'A Room of One's Own'이 절대적으로 필요하다는 편지를 보내왔다. 버지니아 울프의 '자기만의 방' 타령을 약한 의지의 한숨이라며 비난하던 그가 이젠 무조건 항복을 선언하고야 말았다고 고백한다.

그 외에도 그는 빌라도가 억지 재판을 강요당한 끝에 군중 앞에서 손을 씻으며 자신은 피에 대해 책임이 없다고 선언하는 장면(사건)도 뮤지컬 〈Jesus Christ Superstar〉 덕분에 인상 깊게 기억한다고 한다. 그리고 그는 자신의 정체성에서 '신자'를 제외시키는 것도 잊지 않았다. '제가 신자는 아니더라도 성서, 기독교 얘기하기는 좋아하지요. 성경 얘기나 하며 놀았으면 좋겠으나, 뭐 그러기엔 이미 너무 멀리 왔군요.' 그러면서 연구자가 좋아하는 성경인물, 사건, 구절을 물어왔는데 공교롭게도 연구자가 가장 좋아하는 성경인물인 바울-바오로가 그의 세례명이었다. 영세 때 Xavier(스페인의 성인)로 하고 싶었는데 수녀님이 하도 바오로로 하라고 하셔서 그랬다고 한다. 지금 너무 멀리 와 있다고 거리감을 감지하는 그는 이미 그의 영혼의 본향이 어디인 줄 아는 것이 아닌가!

> 저는 들판의 꽃이나 하늘의 새들이 무얼 입을까 무얼 먹을까 걱정하지 않듯 느긋이 산다고 호언…… (2005. 4. 23.)
>
> 제 꿈도 다른 것 없습니다. 감형되고 20년 후든 30년 후든 나가서는 이름 바꾸고 아무도 모르는 먼 곳으로 떠나 제발 조용히 사는 것뿐입니다. 대도시 속에 익명으로 파묻히든 멕시코나 우즈벡 같은 데로 숨든, 속 편히 살날이 올런지요. (2005. 8. 16.)
>
> Leave me alone. (다만, 법무부. 법원에서 무기수행형 기준을 현재와 같은 20

년으로만 유지해 주면 되고, 교정국에서는 소내 공장 임금이나 인상해 주시오.) (2006. 1. 7.)

가족갈등의 피해자에서 가해자로 변신하였으나(대부분의 존속살해자가 그러하듯이) 여전히 피해자로서의 망령에 시달리는 그는 가족제도에 대한 생각을 많이 하고 있다. 2003년도에는 연구자에게 가족해방을 염원하는 소설에 대한 구상을 적어 보내기도 하였고, 그 다음 편지에서 너무 지나쳤었음을 반성하면서 "사회모순 타파를 전면에 내세워 가족해방을 전파하기로 했지요"라고 편지를 보내왔다. 추석 명절에 떠올린 그의 기독교적 가족의식은 비극을 잉태하고 있다.

추석, 설이라고 특별히 떠올릴 것도 없지요. 4~5년간 아예 명절 때 안 모이고 안 지내기도 했고, 기껏 모여도 오전 9~11시 사이에 볼일 다 보고 절대로 오전 12시 안 넘기고 모두 돌아가곤 했으니 명절은 거의 의미조차 없었습니다. 친척들 간에도 서로 눈치보고 내공 싸움하고 말조심하느라 분위기가 썰렁했었지요. 제사 지내는 대신 찬송가 부르고 기도하는 차례였습니다. 다들 기독교였으니. 가족제도에 대해서도 저는 그저 제가 겪은 그대로 인식하고 평가할 뿐이지요. (2005. 9. 20.)

그는 차별 문제에 민감하다. 인종차별, 성차별, 매매춘인 차별, 주변인 차별, 신체적 열등성에 대한 차별 등. 그는 부모님의 일방적인 학대를 견디기 어려워했다. 또한 그는 형과의 차별이라는 편애의 피해자로서 형은 갈등의 골이 깊은 '형제라는 이름의 타인' 이었다(양혜영, 2001). 체격이 왜소한 편이고 운동기능이 부족해서 놀림감이 되고 차별을 받고 극심한 열등감의 소유자가 되었던 그는 차별에 대해 민감하며 마음속에서는 언제나 아무런 차별도 없는 평등한 세상을 꿈꾸고 있다. 그가 없애고자 하는 구세계는 아스퍼거 장애 아동으로서 겪었던 세계도 포함되어 있다고 본다. 만능 스포츠맨인 아버지 앞에서 공을 튀길 줄 모르는 아들이 겪었던 수모, 음악 · 미술에 소질이 있는 다른 가족과 전혀 달라서 학교과제 완성에 애로가 많았던 그였기에 그의 다른 주변인들에 대한 관심과 배려는 남다르다.

이훈구의 저술에서 인용된 그의 일기에서처럼 그는 매매춘에 대한 편견도 갖고 있지 않으며, 이러한 사실을 연구자에게 편지로 직접 반복해서 강조하기도 하였다. 양성평등개념을 확고히 갖고 있고 여성주의적 시각에 대해서도 우호적인 자세를 견지하고 있다. 그는 수형생활 중에 만난 무가족 재소자(일명 개털 재소자)들에 대해서 연민의 정을 가지고 대하며 귀한 간식을 나누어 주는 등 인정 있는 태도를 보였다고 연구자에게 편지한 적이 있다. 그는 모든 종류의 차별이 사라지고 내면가치를 중시하는 세상이 오기를 그리고 있다. 그리고 그 방법으로는 가족제도로부터의 해방되는 것이 급선무라고 강조하고 있다. 그리하여 가족해방협회를 만들어야 한다는 의견을 구상하기도 하였었다. 그는 픽션 속의 가족해방협회를 통해서 불행한 가정의 사례들이 **가족을 해방함으로써 어떻게 치유 · 개선될 수 있는지 논의, 공표하려 했다고 한다.**

> 미혼모, 부모가 반대하는 결혼, 인종 · 계층에 위반되는 혼인, 이혼한 가정, 성폭력으로 손상된 가족 등등, 수많은 가정 내의 비극이, 가족 그 자체가 없었다면 아예 발생하지도 않았다는 사실에 주력하여, 협회에서는 성적 평등, 성욕의 평등은 홍보하지 않고 사회모순 타파를 전면에 내세워 가족해방을 전파하기로 했지요.…… 대체로 사고뭉치나 말썽꾼들은 무가족 재소자인 경우가 많은 것도 사실입니다. 성폭력 피해자, 미혼모, 이혼한 부부, 고아 등을 포함하여, 재소자들 중에서도 가족에 문제가 있었던 경우를 적극 찾아내고 접촉하여 홍보수단으로 삼으려 했지요…… 결정적 이념 창시는 가족을 살해한 죄로 장기간 수감되어 있다 노인이 되어 출소한 어느 전과자의 돈키호테 정신에서 비롯되었습니다. 20대 중반에 교도소에 들어가 50대 후반이 되어 세상에 돌아

온 그 노인은 감옥에 있는 동안 오로지 가족이 있는 세상과 없는 세상의 차이에 대해서만 연구했었습니다. 그리곤 수학 공식처럼 논리를 간추려서 유전공학자들에게 줄기차게 편지질을 했구요…… (2003. 8. 22.)

여성공동체 선호는 타인에게서도 드물지 않아 보입니다. 아무래도 남자 자체는 가부장적 억압의 상징이고 독선과 아집 성향이 강해서 여성에게는 종종 재앙이 되곤 하지 않을지요. 남성으로 인한 여성의 '수난극'. 그러니 사실 여성끼리 서로 대체 가족을 이루고 살면 훨씬 건강하고 행복할 수도 있겠습니다(기존 가족제도의 불완전성, 폐단). (2005. 8. 29.)

불완전한 제도하에서는 계속 사고가 납니다. '썩어빠진 가족은 찌부러져야 한다!' 그리고 무자격 부모가 아이를 낳지 않고 '싸는' 만행을 줄이기 위해서는, 공공부문으로 출산, 양육을 돌리는 수밖에 없습니다. 모든 걸 포기하고 원시야생으로 회귀하든지, 아니면 이왕 문명궤도에 오른 것 끝까지 개혁, 개선해서 보다 완전한 양육제도 만들어야겠습니다. 5~6세엔 무조건 국가에서 아이 키우면 됩니다. 가족, 인간에 대한 사적인 소유가 없어지면 당연히 가정 관련 범죄도 사라지지요. (2006. 1. 7.)

가족제도를 통해 인류가 제각기 불평등한 양육을 받고 불완전한 교육체험을 겪으며 성인에 이르게 되는 비극은 사라졌고, 모든 인간은 동등한 조건하에 똑같이 국가기관에서 탄생하며, 차별 없이 양육되고 균등하게 성장하여 당당한 사회의 구성원으로 역사에 참여하게 된다. 적어도 신체적, 인종적 특징에 따른 어이없는 차별은 사라지게 되었고, 모두가 내면가치를 중시하는 세상이 왔다. (2003. 6. 29.)

연구자가 사건 후 처음 바오로를 방문한 동기는 우리 아들—내 아들인데 얼마나 미웠으면 부모를 살해할 수 있었을까 하는 마음에서였다. 8년을 교류한 지금에야 더 말하면 무엇하랴. 연구자의 인간적인 면모에 부족한 점이 많이 노출되었고 연구참여자로부터 지적과 항의를 받은 일도 여러 번 있었지만 미운 마음은 하나도 들지 않고 그를 이해하려는 노력을 배가할 뿐이다. 지인의 한 사람으로서 교류를 하다가 연구자와 연구참여자의 이중관계로 두 사람의 관계 변화가 있은 후에 실질적인 어려움이 있었는데 호칭문제는 처음에는 아주머니, 그 후 자연스럽게 선생님이 되었다가 연구자와 연구참여자로서 혼돈이 있을 때에 단호하게 아주머니라고 연구자를 부르고 있다. 본인에게 물어보지는 않았지만 공적인 관계보다는 사적인 자연스러운 관계자로서의 연구자 본래의 모습을 선호한다는 뜻으로 해석하면서 그에 대해 묻고 싶은 마음을 억누르고 있다. 새로 만난 연구자와 연구참여자가 아니라 6년째 편지하고 만나오다가 그런 관계로 변신하는 과정에서 약간의 혼동도 있었으나 그는 철저하게 공사를 구별하며 연구에 협력하는 자세를 견지하였다.

그에게서 받은 첫 편지는 정감이 넘치고 예의가 반듯하여 언제나 연구자의 가슴에 살아 숨 쉬고 있다. 그리고 한 걸음 더 나아가 5년이 경과하였던 2005년에는 연구자에 대해서 가끔은 자기 고모나 친척 같다는 생각도 들고, 자신의 가족, 부모였다면 얼마나 좋았을까 상상할 때도 있으며 그럴 때면 바보같이 눈물도 찔끔 맺힌다고 자신과 연구자와의 상호주관성의 관계에 대해서 언급하기도 하였다.

연구자가 바오로의 삶의 이야기를 다른 각도에서 조명하기 위하여 「Congregation: Stories and Structures」를 저술한 James Hopewell(1987, p. 114)이 주장하는 개인 또는 기관의 특성요인 네 가지, 즉 1) 위기와 통합 : 상실과 혼란의 때에 어떻게 특징적으로 반응하고 재통합하는가? 2) 능숙한 기술 : 특징적 기술과 행동 유형은 무엇인가? 3) 분위기 : 특징적 기질과 정서적 분위기는? 4) 희망 : 무엇을 특별히 기대하고 희망하는가에 대해서 물었을 때에 그는 첫째로 위기 대처 방식에 대해서 철저히 현상을 유지하고 일상을 지속하면서 상황분석을 시도한다고 하였다. 그는 언제나 오로지 혼자의 힘으로 위기에 대처해 왔음을 강조하였다.

둘째로 능숙한 기술에 대해서는 상황을 분석하고 정보를 수집한 후 '대차대조표'를 작성하여 이해득실과 선호도, 성공과 실패 항목을 나열하고, 현 위기상황과 대안을(물론 '대안'은 항상 준비해 둠!) 비교하는 것이 체질화되어 있음을 알려왔다. 그는 다행히 자신이 눈치는 빠른 편이라 상황파악은 수월하다고 답하였다. 집에서 자라면서 얼마나 눈치를 보고 자랐는지를 알 수 있게 해 주는 대목이다. 그런데 그는 눈치가 빠른 편이라고 자신하고 있고, 반대로 그의 어머니는 그가 눈치가 없어서 사회 적응을 못할 것이니 의사가 되는 수밖에 없다고 하였으니 그가 그렇게 눈치를 열심히 살피지만 그의 어머니의 마음에는 들지 못했다는 것을 알 수 있다. 이 부분은 그가 말하는 "다행히 제가 눈치는 빠른 편이라 상황파악은 수월히 하는데, 문제는 파악한 정보대로 '노골적인' 줄서기를 잘 못해서 다 알고도 손해보고 한자리 못 차지한다는 겁니다. 그래서 사회생활 못하고 소극적이라는 비난도 듣고요"로도 짐작해 볼 수 있다. 노골적인 줄서기는 여전히 어려운 과제로 그에게 남아 있다. 한편으로 그는 실질적으로 자신이 워드프로세싱만큼은 웬만한 사무직 이상으로 잘하는데, 정말 자신 있게 잘할 수 있다고, 장담할 수 있는 일이 워드프로세싱이라고…… 다른 건 몰라도 워드로는 인정받았음을 거듭 강조하였다. 어느 정도인가 하면 1년 가까이 컴퓨터를 대했는데 1분에 400~500타가 나왔으며, 3년 동안 교도소의 40대 가까운 PC에 어느 부속이 교체되고 무슨 특성, 고장이 제각각이며 시험에는 어떤 문제가 나오는지 달달 외우고, 여기 들어오는 외부강사로부터 '처음에는 재소자 조교 따위가 새대가리로 무슨 PC 고치나 했다가, 나중엔 외부강사가 할 일도 없어질 지경이 되고, 전 원주시내 학원, 학교 통 털어도 여기 교육장만큼 체계적이고 풍부한 시험자료 갖춘 곳은 없다고 장담한다'는 이야기를 들을 지경이었다고 구체적 정황을 들어서 말해 주었다.

셋째, 지배적인 분위기에 대해서는 최악의 상황을 가정하고, 통렬하고 비정한 자아비판을 감행하며, 최대한 자아의 밑뿌리까지 파헤쳐서 뒤엎어 놓고, 폐허에서 재건한다는 각오를 다짐한다고 하였는데, 이는 사건 발발 전의 토익에서 보듯이 최악의 상황을 가정하여 비극적인 시나리오를 진행할 수 있는 위험요인이 크다. 냉철한 비판이 지나쳐서 지나친 자기비하와 자기비난이 그에게는 후천적 천성처럼 자리잡고 있으나 오히려 수형생활에서 조금씩 변화하는 기미를 보이고 있다. 그러나 그는 한편 할 말은 해야겠다는 신조도 가지고 있다. 연구자에게 하고 싶은 이야기를 그냥 침묵을 지킨 채 유화적 분위기로 넘어갈까 하다가, 위선과 가식을 벗고 진실과 진심을 토로해서 각이 서고 날이 서는 폐단을 보이는 것도 교훈적으로 나쁘지 않을 듯해서 몇 가지 짚고 넘어간다며 하고 싶은 말들을 쏟아 내었다. 그는 이런 일을 통해서 기술적으로 세련된 위선과 가식이 인간사에 얼마나 필수적인지 연구자가 생각해 보기를 촉구하기까지 하였다. 그러나 앞에서 그의 기본 음조를 살필 때도 지적된 바처럼 그는 '시험에 들고', 항상 위기인데, 이는 바로 타인에 대한 부적응과 자기 자신에 대한 낮은 신뢰에서 비롯된 것이다. 그는 세상살이 및 대인관계가 원만하지 못하여 긴장, 불안의 연속이니 사상누각에 사면초가가 따로 없는 셈이라고 심중을 토로하였다. 그리하여 앞으로도 오로지 고통, 고난밖엔 장담할 것이 없으며, 피고름, 피눈물, 통곡, 신음소리만이 죽는 날까지 가득할 뿐이라는 슬픈 엘레지를 부른다.

그러면 넷째, 희망에 대해서 그는 무엇이라고 대답하였을까? 그는 무엇보다도 '의지의 승리'를 믿는다는 매우 긍정적인 멘트로 시작한다. 현실적으로는 돈 벌어서 방송통신대학이나 학사고시 과정으로 영어영문학 학사가 되는 것을 마음에 두고 있고, 물론 부정적인 이야기를 꺼내기 위한 서두로 시작한 이야기이지만 자신이 가정을 꾸려 아이 낳는 상황을 가정해 보고 있음도 알 수 있었다. 그래도 한편으로 예전의 중고교 시절에 비하면 처신방법과 효과가 비교적 많이 발전했다고 자신의 발전적인 대인관계를 잘 인지하고 있었다. 궁극적으로 그의 개인적인 간절한 소망은 앞에서도 이야기한 대로 오직 죽기 전까지 인간 본질, 그리고 자신의 속성을 제대로 파악하려는 목표뿐인데, 그것이 과연 얼마나 오랜 시간이 걸릴지, 책 1,000권이면 될지 나이 40, 50 먹으면 가능할지 알 수 없음이 두려울 뿐이라고 자신의 인생의 목표와 꿈을 분명히 제시하였다.

여하튼 어떤 판단이나 선택을 했더라도, 애초의 의도는 선의지였음을 믿기만 해도 총체적 실패란 있을 수도 없지 않겠습니까? 저는 어떤 일이 파국을 맞았더라도, '그 일에 대한 제 능력이 거기까지'였음을 깨달을 수 있다는 사실만으로도 소득이 있었다고 생각합니다. (2005. 5. 8.)

미래를 향한 희망의 씨앗들(성숙의 대본) — 34~65세

그는 2008년 현재 만 31세이다. 이제 부모의 영향과 문화적인 영향을 통합하여 자기 개인을 구축하는 과제를 마무리해야 할 성인 초기에 진입하고 있다. 아직 McAdams의 성숙성의 대본을 쓸 연령에 당도하지는 아니하였다. 하지만 미래지향적으로 그의 미래의 꿈을 더듬어 함께 찾아보는 것은 미래를 준비하는 좋은 방법이라고 생각하여 연구자는 심리전기를 연장하고자 한다. 그리고 그의 현재 속에 미래가 들어 있고 또한 그의 미래는 현재에 잉태되어 있는 것이기에 McAdams가 제시한 성숙성의 대본을 엮어보고자 한다. 특히 그는 출소를 희망하는 45~46세에 대한 생각을 많이 하고 있는 것이 사실이다.

무기수로서 모범적으로 복역하여 20년 장기수로 감형되어 2000년도에 시작된 수형인의 생활을 2020년도 정도에는 마감하기를 간절히 소망하고 있다. 설문지로 희망사항을 문의하였을 때 그는 서슴없이 감형과 출소를 적어 내려갔다.

미래를 향한 희망의 씨앗 — 독특한 결과

연구참여자의 편지에서는 White와 Epston이 가족치료의 주요한 기법으로 활용하는 역사적인 독특한 결과들이 적잖이 발견되었다. 또한 현재의 독특한 결과들도 매우 고무적이며 연구참여자가 가장 깊이 천착하고 있는 인간본성에 대한 미래의 연구결과 발언, 그리고 과거에는 상상할 수 없었던 독특한 결과들도 서신 중에 많이 발견되고 있다.

:: 역사적으로 독특한 결과

역사적으로 독특한 결과는 문제와 관련해서 사람들이 미친 영향을 역사적으로 검토함으로서 밝혀질 수 있다. 역사적으로 독특한 결과는 현재에 새로운 의미—사람들이 과거로 되돌아가서 그들의 삶과 대인관계의 역사를 개정할 수 있게 하는 새로운 의미의 수행을 촉진할 수 있다. 문제로 포화되었던 그의 사건 전의 삶에서도 독특한 결과들을 시사하는 이야기들을 많이 모아볼 수 있다. 그는 사건 2~3주전 자신의 일기장을 뒤적이며 무슨 행복했던 기억들이 있는가를 찾아보아도 단 한 건도 찾을 수 없었다고 하였는데, 지난 8년간 연구자와의 서신 교환 중에는 독특한 결과들을 시사하는 글들이 심심치 않게 이어지고 있었다. 영화와 관련된 독자적인 자신감을 나타내는 것들과 군대생활에서 인정받았던 이야기들이다.

- 영화 동호회에 순전히 심심풀이로 가입한 건 아니었고, 스터디 모임의 초청으로 가입하게 되었음을 분명히 강조하고 싶습니다.
- 영화 공부 1년차인 제 실력 치곤, 비교적 제 영화평에 대한 호응이 나쁘지 않았기에 더더욱 인기 필자가 될 수 있다고 생각했었죠.
- 와중에도 영화만 본 것이 아니라 문화 · 철학 동호회에도 참여했고, 학교 컴퓨터 동아리에서 전시회도 두 번 치렀고, 컴퓨터 프로그래밍 공부도 했고, 대학 평점도 B는 유지했습니다.
- 즉각 1996년 초중반에 베트남 영화 〈CYCLO〉와 캐나다 감독인 데이빗 크로네버그의 〈Videodrome〉 영화평 두 편을 써서 올렸고, 당첨되어 EBS TV 방송에 제 이름이 언급되기도 했었답니다.
- 영화 자체, 특히 스콜세지라는 우상을 타파하고 친구로 친근히 느끼게 됐고, 나중에 경탄하던 DJUNA에 대해서도 한계 극복하며 마침내 제 독자성을 키우게 된 것입니다.
- 청주 공군사관학교 T/O 1명에 지망하여 며칠간 가슴 졸이며 기다리다 마침

내 경쟁자 제치고 선발되어 기쁘던 일

- 저는 거기서도 구보, 각종 군사훈련, 체력검정, 규율준수 모두에서 A등급으로 분류되었구요.
- 칼같이 그들 비위 맞추고, 정해진 일 제대로 해 놓고, 눈치껏 몸 사리고 있으면, 어찌 저를 건드리겠습니까? 두 달 정도 말썽 없이 지나니 제 근무지인 상황실에선 인정받았지요.
- 걸레를 몇 등분으로 접는다든가, 청소순서를 그대로 지킨다든가(바닥→총각틀→복도→신발장 등의 정해진 순서) 밤에 TV 불빛으로 날아드는 나방을 재빨리 잡는다든가 앵무새, 스피커처럼 전달사항을 복창한다든가 하는 관행 등으로 인정받고 아니고가 결정되었지요. 저는, 당연히 잘 해냈습니다.(집에서도 늘 하던 일과 비슷했으니까요!)

:: 현재의 독특한 결과

현재의 독특한 성과의 즉시성은 고도로 강요적이며 사람들이 새로운 의미의 수행을 하는데, 즉각적으로 사용할 수 있다. 그는 자신의 현재의 삶을 성찰하면서 처음으로 남들이 자신을 왕따시키는 것이 아니라 자신이 남들을 왕따시키는 것일 수도 있다는 사고의 전환을 가져왔다. 그는 현재 인간관계의 회복 경험도 귀하게 평가하고 있고, 과거를 원망만 하는 것은 아니라는 것, 지금 교도소 생활이 괜찮다는 것, 그렇게 거리를 두려던 재소자들과의 대화가 유익할 수도 있으며, 타 재소자들의 행위에 대한 긍정적인 반응을 보이며, 무엇보다도 인간을 증오하고 불신하는 것을 피하고 싶다는 이야기 등을 하고 있다. 이것은 그의 이야기 대본이 바뀌고 있음을 표본적으로 보여주는 사례이다.

- 왕따가 되지 않기 위해 조심하다 보니 제 자신이 남들을 왕따시키는 셈이 아니냐, 결국 그게 그거 아니냐고 비난할 수도 있겠지요. 사실입니다. 그래

도 많이 나아졌지요. 예전 중고교 시절에 비하면 처신 방법과 효과가 비교적 많이 발전했습니다.

- 이전까지의 인간관계에는 단절만 있었고 재개나 회복은 결코 없었지요. 하지만 올해는 형과도 결별하고 수녀님 한 분과도 돌아서는 등 데미지가 무척 컸음에도 불구하고 모든 대인관계가 그런 식으로 종결되지 않고 몇몇 사람들과는 회복되기도 했으니 꽤 새로운 체험이지요.
- 저 자신 결코 지난날을 과거의 섭섭한 일들만 되새기며 원망만 품고 살지는 않았습니다.
- 가축상태, 숨 막힌 학교, 거기에 비해서 지금 교도소의 생활이 못할게 하나도 없습니다.
- 가끔 재소자들과의 대화도 유익할 때가 있습니다.
- 예전엔 무의미, 한심해 보였는데, 요즘엔 적어도 운동 마니아들은 몸 만드는 재미, 보람이라도 느끼며 살지 않나 해서 부러워지는 쪽으로 마음이 바뀌었어요.
- 바깥에서라면 다른 일을 얼마든지 찾아 해 볼 텐데.
- 그래도 가장 피하고 싶은 것 '인간에 대한 증오와 불신' 인데.
- 이곳 교도관들의 인격수준이 초 · 중 · 고 교사들보다 월등하게 높더군요.

:: 미래의 독특한 결과

독특한 결과는 미래적 위치를 가질 수도 있는데, 이러한 것들은 문제의 영향으로부터 벗어나려는 사람들의 의도나 계획을 검토하거나 혹은 삶과 대인관계에서 어떤 문제들로부터 벗어나고자 하는 사람들의 희망을 조사함으로써 밝혀진다. 비록 이러한 독특한 결과가 앞으로 올 사건에 대한 기대에 관련되더라도 그것들은 또한 현재적이고 역사적인 독특한 결과와 동일시될 수 있다. 이러한 의도나 희망의 존재는 문제에 '당면해서' 현재적으로 도전하는 행위로 간주되며 사람들에게 미래에는 일이 달라질 수도 있다는—아마도 그들의 희망을 살아 있게 한 것이라고 그들이 '어렴풋이 짐작할' 수도 있었던 것을 알려주는 역사적인 경험에 대한 조사로 이어질 수 있다. 십수 년 후에라도 인간에게 유용한 발언을 하고자 하는 바오로의 의사는 미래를 위한 독특한 결과의 한 예이다.

- 영어영문학 학사고시 준비를……
- 인간본성을 파악해서 나중에 십수 년 즈음 후에라도 유용한 발언을 할 수 있을까요.
- MF 앞에서 보였던 긴장의 30%만 발휘해도 20년 후의 사회에 적응하는 건 일도 아니거니와, 제 나름대로의 목표를 실현하기도 어렵지 않다는 확신이 있습니다. 안일하게 안락하게만 살아온 세상 사람들 따위가 감히 상대나 되겠는지요?

:: 독특한 결과와 상상력

상상력은 실제로 문제 외부화하기 과정에서 아주 중대한 역할을 한다. 이는 특히 독특한 결과의 규명과 그와 관련된 새로운 의미의 부여를 위한 조건을 촉진하는 데 중요하다. 그는 다음과 같이 '어느 정도 남 시선 의식 않고' 라는 독특한 결과의 상상력에 이미 다다르고 있다.

- 영치창고에 따로 맡겨둔 책까지 찾으면, 캐비넷 안이 금새 100여 권 책으로 가득 차겠지요. **그냥 그렇게 어느 정도 남 시선 의식 않고 살아보기로 했습니다.**

헤파이스토스의 중년기와 노년기

연구자는 그의 신화적 원형을 헤파이스토스라는 희랍의 남신에게 찾았고 그의 유년기와 청년기, 직업, 결혼, 성생활, 자녀관계를 이미 앞에서 이론적으로 조명한 바 있다. Jean Shinoda Bolen이 「우리 속에 있는 남신들」을 저술하게 된 것은 수많은 정신과적 상담의 결과이며 현대의 헤파이스토스를 도와준 경험에 근거한다. 그렇다면 보다 나은 중년기와 노년기를 위해서 그녀는 어떠한 조언들을 남기고 있는가?

중년기와 노년기 : 대부분의 남성들이 인생 전반기에 직업과 가정을 갖는 데서 기대되는 것을 하고 인생 후반기에 내면의 여행을 떠난다는데, 헤파이스토스 남성은 시작부터 내면세계를 지향하였고 자신의 부적절하고 격렬한 감정을 표현할 필요가 있었다. 사람들과 어울리지 못함에도 불구하고 그가 직업과 가정을 가질 수 있었다면 인생의 후반기는 대개 인생 전반기보다 더 행복할 것이다. 사람들을 적대시하거나 협박하거나 또는 그들로부터 움츠러드는, 화내고 만성 우울증에 시달리는 헤파이스토스 남성은 친분도 보상을 주는 일도 없이 인생 중반과 노년을 맞이할 수도 있다. 말년까지 자기가 선택한 '대장간'에서 창조적인 작업에 몰두하기도 하는데 무르익을 대로 익은 기술을 드러내게 된다. 그러나 헤파이스토스 남성들은 사회적으로 고립된 낙오자들 사이에서 많이 나타나기도 한다.

헤파이스토스가 성장하는 길 : 헤파이스토스 남성이 사람들과 잘 어울리지 못한다는 이유로 버림을 받거나 가치를 인정받지 못했을 때 그는 자신이 받는 대접이 뭔가 잘못되었다는 생각을 가지게 되며 그때부터 성장이 시작된다. 그는 스스로 권위를 가진 존재가 되어 자신이 지닌 다른 면들을 활성화시키기 위해서 헤파이스토스 원형을 넘어서게 되며, 자신이 하고 있는 일을 통해서 자신이 누구인지 발견하고 그 가치를 인정받게 된다. 중요한 것은 자신을 바로 아는 일이다. 헤파이스토스를 얼마나 닮았는지 자각하고, 그것이 무엇을 의미하는지를 알아야 한다. 원형에 대한 객관적 지식과 자신에 대한 주관적인 지식은 무엇이 자신에게 적성과 의미를 부여하는가를 발견하도록 도울 수 있다. 상처나 학대의 정신과 치료는 필수이다.

분노의 정화에 대한 필요성 말고도 남의 감정이입이나 시선을 필요로 한다. 치료를 통해 의사소통을 하는 능력과 말로 표현하는 능력을 좀 더 개발하게 된다. 바오로는 말보다는 글로 자신의 의견을 논리적으로 잘 개진하고 있다.

그들은 인생에서 의미 있게 생각하는 사람들을 깊이 느끼고 그들에게 강하게 반응한다. "이게 바로 내가 느끼는 거야"가 "이게 실제로 일어난 일이야"가 아니라는 것을 깨닫는 경험이 필요하다. 그들의 주관적인 반응이 지닌 힘과 강렬함은 남이 실제로 그들에게 행하고 말한 것의 실제를 왜곡한다. 그들은 피하고 있는 대화를 통해서 오해와 오인을 씻을 수 있다. 헤파이스토스에게는 헤르메스(의사소통), 객관적 접근(아폴론), 전략적 사고(아테나), 야망(제우스)의 원형을 연구하여 자신 속에 활성화시키는, 즉 다른 원형을 조력자로 활성화시키는 방법이 매우 효과적일 수 있다.

헤파이스토스 부모 갖기 : 인생이 신화를 닮은 것이라면 헤파이스토스 남성은 자신을 인정해 주고 진가를 알아주고 자기 길을 찾으려 할 때 후원해 주는 '양부모'나 부모 노릇을 대신해 줄 인물을 찾을 필요가 있다. 출세와 성취를 강조하며 그를 거부했던 '천상의' 부모를 대치하는, 기술과 물리적인 노력을 요하는 일하는 법을 가르쳐 주는 지상의 부모가 필요하다. 궁극적으로 자기 내부에서 그를 지지하고 정당함을 인정하는 마음가짐을 발견하고 활성화시킬 필요가 있다. 창조적인 재능을 개발하는 일을 하게 된다면 역경과 굴욕과 장애를 딛고 일어설 것이다.

에필로그 : 바오로가 바오로 되게 하심을 믿나이다

끊임없는 곤경을 헤쳐 온 그의 마음에 파고드는 글귀는 소설 속에서도 그를 반긴다. 끝없는 비극 속에서 낭만을 갈구하며 책 속을 헤집는 그의 손길은 오늘도 멈춤이 없다. '곤경(plight)은 끝나지 않는다. 당신이 추구하는 것이 곤경이므로'라던 소설 속 죄수의 말이 생각난다며 그는 곤경을 친구 삼는다. 바오로의 이야기 음조는 낭만주의자를 추구하는 비극이다. 그가 낭만주의자를 추구한다 함은 그의 이방인 기질에 잘 나타나 있다. 그는 애니아그램 검사에서 자신이 75% 정도의 낭만주의자 기질이 있음을 긍정하면서 과거의 일화를 소개하고 있다. 그의 문체대로 소개해 본다.

> 군 휴가 때, 종로 정독도서관 밑에 새로 개장한 '선재 아트센터'에 가서(물론 혼자서) 거리의 피카소 〈바스키아〉 전기 영화 본 후, 다음날 국립 현대 미술관에서 바스키아 작품을 보고 그 전기 영화감독인 줄리앙 슈나벨의 그림도 발견하며 흐뭇해한 다음 백남준의 TV탑 '다다익선'을 뒤로 하고 옆의 동물원 가서 놀다가 교보문고 구석에서 도스토예프스키 「작가의 일기」를 찾아내곤 즐거워했었죠. (2007. 2. 28.)

연구자는 꿈을 꾼다. 환상을 본다. 타임스지에 실린 스필버그 감독의 마지막 작품에 대한 그의 영화 평론은 국내는 물론이고 헐리우드를 비롯한 세계의 영화계에 신선한 충격을 주었다. 인간의 내면심리에 대한 예리한 통찰을 독특하고도 미려한 문장으로 그려내었고, 그러면서도 미스테리한 부분을 여전히 독자의 몫으로 남겨 놓는 여유가 세계적인 영화평론가로서의 그의 입지를 한층 더 굳혀 준다. 그는 인간을 해부하는 시인이다. 그리고 오랜 동안 기다려온 그의 도스토예프스키 평론집이 곧 출간 될 예정이다. 다음 주에 명동 성당 문화관에서 있을 출판 사인회를 위해서 그의 아내는 아주 고급스러운 만년필을 준비해 놓고 있다. 그는 글을 쓰는 사람이고 그의 글은 곧 그다. 그의 이야기는 도도하게 흘러가고 있다.

07

바오로의 이야기에 대한 목회상담학적 고찰

피학대자를 위한 목회상담

기독가정에서 자란 바오로는 자기의 근원이 되는 부모를 살해하였다. 바오로의 부모는 생을 마감할 때 신앙경력 20년을 바라보고 있었다. 그와 남아 있는 그의 가족을 위해서 목회상담은 무엇을 할 수 있을까? Judith Lewis Herman(2007)은 충격적 사건으로 피해당한 사람들을 회복시키는 세 가지 단계를 제시했다. 첫째는 안전한 공간을 확보하는 것이고, 둘째는 기억하고 애도하기이고, 셋째는 재연결하기이다. 목회상담은 바오로로 하여금 자신의 목소리로 새로운 대안적인 이야기를 만들어 가도록 새로운 장을 마련해 주어야 하고, 바오로의 목소리를 경청하고 지지하면서 사회화 과정을 제공해야 한다. 그가 마주하고 있는 현실을 인식하면서 고려할 수 있는 몇 가지를 생각해 보고자 한다.

안전한 공간의 확보

모든 폭력의 피해자에게 1차적인 도움이란 안전한 공간—쉼터를 마련하는 일이다. 그런데 바오로의 경우는 피해자에서 가해자로 변모하였던 사건으로 인해서 현재 교도소라는 공간에서 생활하고 있다. 물론 그에게 언어폭력을 퍼붓던 부모님은 더 이상 존재하지 않고, 그를 왕따시키던 중학교 동창들도 근거리에 있지 않다. 그런 의미에서 그는 안전한 공간에 있으나, 교도소가 어떠한 곳인가를 생각한다면 우리는 그가 언제 안전한 공간에서 생활하게 될지 예측할 수 없다. 교도소는 각종 범죄자들이 함께 생활하는 곳이기에 자연스레 범죄를 조직적으로 자행해온 조직폭력범들의 입김이 가장 강한 곳이며, 전과가 많은 범죄자들의 범죄 경험이 일상적으로 나누어지는 곳이다. 그렇기 때문에 그는 현재 매우 불안하고 위험한 상황에 처해 있다고 볼 수 있다. 또한 교도소의 특성상 수형인들은 24시간 감시, 감독을 받는 생활을 하고 있다. 이러한 불안한 상태에서 치유는 시작되지 않는다(손운산, 2004).

2007년 12월 그는 7년 반 동안 생활하던 혼거실(7~10인)에서 소거실(2인 1실)로 옮기는 변화를 만들어 냈다. 연구참여자는 지난 8년간 교류한 연구자에게 한 번도 구체적으로 털어 놓지 않았던—더 이상 인내할 수 없었던 자신의 삶의 공간에서의 현실에 대해 털어 놓았다. 그는 지난 7년 반 동안 1년에 서너 번씩 혼거실을 옮겨야 했었다고 한다. 방 설겆이 도맡아 하기, 제일 나쁜 자리에서 잠자기 등까지는 인내할 수 있었어도, 범칙을 요구하는 상황에 이르자 그는 더 이상 감내할 수가 없다고 판단했다. 그래서 그는 소거실 배방을 위한 연구를 시작하였고, 2개월여 후에 2인 1실로 옮길 수 있게 되었다. 이 변화는 그에게 상당히 중요한 의미를 갖는다. 보다 안전한 공간으로의 이동이 이루어진 것은 그에게 하나의 전기가 될 수 있다.

기억하고 애도하기

기독교 상담학자인 John Patton(1993)은 깨어진 이야기의 치유에는 깨어진 자아의 회복과 치유가 필수적이라고 하면서, 깨어진 자아의 치유행위에 관여하는 기독교 돌봄의 행위를 '기억하기' 라고 말한다.[1] 기억하기의 중요한 요소는 우리가 분리시켜 놓았던 또 다른 우리들의 자아의 모습, 분열된 자아의 모습, 열등하고 그림자에 가려져 우리의 의식 안에 아직 받아들여지지 못하고 오직 타인들에게만 투사의 과정을 통해 발견되는 공격적이고 방어적인 우리 안의 그림자적 자아의 모습을 있는 그대로 받아들이는 행위를 포함한다.

이러한 기억함은 Gerkin(1986; 정석환 2002a 재인용, pp. 74-76)에 의하면 네 가지의 과정을 거쳐서 이야기화된다. 첫째, 어떠한 일이 발생했는가를 말하게 함으로써 과거를 회상하고 현재의 시점에서 과거의 사건을 재조명하게 한다. 둘째, 왜 그러한 일들이 발생했는가를 물음으로써 과거에 발생했던 사건들이 말하는 사람의 어떠한 행위의 동기와 선택에 의한 사건들이었는가를 깨닫게 한다. 셋째, 이러한 이야기가 말해지고 들려지는 소위 안전하고, 포용하는 분위기를 통해서 자신의 이야기를 새롭게 발견하게 한다. 넷째, 새롭게 발견된 자아의 모습은 조각나고 단절되었던 이야기 세계에서 보다 넓은 이야기의 세계로 연결되고 관계 맺는 넓혀진 이야기의 지평의 세계로 나아간다. 그리하여 새로운 자아의 탄생이 만들어지는 것을 일컬어 지평융합이라 한다.

바오로의 이야기는 여러 차례 재조명되었고, 사건의 동기에 대해서도 비교적 소상하게 탐색되었다. 그의 편지글을 읽다보면 그가 검열을 의식해서 하고 싶은 진실된 이야기를 다하지 못한다는 인상은 받지 않았었다. 비록 안전한 공간은 아니지만

---

1) Marsha Aileen Hewitt는 Critical Theory of Religion의 "Memory, Revolution, Redemption"에서 Elizabeth Fiorenza의 비판적 해방신학으로서의 여성신학에 대한 비판이론을 제기한다. 그는 이 글에서 Fiorenza가 기억하기의 중요성을 강조하며, 과거는 끝나거나 완결되지 않았다고 믿고 있으며, 과거는 사회적 변혁을 유발할 수 있는 정치적 행동의 가능성을 창조하는 것을 회복할 수 있도록 현재를 향해 열려 있다고 주장하는 것에 주목한다. Hewitt는 기억이 변혁과 구원, 더 나아가서 예언자적인 힘을 갖는다는 사실을 역설한다. 조지 오웰의 말처럼 '과거를 지배하는 자는 미래를 지배하고, 현재를 지배하는 자는 과거를 지배한다.' 아동학대 희생자의 과거는 아직 끝나지 않았으며, 그것이 기억됨으로써 치유와 변형, 구원의 역사가 시작된다.

그가 살아온 삶이 언제나 불안했었기에 그는 나름대로 교도소 규정을 충실하게 지키면서 수형생활을 해나가고 있다. 그의 이야기의 지평을 넓히고자 하는 시도는 다양하게 제기되었었다. 여러 차례에 걸친 영화 제의가 그것이고 또한 이 책의 원문인 학위논문도 그러한 성격을 가지고 있다. 안타까운 것은 그가 함께 생활하고 있는 재소자들과는 자신의 사건에 대해 이야기하면서 내면의 갈등을 풀기는 어렵다는 사실이다. 존속살인은 무조건 패륜적 범죄행위로 매도되기에 그는 극구 자신의 존재와 자신의 이야기를 숨길 수밖에 없다. 그가 외부의 서너 그룹과 자신의 관계를 지속하고 있으므로 그 통로를 통해서 그의 이야기가 들려지고 기억되고 조명되리라고 짐작할 수 있다.

연구참여자의 삶은 두 번 전문적인 저술로 기록되었다. 이훈구(2001)와 본 연구자가 그의 삶의 이야기를 경청하고 기억하고 공감하기 위하여 노력하였으며 저술로 기록하였다. 이를 바탕으로 그의 이야기는 사람들 사이에서 보다 많이 기억되고 논의될 것이다. 본 연구는 연구자와 연구참여자를 새로운 대화의 장으로 이끌 것으로 예측할 수 있다. 연구참여자는 자신의 이야기가 연구자라는 거울을 통해서 어떻게 반영되었는가를 확인하면서 자신의 이야기와 재대면할 것이며, 자신의 이야기를 새로운 정체성을 가지고 새로운 각도에서 대할 수 있을 것이다. 그의 상처가 충분히 이야기되고 애도되었을 때에 그의 상처가 아물기 시작할 것이다. 그리고 그의 상처가 기억되고 애도되어 치유가 일어난 후에야 용서에 대해서 이야기를 시작할 수 있을 것이다. 손운산(2005)은 애도가 상실을 되찾게 해 주지는 않지만 애도는 상실의 아픔과 상처를 다시 경험함으로, 그것을 돌이킬 수 없다는 것을 현실로 받아들이게 하는 역할을 한다고 말한다.

용서보다 용납하기

바오로는 자신과 부모를 있는 그대로 용납하는 엄중한 과제를 안고 있다. 그와 그의 부모는 모두가 피해자인 동시에 가해자이다. 그는 증오에 찬 목소리로 아직 부모에 대한 한이 안 풀리고, 그들에게서 받은 상처가 잊혀지지 않고 있다고 이야기 한다. 그럼에도 불구하고 그가 자신의 이야기를 풀어내고 있는 것은 살아남기 위한 거룩한 몸부림이며 치유와 회복을 위한 긍정적인 출발이라고 생각한다. 인간에 대한 기본적인 신뢰감이 구축되고, 자기 삶의 자율성, 주도성, 정체성, 그리고 다른 이와의 지속적인 유대를 통한 친밀감이 형성되는 과정을 통해서 비록 오랜 세월이 소요된다 하더라도 그는 자신 및 부모에 대한 대화를 간단 없이 반복할 것이기 때문이다. 용서는 오랜 학습으로 체화되어야 하는 과정이다(Jones, 1995). 그는 사건에 대한 형량에 불만을 품지 않는다고 이야기한다. 무엇보다도 그는 인간에 대한 증오와 불신을 없애고자 하는 깊은 바람을 안고 현재 무기수로서의 삶을 수용하고 있다. 기한 없는 삶 가운데서 어느 날 자신과 부모를 그 모습 그대로 용납하는 날이 오리라는 희망을 연구자는 갖고 있다. 누구도 용서를 강요할 수 없다. 강요된 용서는 피해자들에 대한 또 다른 폭력이 될 수 있다. 용서는 의무가 아니라 선물이어야 한다. 용서는 치유와 회복을 향해 가는 긴 여정에서 선물로 주어지는 것이다(손운산, 2004). 그것은 아마도 은총으로 주어지는 선물일 것이다.

바오로의 내러티브 새롭게 쓰기

연구자는 바오로의 옛 이야기의 줄거리를 요약하고, 창조적 상상력을 가지고 그의 삶의 이야기 새롭게 쓰기를 시도한다(Parse, 1988).

상처입은 사슴이 가장 높이 뛴다

날 때부터 부모가 안 좋아했고 신체적, 심리적, 정서적 학대, 의료적 방임 가운데서 가축처럼 자랐으며 형과의 차별에 의한 편애는 뼈에 사무치는 원한이다. 그럼에도 불구하고 그는 최선의 노력을 했고 가정의 평화를 위해서 속죄양의 역할을 자처하기도 하였으며 한편 남들처럼 살아보기 위해 영화를 보고 책을 읽었다. 그런데 군대에 가서 자신의 가족을 다시 보게 되었다. 증오와 분노를 잔뜩 가지고 제대하였다. 그리고 적성이 맞지 않아 편입하려고 휴학했다. 토익을 보았는데 망쳤다고 생각했다. 너무나 수, 치, 스, 러, 웠, 다.

그런 상황에 마침내 형이 부모와 완전히 갈라서고 독립하였다. 그러나 그는 부모와 대화로 풀고 싶었다. 모처럼의 항의는 부모의 연합전선에 의해 초토화되었다. 그들의 기복적 신앙에 실망하였다. 그는 다 놓아 버릴 수밖에 없었다. 마지막 일주일간은 부모가 그를 인식 못하는 것처럼 완전히 방치되었다. 절망의 심연으로 추락하여 헤매는 그에게 부모는 말 한마디 걸지 않고 눈길 한 번 주지 않았다. 그 다음 시나리오는 저절로 진행되었다.

그는 부모에 관한 악몽을 꾸지 않는다고 한다. 꿈은 현실처럼 위장평화 그대로다. 뮤지컬 티켓 예매하고 종로에서 약을 사다 드린다. '싹수 노란 새끼, 굼벵이, 미련툭박지, 꺼벙쉥이 귀에 못이 박히게 들은 이야기가 어찌 10년이 가고 20년이 간다 한들 잊힐 리가 있겠는가!'라고 외친다. 아직 한이 다 안 풀렸다. 부모님께 편지해도 대답이 없다고 한다. 그는 신과 세상은 공평하지 않다고 비판한다. 그는 인간이란 존재의 본질을 알고 싶다고 절규한다. 그는 교도소에서도 마찬가지로 당하며 억울하고 분하다고 호소한다. 아, 인간이란 어떤 존재인가? 그는 모든 것을 다 바쳐서라도 인간 존재의 본성을 알고 싶어 한다. 그것이 그의 삶의 의미이다.

그의 편지를 전기문으로 구성하였을 때 행간에 어른거리는 한 '바른 생활 십자가 사나이'의 모습이 또렷이 부각되었다. 어머니와 아버지, 그리고 형으로부터 '싹수 노란 새끼'라는 소리를 귀에 못이 박히게 들을 때에도 그의 가슴 한복판에는 정확한 나침반이 놓여 있었고, 학교에서 친구들이 그에게 부당하게 행할 때에도, 학교에서 교사들이 혹 우리의 이상을 흔들리게 하는 언행을 할 때에도 그에게는 하나의 바른 잣대가 있었으니 바로 주님이 지신 희생의 십자가이었다. 그는 마치 구세주처럼 갖가지의 십자가를 지는 노력을 20여 년이나 하였다.

Emily Dickinson의 싯귀에 있는 '상처 입은 사슴이 가장 높이 뛴다(A wounded

그림 7-1 프리다 칼로의 '작은 사슴'

deer leaps highest.)'는 사냥꾼의 이야기는 그의 상처뿐이었던 삶을 대변해 주는 메타포이다. 그의 몸과 마음에는 헤일 수 없이 수많은 화살이 박혀 있다. 그러기에 그는 어느 누구보다도 높이 뛰어오를 수밖에 없었다. 존속살인이라는 행위로 죽음의 문턱에까지 갔었지만 그럼에도 그는 죽지 않았고 삶의 본능으로 충만하다. 엘제 수녀님의 영감처럼 하늘이 그가 살기를 원하시는 것이다. 프리다 칼로의 '작은 사슴' 처럼 그는 어두운 환경 속에서 침묵으로서 소리 없는 절규를 전달한다. 그의 몸에 박힌 수많은 화살에도 불구하고 붉은 피가 엉겨 붙어 지저분한 상처가 아닌 맑디맑은 사슴의 눈 같은 상처는 희망적이다. 그림 속 사슴처럼 그가 그의 상처라는 감옥에 머물지 말고, 과거를 과거로 돌리고 새로운 도약을 시도한다면, 그는 과거를 불태우고 새로운 길을 여는 개척자의 삶을 살아 갈 수 있을 것이다(그림출처: http://cafe.daum.net/pieceofmind).

그는 인간이란 어떤 존재인가? 나 자신은 누구인가? 하는 문제를 끊임없이 탐색하며 궁구하고 있다. 바울 사도의 말씀대로 우리는 그의 만드신 바이다(*αὐτοῦ γαρ ἐσμεν ποίημα*. 엡 2:10). 만드신 바라는 말의 헬라어는 *ποίημα*(포이에마, poiema)로서 poem(시)이라는 단어가 여기에 어원을 두고 있다. 바오로는 우리 주님이 만드신 바이다. 그는 수많은 난해한 시를 해석할 수 있는 마스터키 같은, 이야기 줄기가 풍요로운 서사시이다. 그는 시다. 우리 주님이 손수 지으신 시다.

사람들은 그의 죄를 보고, 주님은 그의 아픔을 보신다. 사람들은 그에게 손가락질하고, 주님은 그를 감싸 주신다. "죄 없는 이가 먼저 치라." 바닥에 새긴 주님의 사랑! 십자가에 다시 새겨 우리 모두의 생명을 구하신다. 감출 수 없는 우리의 허물을 자신을 버려 덮으시고 피할 곳 없는 우리의 영혼을 십자가에 숨기신다. 우리의 수치와 죽음을 대신 당하신 그의 십자가 뒤로, 죄 없으신 예수의 십자가 뒤로 우리는 그와 함께 우리의 몸을 숨긴다. 거기에 우리가 머물 안전한 공간이 있고, 예수는 우리의 모든 허물과 고통을 기억하고 우리와 함께 아파하고 계시며, 우리가 이 세상에서 벗어나지 않고 이런 저런 그물을 짜며 살기를 바라시며 따뜻한 손을 내미신다. 진리는 모두를 자유하게 할 것이다(참조: 박종호, 바닥에 새긴 사랑).

연구의 결론

바오로의 존속살인 사건은 수천수만의 가정을 정화하는 등불이 되었다. 그의 상처가 컸기에 그는 반사회적인 사건을 저질렀다. 그는 지금 끝을 알 수 없는 무기수의 삶의 여정에 있다. 하느님은 그에게 평안한 인생항로를 예비하지 않으신 듯하다. 부모에게 시달릴 대로 시달렸고, 교도소에서는 지난 8년간 조폭들과 누범자들에게 시달리면서 고달픈 역경을 헤쳐 왔다.

그럼에도 불구하고 인간이라는 존재를 존중하고 사랑하려는 그의 인간탐구의 정신과 처참하고 참담한 나락에 떨어졌어도 자신의 생을 이어가며 자기 자신을 보듬어 안고 바로 세우려는 그의 자기 분석의 노력, 이 두 가지야말로 그의 삶을 지탱해 주는 원천이고, 그가 살아가는 힘이다. 이제 그는 스스로 자신의 부모가 되어서 인생의 버팀목을 세우기 위해 간단 없이 문 · 사 · 철의 세계 안을 종횡무진 누빈다.

중요한 것은 부모에게 받은 상처에 맞서 싸우면서 살아가는 게 아니라 오히려 그의 상처와 더불어 살아가는 자세일 것이다. 그렇게 되면 그는 지금 여기에서 아주 특별한 길을 발견할 것이다. 그는 다른 사람들의 부모가 됨으로써 부모에 대한 그리움을 삶으로 살아낼 것이다. 이런 식으로 그는 부모의 긍정적인 뿌리와 접목하게 된다. 부모에게 받은 상처가 커다란 자원이 될 수도 있다. 그가 부모에게 받은 상처에서 그의 카리스마, 삶의 소임, 자신이 남기고픈 삶의 흔적을 인식할 수 있을지는 전적으로 그에게 달려 있다. 그가 부모에게 받은 상처를 통해서 그의 삶의 여로를 찾게 된다면, 그는 자신의 상처들을 한 번에 하나씩 꺼내어 쓰다듬으며 치유자의 삶을 살게 될 것이다. 그의 상처의 흔적은 그뿐만 아니라 다른 많은 사람들의 상처와 생명을 치유하는 **'상처받은 치유자로서의 원형'**으로 부활할 것이다.

참고문헌

국내 문헌

공지영 (2005) 우리들의 행복한 시간. 서울: 푸른숲.

권수영 (2005) 임상현장의 작용적 신학: 기독교상담 방법론적 정체성, 한국목회상담협회 제 12차 교육세미나, 2-11.

권수영 (2007) 한국인의 관계심리학. 살림출판사.

김광자 (1980) 카라마조프네 형제들에 나타난 죄와 구원의 성서적 이해. 연세대 연합신학대학원 석사논문.

김기석 (2007) 선물이 된 사람, 선물로 살아야 할 사람들, 기독교사상. 54권, 595호. 10-12.

김대용 (2003) 모세에 대한 심리전기적 연구. 연세대 연합신학대학원 석사논문.

김성택 (1995) 헤파이스토스와 르네 샤르의 불의 시학, 불어불문학 연구. 제 32집.

김현숙 (2004) 탈인습성과 기독교교육. 서울: 대한기독교서회.

김현숙 (1999) 후기 현대사회와 기독교적 자아정체감 - 탈인습적 대화의 기독교교육, 신학논단. 27, 283-303.

김현숙 (2002) 탈인습성을 지향하는 성인 기독교교육, 신학논단. 30, 393-409.
박순 (2008) 학대받은 존속살해 무기수의 이야기심리학적 심리전기. 연세대 박사 논문
박순 (1980) L. M. 브래머와 E. L. 쇼스트롬의 치유심리학에 관한 한 연구 - 이론적 배경과 자아실현상담으로의 발달. 연세대 연합신학대학원 석사논문.
손운산 (2004) 치료, 용서, 그리고 화해, 한국기독교신학논총. 35, 241-283.
손운산 (2005) 부부사이에서의 용서와 화해, 이혼상담전문가 교육자료집. 19-34.
신경림, 조명옥, 양지향 외 (2004) 질적 연구 방법론. 이화여자대학교 출판부.
안동현 (2004) 아스퍼거 증후군이란? 한국자폐학회 학술대회 자료집. 2004. 11.
양혜영 (2001) 형제라는 이름의 타인: 심리학으로 읽는 우리가 몰랐던 형제 이야기. 올림.
유영권 (1996a) "목회상담학의 새 모델", 신학사상. 제 93집. 한국신학연구소. 223-247.
유영권 (1996b) "대상관계 심리학과 목회상담(Ⅰ)", 기독교사상. 1996년 9월호. 대한기독교서회.
유영권 (1999) 한국 목회상담의 실천과 교육에 관한 분석, 신학논단. 26, 275-297.
유영권 (2000a) 전인치유의 총체적 모델, 신학논단. 28, 323-348.
유영권 (2001b) "A Formation of Pastoral Methodology", 현대와 신학. 26집, 연합신학대학원. 514-530.
유영권 (2004) 한국인의 참자기와 공동체를 찾아서, 기독상담센터 학술세미나 5, 32-55.
유영권 (2007) 행복한 부부여행. 서울: 주는 나무.
이관직 (2005) 성경인물과 심리분석. 서울: 생명의 말씀사.
이훈구 (2001) 미안하다고 말하기가 그렇게 어려웠나요. 서울: 이야기.
전인권 (2000) 아름다운 사람 이중섭. 문학과 지성사.
전인권 (2004) 남자의 탄생. 파주: 푸른숲.
전인권 (2006) 박정희 평전: 박정희의 정치사상과 행동에 관한 전기적 연구. 서울: 이학사.

정석환 (1997) 중년을 위한 목회상담의 한 모델, 신학과 실천. 1, 130-16. 기독교문화연구소. 203-240.
정석환 (1998) 이야기 심리학과 목회상담, 신학논총. 4, 203-240.
정석환 (1999a) 이야기심리학의 심리전기적 인간탐구 방법론 연구, 신학논단. 26, 251-273.
정석환 (1999b) 죽음의 불안과 중년기 성숙성의 과제, 현대와 신학. 24, 299-317.
정석환 (ed)(2000a) 이야기심리학과 상담. 연세대학교 대학원.
정석환 (2000b) 정신분석학과 목회상담, 신학논단. 28, 305-322.
정석환 (2001a) 기독상담과 영성, 신학논단. 29, 403-430.
정석환 (2001b) 후기 현대사회와 자아 정체성의 문제, 현대와 신학. 26, 164-182.
정석환 (2002a) 목회상담학연구. 고양: 한국 학술정보(주).
정석환 (2002b) 한국인 중년남성을 위한 목회상담: 한국적 남성운동을 위하여, 기독상담센터 학술세미나 4, 103-138.
지연숙 (2003) 고황경의 삶에 대한 심리전기적 분석. 연세대 연합신학대학원 석사논문.
차준희 (1998) 창세기 다시보기. 대한기독교서회.
홍강의 · 정도언(1982) 사회재적응 평가 척도제작, 신경정신의학. 21, 123-138.

번역서적

American Psychiatric Association. (1994) 정신장애의 진단 및 통계편람 제4판 (DSM-Ⅵ), 하나의학사.
Attwood, T. (1998) Asperger's Syndrome 세상과 소통을 꿈꾸는 아스퍼거 증후군 아이들. 이상연 · 조장래 공역 서울: 궁리.
Barnhill, G. P. (2002) Right Address Wrong Planet 아스퍼거 증후군을 키우며 박경희 역. 서울: 특수교육.
Biddulph, S. (1998) 남성심리학자가 남자에게 말하는 남자의 생. 김훈 역. 북하우스.
Bolen, J. S. (1984) 우리 속에 있는 여신들. 조주현 · 조명덕 공역. 서울: 또 하나의

문화
Bolen, J. S. (1989) 우리 속에 있는 남신들. 유승희 번역. 서울: 또 하나의 문화.
De Vinck, C. (1951) Nouwen Then 헨리 나웬: 한 상처 입은 치유자에 대한 회상. 김동완 역. 요단.
Gerkin, C. V. (1998) The Living Human Document 살아있는 인간문서. 안석모 역. 한국심리치료연구소.
Gerkin, C. V. (1999) 목회적 돌봄의 개론. 유영권 역. 은성.
Howlin, P. (1998) Children with Autism and Asperger Syndrome 자폐증과 아스퍼거증후군 아동: 치료자와 부모를 위한 지침서. 김혜리, 정명숙, 박선미, 박영신, 이현진 공역. 서울: 시그마프레스(주).
Jones, J. W. (2002) Contemporary Psychoanalysis & Religion-Transference and Transcendence 현대정신분석학과 종교: 전이와 초월. 유영권 역. 한국심리치료연구소.
Hare, R. B. (1993) Psychopath 진단명: 사이코패스 우리 주변에 숨어 있는 이상인격자. 조은경, 황정하 역. 서울: 바다출판사.
Herman, J. L. (2007) Trauma and Recovery 트라우마: 가정폭력에서 정치적 테러까지. 플래닛.
Kafka, F. (1999) Brief an den Vater 아버지에게 드리는 편지. 이재황 역. 문학과지성사.
Kohut, H. (1971) The Analysis of the Self 자기의 분석. 이재훈 옮김. 서울: 한국심리치료연구소, 2002.
McGoldrick and Gerson (2002) Genograms in Family Assessment 가족치료를 위한 가족분석가계도. 이영분, 김유숙 역. 홍익재.
Myles, B. S. (2005) Children and Youth with Asperger Syndrome 아스퍼거증후군: 성공적인 통합교육을 위한 전략. 이소현 역. 서울: 학지사.
Nouwen, H. (1972) The Wounded Healer 상처 입은 치유자. 최원준 역. 두란노.
Parse, R. R. (1998) The Human Becoming School of Thought: A Perspective for Nurses and Other Health Professionals 인간되어감 이론 -

연구와 실무적용. 고명숙, 이정숙, 이옥자 편저. 현문사.

Ressler, R. K. (1992) Whoever Fights Monsters 살인자들과의 인터뷰: 이상 살인자들의 범죄 심리를 해부한 FBI 심리분석관 로버트 레슬러의 수사기록. 황정하 · 손명희 공역. 서울: 바다출판사.

Riessman, C. K. (2005) Narrative Analysis 내러티브 분석. 대한 질적연구간호학회: 김원옥 · 강현숙 · 조결자 · 은영 역. 군자출판사.

The American Psychoanalytic Association (1990) Psychoanalytic terms & concepts 정신분석 용어사전. 이재훈 외 옮김. 한국심리치료연구소.

Winnicott, D. W. (1971) Playing and reality. New York: Basic Books. 놀이와 현실. 이재훈 역. 한국심리치료연구소. 1994.

국외 문헌

Adler, A. (H. L. Ansbacher and R. R. Ansbacher, Eds.) (1964). *The Individual Psychology of Alfred Adler: A Systematic Presentation in Selections from His Writings*, New York: Harper & Row.

Alexander, I. E. (1988) Personality, Psychological Assessment, and Psychobiography, In McAdams D. P. & Ochberg, R. L. Eds. *Psychography and Life Narratives*, Durham and London, Duke University. 265-290.

Alexander, I. E. (1990) *Personology; Method and content in Personality Assessment and Psychobiography*, Duke University Press.

Allport, G. W. (1937) *Personality: A Psychological Interpretation*. New York: Holt.

Anderson, T. (1978) Becoming sane with psychohistory. *The Historian*, *41*, 1-20.

Bard, R. A. (1995) *Charlotte Perkins Gilman: A Psychobiography*. Ph. D. diss., University of Adelphi. UMI 9612582.

Baron-Cohen, S. (1988) "An assessment of violence in a young man with

Asperger's Syndrome." *Journal of Child Psychology and Psychiatry, 29,* 351-360.

Baron-Cohen, S. (1988) An Assessment of Violence In a Young Man with Asperger's Syndrome, *J. Child. Psychol. Psychiat. 29, No. 3*: 351-360.

Baron-Cohen, S., Wheelwright, S., Skinner, R., Martin, J., and Clubley E. (2001) The Autism-Spectrum Quotient(AQ): Evidence from Asperger Syndrome/High-Functioning Autism, Males and Females, Scientists and Mathematicians, *Journal of Autism and Developmental Disorders. 31, No. 1,* 5-17.

Baron-Cohen, S., Richler, J., Bisarya, D., Gurunathan, N., and Wheelwright, S. (2003) The Systemizing quotient: an investigation of adults with Asperger syndrome or high-functioning autism, and normal sex-differences, *Phil. Trans. R. Soc. Lond. B, 358,* 361-374.

Baron-Cohen, S. and Wheelwright, S. (2004) The Empathy Quotient: An Investigation of Adults with Asperger Syndrome or High Functioning Autism, and Normal Sex Differences, *Journal of Autism and Developmental Disorders, 34, No. 2,* 163-175.

Baron-Cohen, S., Wheelwright, S., Robinson, J. and Wood Bury-Smith, M. (2005) "The Adult Asper Assessment(AAA): A Diagnostic Method", *Journal of Autism and Developmental Disorders, 35, No. 6,* 807-819.

Barzun, J. (1974) *Clio and the doctors: Psycho-history, quanto-history and history.* Chicago: The University of Chicago Press.

Bennett, J. L. (2006) *Professional Work From Life: Lived-Experience and the Formation of the Professional Work of Scholar-Practioners.* Ph. D. diss., of Fielding Graduate University. UMI 3205504.

Bhalla, A. (2006) Dealing with parricide offenders. *The Tribune, India.* Feb. 26.

Bond, A. H. (1989) *Who Killed Virginia Woolf?: A Psychobiography.*

Human Sciences Press.

Brook, S. (1984) *Toulouse-Lautrec: Victory of the Death Instinct*. Ph. D. diss. of Union Graduate School.

Burgoine, E. and Wing, L. (1983) 'Identical triplets with Asperger's Syndrome.' *British Journal of Psychiatry, 143*, 261-265.

Capps, D. (2000) *Jesus: A Psychological Biography*. Missouri: Chalice Press.

Carlson, R. (1988) Exemplary Lives: The Uses of Psychobiography for Theory Development. In D. P McAdams & R. L. Ochberg(eds.) *Psychobiography and Life Narratives*. Duke University Press.

Chiles, R. P. (1990) *William James: A Damaged Self Journeys Toward Reparation*. Ph. D. diss., University of Northwestern. UMI 911451.

Chrishan, J. (2006) *The Innocent Man; Murder and Injustice in a Small Town*, Bennington.

Creswell, J. W. (1998) *Qualitative Inquiry and Research Design: Choosing among Five Traditions*. Thousand Oaks, CA: Sage Publications, 222-223, case study, biography.

Cohn, L. M. (1997) *The Life Story of Jean Baker Miller: Toward and Understanding of Women's Lifespan Development*. Ph. D. diss., of Wright Institute. UMI 9727107.

Collins, B. I. Jr. (1995) *Psychoanalytic Biography and Art History: A Critical Study of Psychobiographical Approaches to Leonardo Da Vinci*. Ph. D. diss., University of Columbia. UMI 9533529.

Cooper, S. A., Mohamed, W. N., and Collacott, R. A. (1993) 'Possible Asperger's Syndrome in a mentally handicapped transvestitie offender.' *Journal of Intellectual Disability Research, 37*, 189-194.

Denzin, N. K. and Lincoln Y. S. (1994) *Handbook of Qualitative Research*, Thousand Oaks: Sage.

DeSantis, T. I. (2002) *A Psychobiography Study of Joel D. Rifkin*. Ph. D.

diss., University of Adelphi. UMI 3046380.

Edel, L. (1979) The figure under the carpet. In M. Pachter(Ed.), *Telling lives: The biographer's art.* 16-34. Washington, DC: New Republic Books.

Elms, A. C. (1994) *Uncovering lives: The uneasy alliance of biography and psychology.* New York: Oxford University Press.

Erickson, B. J. (2003) *A Psychobiography of Richard Price: Co-Founder of Esalen Institute.* Ph. D. diss., of Fielding Graduate Institute. UMI 3106741.

Erikson, E. H. (1950/1963) *Childhood and Society.* New York: Norton.

Erikson, E. H. (1958) *Young Man Luther.* New York: Norton.

Erikson, E. H. (1968) *Identity: Youth and Crisis,* W. W. Norton & Company.

Erikson, E. H. (1969) *Gandhi's truth.* New York: Norton.

Everall, I. P. and Lecouteur, A. (1990) 'Firesetting in an adolescent boy and Asperger's syndrome,' *British Journal of Psychiatry, 157,* 284-287.

Francis, R. F. (1997) *Inferring Authors' Personalities Through Their Work: Testing Leopold Bellak's Method.* Ph. D. diss., of Saybrook Institute. UMI 9916480.

Freud, S. (1905/1963) *Dora: An Analysis of a Case of Hysteria*, New York: Macmillan.

Freud, S. (1910/1963) *Leonardo da Vinci and a Memory of His Childhood.* New York: Norton.

Freud, S. (1938) Psychology of Everyday Life. In A. A. Brill (ed. and trans.), *The basic Writings of Sigmund Freud.* New York: Modern Library.

Freud, S. (1963) "Psychoanalytic Notes upon an Autobiographical Account of a Case of Paranoid(Dementia Paranoids)(1911)," in *Three Case Histories*, NY: Collier Books, 103-86.

Friedlander, S. (1975) *History and psychoanalysis*. English translation, 1978. New York: Holmes & Meier.

Gardner, H. (1993) *Creating minds: An anatomy of creativity seen through the lives of Freud, Einstein, Picasso, Stravinsky, Eliot, Graham, and Gandhi*. New York: Basic Books.

Gatzke, H. W. (1973) Hitler and psychohistory. *American Historical Review*, 78, 394-401.

Gerkin, C. W. (1986) *Widening the Horizons: Pastoral responses to a fragmented society*, Philadelphia: Westminster Press.

Gerkin, C. V. (1997) *An Introduction to Pastoral Care*. Nashville: Abingdon Press.

Ghaziuddin, M., Tsai, L., and Ghaziuddin, N. (1991) Brief Report: Violence in Asperger Syndrome, A Critique, *Journal of Autism and Developmental Disorders, Vol. 21, No. 3*, 349-354.

Gilligan, J. (1996) *Violence: Reflections on a National Epidemic*. New York: Vintage Books.

Gilmore, W. (1984) *Psychohistorical inquiry: A comprehensive research bibliography*. New York: Garland.

Glad, B. (1973) Contributions of psychobiography. In J. Knutson (ed.), *Handbook of political psychology*. 296-321. San Francisco: Jossey-Bass.

Glaser, B. G. and Strauss, A. L. (1967) *The discovery of grounded theory. Strategies for qualitative research*. Chicago. Aldine(dt, 1988: G*rounded Theory. Strategies for Qualitative Forschung*. Bern: Huber).

Holmes, T. H. and Rahe, R. H. (1967). The social readjustment rating scale, *Journal of Psychological Research, 11*.

Hopewell, J. F. (1987)(Wheeler B. G. ed.) *Congregation: Stories and Structures*. PA: Fortress.

Izenberg, G. (1975) Psychohistory and intellectual history. *History and*

Theory, 14, 139-155.

Joesselson, R., Lieblich, A., and McAdams, D. (Eds.) (2003) *Up close and personal: The teaching and learning of narrative research*. Washington, D. C.: American Psychological Association.

Jones, L. G. (1995) *Embodying Forgiveness: A Theological Analysis*. Michigan: William B. Eerdmans Publishing Company.

Klin, A. and Volkmar, FR. (1997) Asperger's Syndrome. In : *Handbook of Autism and Pervasive Developmental Disorders*, Cohen, D. J. & Volkmar, FR(eds), NY: John Wiley & Sons, Inc., 94-122.

Klin, A. (2003) Asperger syndrome: An update. *Rev Bras Psiquiatr, 25:* 103-109.

Kluckhohn, C. and Murray, H. (1953) Personality formation: The determinants. In C. Kluckhohn, H. Murray, & D. Schneider (Eds.), *Personality in nature, society and culture*. New York: Knopf.

Kofodimos, J. R. (1986) *Paul Simmons, Executive: A Psychological Biography*. Ph. D. diss., University of Yale. UMI 8628049.

Kohut, H. (1960) Beyond the bounds of the basic rule. *Journal of the American Psychoanalytic Association, 8*, 567-586.

Kohut, H. (1977) *The restoration of the self*. New York: International University Press.

Lartey, E. Y. (1997) *In Living Colour: An Intercultural Approach to Pastoral Care and Counseling*. London: Herndon, Va.: Cassell.

Leehan, J. (1989) *Pastoral Care for Survivors of Family Abuse*. Westminster/John Knox Press.

Mack, J. E. (1971) Psychoanalysis and historical biography. *Journal of the American Psychoanalytic Association, 19*, 143-179.

Martellock, A. K. (2003) *She Who Is Not: A Psychobiography of Catherine of Siena Using the Theories of D. W. Winnicott*. Ph. D. diss., University of

Massachusetts. UMI 3088240.

Mawson, D., Grounds, A., and Tantam, D. (1985) 'Violence and Asperger's Syndrome' : a Mawson, D, Grounds A. & Tantam, D. (1985) Violence and Asperger's Syndrome: A Case Study. *British Journal of Psychiatry, 147,* 566-569.

McAdams, D. P. (1988) *Power, Intimacy, Life Stories: Personological Inquiries into Identity.* New York/London: Guilford.

McAdams, D. P. and Ochberg, R. L. Eds. (1988) *Psychobiography and Life Narratives,* Durham and London, Duke University.

McAdams D. P. (1994) *The Person: An Introduction to Personality Psychology.* New York: Harcourt Brace College Publishers. 536

McAdams, D., Lieblich, A., and Josselson, R. (Eds.). (2001) *Turns in the road: Narrative studies of lives in transition.* Washington, DC: American Psychological Association.

McAdams D. P., Josselson, R. and Lieblich, A. (Eds.) (2006) *Identity and Story: Creating Self in Narrative,* American Psychological Association · WA, DC

Mccafferty, S. M. (1994) *Psychobiography of Lou Andreas-Salome.* Ph. D. diss., University of Massachusetts. 1994. UMI 9536344.

McFague, S. (1993) *The Body of God.* Minneapolis: Fortress Press.

Murray, H. A. (1938) *Explorations in Personality.* New York: Oxford University Press.

Murray, H. A. (1955) "American Icarus," In A. Burton & R. E. Harris(Eds.), *Clinical Studies in Personality, vol. 3,* 615-641. New York: Harper & Row.

Murrie, D. C., Warren J. I., Kristiansson, M., and Dietz, P. E. (2002) Asperger;s Syndrome in Forensic Settings, *International Journal of Forensic Mental Health, Vol. 1,* 59-70.

Nishino, S. F. (2005) *Rasputin: A Psychobiography*. Ph. D. diss., of Pacifica Graduate Institute. UMI 3173605.

Nouwen, H. J. (1975) *Reaching Out: The Three Movements of the Spiritual Life*. Garden City, N. Y: Doubleday & Co.

Ornstein, P. H. (ed)(1990) *The Search for the Self: Selected Writings of Heinz Kohut: 1978-1981*. Madison: International Univ. Press.

Patton, J. (1993) *Pastoral care in context*, Lousville, Kentucky: Westminster/John Knox Press, 39-61.

Poling, J. N. (2002) *Render Unto God: Economic Vulnerability, Family Violence, and Pastoral Theology*. St. Louis: Chalice Press.

Read, N. W. (1994) *Patterns of Consistency and Change The Five-Factor Model and the Life Story Model in the Life Voyage of Dodge Morgan*. Ph. D. diss., University of Pacific. UMI 9511177.

Runyan, W. M. (1978) The life course as a theoretical orientation: Sequences of person-situation interaction. *Journal of Personality, 46*, 569-593.

Runyan, W. M. (1982) *Life Histories and Psychobiography: Explorations in theory and Method*, Oxford University Press.

Runyan, W. M. (2006) Psychobiography and the Psychology of Science: Understanding Relations Between the Life and Work of Individual Psychologists. *Review of General Psychology, Vol. 10, No. 2*, 147-162.

Sarbin, T. R. ed. (1986) The Narrative as a root metaphor for psychology, In *Narrative psychology: The storied nature of human conduct*, New York: Praeger Publishers.

Scalapino, L. M. (1999) *Anne Sexton: A Psychological Portrait*. Ph. D. diss., University of Alberta.

Schopler, E and Mesibov, G. B.(eds.) (1992) *High Functioning Individuals with Autism*. New York & London: Prenum.

Schultz, W. T. ed. (2005) *Hand book of Psychobiography*, Oxford University Press.

Schwartz-Watts, D. M. (2005) Asperger's Disorder and Murder, *The Journal of the American Academy of Psychiatry and the Law 33*, 390-393.

Scragg, P. and Shah, A. (1994) Prevalence of Asperger's Syndrome in a secure hospital. *British Journal of Psychiatry*, *5*, 679-682.

Schiavone, D. B. (2000) *A Descriptive Study of the Effects of Exposure to Violence in an Inner City Community of an Aspects of Adolescent Identity Development During This Critical Phase*. Ph. D. diss., of Catholic University of America. UMI 9969561.

Schreiber, A. K. (2002) *A Transgenerational Psychography of the British Royal Family: From Victoria to Charles and Diana*. Ph. D. diss., of Union Institute & University. UMI 3057830.

Sevigne, Marie de. (1899) *Letters of Madame de Sevigne*. ED. James A. Harrison. Boston: Ginn and Company.

Simonton, A. K. (1999) Significant Samples: The Psychological study of eminent individuals. *Psychological Methods*, *4(4)*, 425-451.

Smith, L. M. (1994) "Biographical Method" In Denzin & Lincoln,(Eds.) *Handbook of Qualitative Research*, *Sage*.

Sohn, W. S. (1990) *Telling and Retelling Life Stories: A Narrative Approach to Pastoral Care*, Ph. D. diss., of Vanderbilt.

Stannard, D. E.(1980) *Shrinking history: On Freud and the failure of psychohistory*. New York: Oxford University Press, 1980.

Stevens, A. (1995) *Private Myth: Dreams and Dreaming*. Harvard University Press.

Stone, L. (1981) *The Past and the present*. Boston: Routledge & Kegan Paul.

Taddeo, J. A. (1996) *The Last Eminent Victorian: Lytton Strachey and the*

Myth of the Modernist Rebellion. Ph. D. diss., University of Rochester. UMI 9720525.

Tardie, J-Y. (1996) *Marcel Proust: A Biography*. Trans Euan Cameron. New York. Viking, 2000.

Thompson, G. (2004) *A Touch of the Poet: A Psychobiography of Eugene O'neill's Recovery From Alcoholism*. Ph. D. diss., University of Trinity Western.

Tomkins, S. S. (1979) Script theory: Differential magnification of affects. In H. E. Howe and R. A. Diesntbier(eds.), *Nebraska Symposium on Motivation. Vol. 26*. Lincoln: University of Nebraska Press.

Tucker, R. C. (1973) *Stalin as revolutionary, 1879-1929: A Study in history and personality*. New York: Norton.

Walker, A. (1995) *Paula Modersohn-Becker: An Exploratory Psychobiographic Study of Creativity, Identity, and Individuation*. Ph. D. diss., University of California. UMI 9929449.

Walrod, S. T. (1978) *Egon Schiele: A Psychobiography*. Ph. D. diss., University of Berkeley.

Watchel, P. (1977) Interaction cycles, unconscious processes, and the person-situation issue. In D. Magnusson and N. Endler (Eds.), *Personality at the crossroads*, Hillsdale, N. J.: Erlbaum.

White, M. and Epston, D. (1990) *Narrative Means to Therapeutic Ends*. New York & London: W. W. Norton & Company.

Wing, L. (1981) 'Asperger Syndrome: A clinical account,' *Psychological Medicine 11*, 115-130.

Wing, L. and Gould J. (2006) Letter to the Editor: Comment on "The Adult Asperger Assessment(AAA): A Diagnostic Method," Simon Baron-Cohen, Sally Wheelwright, Janine Robinson and Marc Woodbury-Smith, *Journal of Autism and Developmental Disorders 35(6)*, 1141-1142.

Wyatt, F. (1956) Psychoanalytic Biography.(A Review of P. Greenacre, *Swift and Carroll*). *Contemporary Psychology, I*, 105-107.

Zebrack, S. M. (2001) *Ernest Hemingway: A Levinsonian Study Of Mental Illness In Middle Adulthood*. Ph. D. diss., University of California.

참고 사이트

http://cafe.naver.com/*******.cafe(카페 blue baby)

http://www.kbs.co.kr(2000년 7월 23일 방영—명문대생, 그는 왜 부모를 살해했나? KBS 추적 60분)

http://www.sejin.org 기독교 세진회

http://cafe.daum.net/personandhuman 재소자 인권협의회

http://cafe.daum.net/sdalove3004

http://blog.daum.net/tjglove

http://www.hmst.or.kr

http://blog.daum.net/douneot

http://www.migrantsinkorea.net

http://blog.daum.net/tjgblove

http://www.mojra.or.kr/ 한국갱생보호공단

Appendix

부록

부록 1 예비연구

예비연구 1

1차로 2003년 10월에 편지 30여 통과 설문지를 통하여 김○○의 삶을 Bowen의 체계론적 가족상담 이론과 경험주의적인 Satir 모델을 통해서 분석하였다.

:: 가계도(Satir 원가족 삼인군 도표 중심으로)

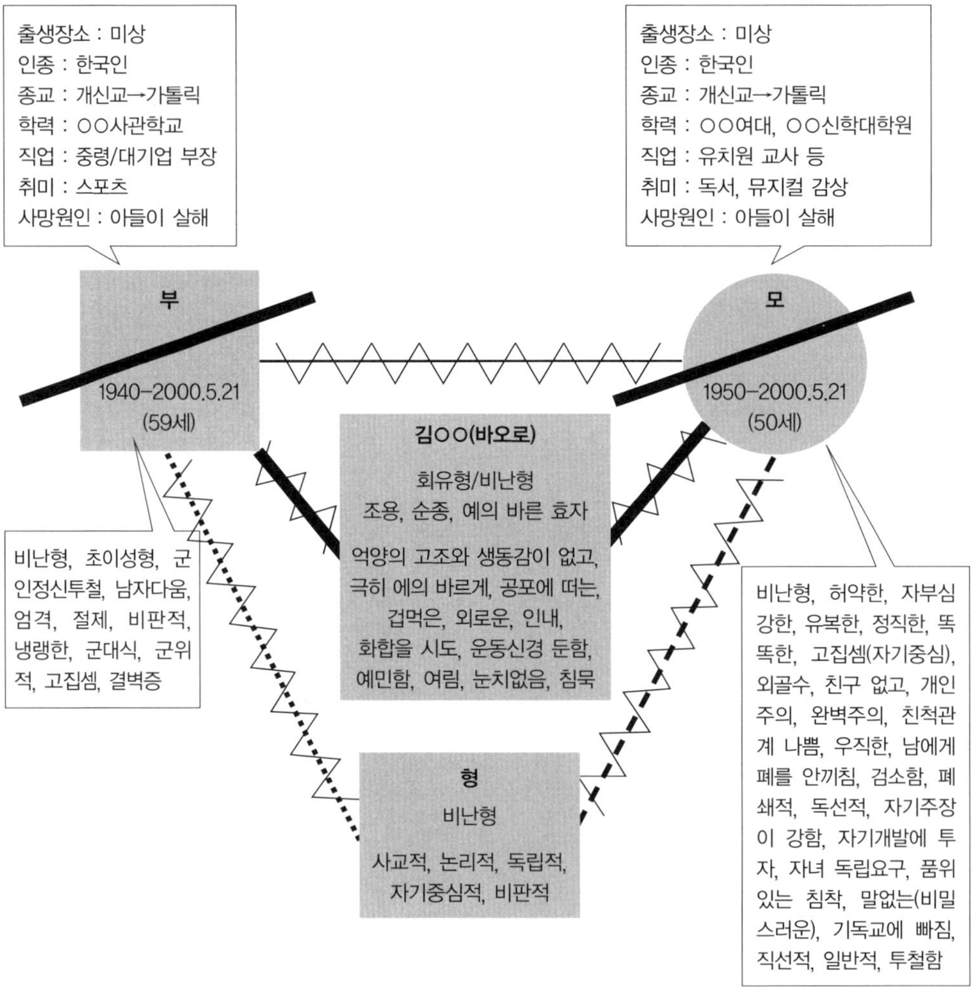

:: 역할유형의 반복

방에만 박혀서 나오지 않는다는 역할 유형의 반복이 아버지와 김○○ 사이에, 김○○의 어머니가 히스테리를 부리며 잔소리를 심하게 하였듯이 김○○도 신병들에게 잔소리를 많이 하였다. S대 포기 내력이 아버지와 김○○ 사이에 나타났고, 글쓰기 습관은 아버지, 어머니 모두로부터 이어지고 있었다.

:: 관계유형의 반복

엄마가 친구들로부터 따돌림을 받은 것과 김○○이 친구로부터 왕따를 당하고 이후 군대에 가서 스스로를 소외시키며 다시 따돌림을 당하는 수모를 겪는 것, 대인혐오 패턴이 반복되었다. 어머니의 수첩에 기록된 대로 25년간 남편에게 시달리다가 그간에 모질게 당한 것에 대해 사과를 기대하고 털어놓았는데 남편이 펄펄 뛰고 큰 싸움이 되었다고 하는 것은 김○○이 24년간 살면서 부모의 시달림과 학대를 모질게 당하다가 사과를 기대하고 말 몇 마디를 한 것에 대해 부모는 펄펄 뛰고 조목조목 반박하며 그를 비참하게 몰아세움을 당하게 된 것과 같은 유형의 반복을 보인다. 김○○의 모친이 남편에게 당한 것과 김○○이 모친 및 부친으로부터 수용받지 못하고 거절당한 것과 같은 관계유형의 반복이다.

:: 구조유형의 반복

아버지 김○○은 부모가 차남인 자기는 여러 가지로 우수하고 독립적인데도 장남만을 우대하고 끝없이 사업자금을 대어 주는 데 대하여 분개하여 자기 부모의 제사에 잘 가지 않았다고 하는데 김○○의 아버지도 장남을 편애하고 차남을 차별대우했다고 김○○이 느낀 것은 구조유형의 반복을 의미한다.

:: 결론

김○○을 위한 치료적 접근에 여러 가지가 있을 수 있으나 잦은 만남이나, 전화 통화, 이메일 등이 불가능하므로 그의 특성과 재능을 감안하여 독서치료가 효과적인 방법으로 제시될 수 있었다. 그리고 장기적인 서신교환은 그와 사회의 다른 대상들의 다양한 정신적, 심리적, 종교적 고민과 대처 방안에 대해 나눌 수 있는 통로로 기능할 수 있다고 제시되었다.

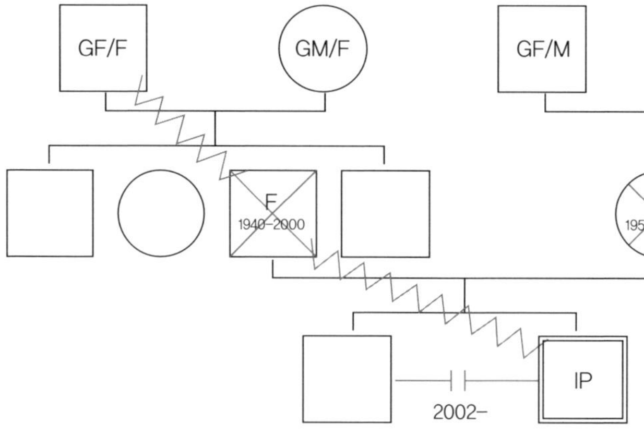

구조 유형의 반복

예비연구 2

연구자는 2003년 11월에 목회신학적으로 접근하는 예비연구를 실시하였다. 연구 논문은 당시 목회신학을 정석환 교수님과 합동강의를 하던 Dr. Poling을 위해서 영문으로 작성되었으나 여기에는 간략한 한글 요약을 덧붙인다. 논문의 제목은 'On A Critical Dilemmas of the Korean Christian Family; The Discrepancy between the Christian Confession and the Lived Lives—An Approach on a Christian Family Violence Case'이었다.

그 연구는 연구자에게 목회신학자로서의 정체성을 확고하게 부여하는 기회가 되었는데 연구자는 기독가정에서 일어난 극단적인 가정 폭력 사태에 대해서 어떻게 개인적인 관심이 도출되었는가에 대한 심층분석과, Poling(2002, pp. 224–225)의 방법론에 따라서 연구참여자에 대한 인구통계적 자료, 사회경제적 계층에 대한 분석, 종교와의 관계, 심리적 분석, 경제–문화적 분석, 신학 윤리적 분석을 시도하였는데 해방신학적 관점과 여성주의적 관점에서 김○○이 받은 학대를 분석하였다. 그리하여 본 목회적 사건에 대해서 목회상담자는 남성가해자 및 피해자의 종교적 관점에 대한 민감성이 요청된다는 새로운 제안과 더불어 연구참여자의 새로운 알아차림들과 연구자의 자기비평을 얻을 수 있었다.

예비연구 3

연구자는 임상진단 과목을 수강하면서 2004년 5월 3차로 그와 그의 가족의 인격적 특성에 관심을 갖고 '**김○○과 그 가족에 대한 임상진단**"이라는 소논문을 작성하면서 그의 가족의 인격적 특성을 연구하였다.

김○○의 성격을 DSM–IV에 의하여서 분류하여 보니 달리 분류되지 않는 인격장애로 볼 수 있었다. 그를 달리 분류되지 않는 인격장애로 생각해 보는 것은 분열형 인격장애의 특성 중에 의심, 대인관계 고립, 편집성 사고는 가지고 있으나 마술적 사고, 이상한 지각 경험, 괴이한 사고와 말 같은 증상이 없으며, 분열성 인격 장애 특성 중에 낯설고 엉뚱하고 냉담하고 동떨어져 보이고 뚜렷한 편집성 사고는 없다는 것이 그의 성격유형에 가장 가까운 것으로 그 당시에 느껴졌다. 경계성과 히스테리성 인격장애 특성 중에 사소한 자극에도 분노로 반응하는 경향은 그의 어머니의 특성에 가까우며 김○○은 그렇지 아니하다. 회피성 인격장애 특성 중에 타인을 신뢰하기를 꺼리지만 타인의 악의에 찬 의도를 의심하기보다는 자신이 당황하고 있고 부적합하다는 것이 탄로날까 두려워서 그러는 것도 그의 성격특성을 대변해 준다. 지금까지의 접촉에서 반사회성 인격장애는 전혀 보이지 않았다.

편집성 인격장애는 이런 행동이 복수하고자 하는 욕구에서 기인하는데, 앞으로 그와 함께 생각해 봐야 할 부분이다.[1] 매우 회피적, 불안한 성격이면서 동시에 편집적이고, 경계선적이고, 자기애적이며, 공격적인 성격특성이 그에게 복합적으로 나타나고 있다. 긴장하면 땀을 흘리고 말을 더듬고 기절하는 증상이 있다.

1) 「미안하다고 말하기가 그렇게 어려웠나요」, 이훈구, 2001. 이야기. p.193. 검찰 심문 과정에서 더 할 말을 묻는 질문에 김○○은 "고1 때 친구들 중 저를 왕따시킨 주범인 S를 찔러 죽이고 싶은 생각이 들었습니다"라고 솔직한 자기 심정을 고백하였다. 형에 대한 이야기나 군대나 학교에서 자신을 괴롭힌 사람들에 대한 극복되지 않은 적개심은 복수의 마음을 만들었고 그의 내부에 흐르고 있다.

부록 2 동의서

본 연구자(박순)는 현재 연세대학교 대학원 신학과에 재학 중으로서 박사학위 논문을 준비하고 있습니다.

본 논문의 목적은 '크리스천 자녀학대로 인한 APO(Abused Parricide Offender) 연구'로서, '김○○' 개인의 단일 사례만을 가지고 목회신학적이며 목회상담학적인 접근을 시도하는 것입니다.

본 연구를 위한 자료는 여러 가지 차원에서 수집될 것입니다. 연구 대상자와 연구자가 교환한 서신과 면회경험을 비롯해서 반구조화 및 개방형 질문지를 시행한 자료와 기타 연구참여자가 자의로 제공하고자 하는 자료 등을 포함할 것입니다.

본 연구의 목적과 과정, 자료 수집과 결과물에 대한 연구제의에 동의한다면 아래에 서명해 주기 바랍니다. 본 동의서의 원본은 본 연구자가, 그리고 복사본은 연구참여자가 갖게 될 것입니다.

연세대학교 대학원 목회상담학 지도교수인 정석환은 위의 동의서가 사실임을 확인합니다.

지도교수 정석환 서명 ______________

동의서를 충분히 읽고 이해하였으며, 본 연구에 성실히 참여하기로 결정하였습니다.

연구참여자 김○○ 서명 ______________

2006년 2월 26일

부록 3

심층면접 질문지(서면)

Autobiography

(전체적으로 글로 엮으면 더욱 좋고, 문항마다 대답을 적는 것도 가합니다.)

Recommendations : McAdams의 이야기 심리학 8 key events & 9 points

:: 개인의 신화 구성 요소들

① Early Memories

② Whether or not we feel welcomed and wanted—대상관계(Object Relation Theory), 최초의 significant others

③ High point, Low point, Turning point

④ Our birth order in relationship to other siblings

⑤ Heroes/Heroines, or ideal models

⑥ Roles we played in our family

⑦ Parental discipline in our family and in school

⑧ The stories with which we identify(우리가 동일시 하고자 하는 이야기들)

⑨ Life chapters

:: 인생 8대 사건

① Your Peak Experiences(절정 경험)

② Your Nadir Experiences(최악의 경험)

③ Your Turning Points(전환기적 사건들)

④ Your Earliest Memories(어릴 적 최초의 기억)

⑤ Your Important Memories(중요한 기억들)

⑥ Adolescence(사춘기 기억들)

⑦ Adult Experiences(성인기의 기억)

⑧ Personally important Memories(개인적으로 중요한 기억들)

심층면접 질문지(1)

① 사건이 발생한 지 6년이 지났는데, 현재 사건을 바라보는 자신의 견해는?

② 연구자에 대한 신뢰는 어느 정도라고 표현할 수 있습니까?

③ 지난 5년 동안 본인의 마음속에 가장 진실하고 절실하게 반복되는 self-talk이 있었다면 그 내용은 무엇입니까?

④ self-talk에 따르는 본인의 핵심 감정을 무엇이라 표현하겠습니까?

⑤ 지난 6년 동안 마음을 깊이 나눈 사람들은 몇 명 정도 입니까?
혹시 그 분들에 관해서 구체적으로 밝힐 수 있습니까?

⑥ 사건 이후 가장 힘들고 고통스러운 점을 말해 주기 바랍니다.

⑦ 이훈구 교수의 저술에서 긍정하는 부분이 있다면 구별해 주기 바랍니다.

⑧ 자신과 유사한 가정환경에 있는 자녀들을 위해서 기독교 교육과 사회교육을 위해서 제언하고 싶은 내용은 무엇입니까?

⑨ 앞으로 국가, 사회, 교회, 가족과 이웃으로부터 받고 싶은 도움이 있습니까? 그 내용을 밝힐 수 있다면 상세하게 기록해 주기 바랍니다.

⑩ 유사한 사건을 예방할 수 있는 방법을 생각해 보았습니까? 구체적으로 진술할 수 있으면 자신의 견해를 서술해 주기 바랍니다.

⑪ 고인이 되신 부모님을 회상하고 추도하면서 아쉬운 점이 무엇입니까? 부모님에 대한 생각을 얼마나 자주 어떻게 떠오르는지 이야기할 수 있습니까?

⑫ 두 분의 성격을 본인이나 형제가 좋아하거나 닮은 점, 혹은 그와 반대로 서로 상충하거나 바람직하게 않게 여겼던 점은 어떤 것입니까?

⑬ 객관적으로 볼 때 부모나 형이 전혀 예상할 수 없는 사건이 발생했는데, 당사자나 형은 어떻게 해서 발생했다고 생각하고 있는지를 말해 주기를 바랍니다.

⑭ 성장기 동안 인식한 형제 및 가족의 공통적인 성격, 혹은 갈등하는 성격은 무엇이었다고 기억하고 있습니까?

⑮ 자기 생애의 구조에 영향을 주는 주요한 사건을 2000년 5월 이전과 이후로 선별하여 말한다면?

⑯ 생활 가운데 누적 반복된 사건이나 한동안 지속된 경험을 꼽는다면?

심층면접 질문지(2)

① 그 사건 이후에 겪은 부정적 체험을 이야기한다면?

② 그 사건 이후에 경험한 긍정적 경험이 있다면?

③ 이 사건은 향후 자신의 삶에 어떤, 어떻게, 어느 정도의 영향을 미치리라고 예상하고 있습니까?

④ 앞으로의 삶에서 자신의 주된 관심사는?

⑤ 자신의 삶을 지탱해 주는 희망은 무엇입니까?

⑥ 인터뷰를 하면서 스쳐간 일화나 생각이 있었다면?

질문을 통해서 자기 경험을 충분하게 회고하였다고 생각합니까? 덧붙이고 싶은 내용과 감정은 무엇입니까?

- 연구자는 무슨 이유와 목적으로 연구참여자와 교류하고 있다고 생각합니까?
- 현재 생활에서 가장 견디기 어려운 점과, 이전 생활보다 나아진 점을 구별해 본다면?
- 그 사건 이후의 자신의 살아남기 위한 생존전략은 무엇이었나?
- 연구자에게 부탁하고 싶은 연구 내용이 있다면 무엇입니까?
- 연구 과정에 참여하면서 연구자에게 부탁하고 싶은 내용을 말해 주기 바랍니다.

부록 4 특별 교화접견 심층면접

반구조화 개방형 질문지

① 특별접견을 허용해 준 것에 대해서 감사합니다. 어려운 결단이었을 터인데 용기를 낸 것에 대해서 감사하고 이것이 변화의 계기가 될 수 있기를 바랍니다.

② 요즈음의 건강과 이곳에서 지내기에 어려움은 어떤 것인지?

③ 지난 7년 동안 본인의 마음속에 가장 진실하고 절실하게 반복되는 이야기가 있었다면 그 내용은 무엇입니까?

④ 자신을 바라보는 본인의 핵심 감정을 무엇이라 표현하겠습니까?

⑤ 지난 7년 동안 마음을 깊이 나눈 사람들은 어떤 분들인지 궁금합니다. 지속하는 핵심적인 요인은 무엇인지 밝힐 수 있습니까? 현재 본인이 접촉을 원하거나 간헐적으로라고 지속하고 있는 친척은? 혹시 거절한다면 자신의 심리적인 배경을 무엇이라고 설명하겠습니까?

⑥ 사건 이후 가장 힘들고 고통스러운 점을 말해 주기 바랍니다. 인간적으로 가장 아쉬운 감정이 있다면?

⑦ 자신과 유사한 가정환경에 있는 자녀들을 위해서 기독교 교육과 사회교육을 위해서 제언하고 싶은 내용은 무엇입니까?

⑧ 유사한 사건을 예방할 수 있는 방법을 생각해 보았습니까? 구체적으로 진술할 수 있으면 자신의 견해를 서술해 주기 바랍니다.

⑨ 고인이 되신 부모님을 회상하고 추도하면서 가장 아쉬운 점이 무엇입니까? 진정으로 드리고 싶은 말씀은?

⑩ 두 분의 성격을 본인이나 형제가 좋아하거나 닮은 점을 무엇이라고 생각하고 있습니까?

⑪ 객관적으로 볼 때 부모나 형이 전혀 예상할 수 없는 사건이 발생했는데, 당사자나 형은 어떻게 해서 발생했다고 생각하고 있는지를 말해 줄 수 있습니까?

사건 후에 형과 나는 이해와 공감대가 있었다면. 결렬 이전에 일시적으로.

⑫ 성장기 동안 인식한 형제 및 가족의 공통적인 성격은—가족으로서의 동질성이 무엇이었다고 기억하고 있습니까? 부모님으로부터 받은 장점을 꼽으면? 생물학적인 유전적 요인, 자신이 부모와 형에게 끼친 삶의 영향 등.

⑬ 2000년 5월 이후에 자기 생애에 영향을 주는 주요한 사건을 말한다면?

⑭ 부모님의 강요를 떠나서 진실하고 종교에 의탁하고 자신의 문제에 대한 해답을 절실하게 간구한 적인 사건 전에 있었는지요?

이야기심리학적 접근

① 그 사건 이후에 겪은 부정적 체험을 이야기한다면?

② 그 사건 이후에 경험한 긍정적 경험이 있다면?

③ 앞으로의 삶에서 자신의 주된 관심사는?

④ 자신의 삶을 지탱해 주는 희망은 무엇입니까?

⑤ 사건 후에 필요한 10~15일은 무엇을 위한 것이었는지 한 번도 언급이 없었습니다. 그만큼 개인적으로 중요하고 타인에게 말하기 어려운 내용입니까?

⑥ 사건 이후 형은 어떤 심정과 의도에서 전폭적으로 이해하고 노력하였다고 생각합니까?

⑦ 사건 전 평소의 형제관계 및 감정, 그리고 사건 후 최근의 관계와 감정을 사실적으로 상세하게 표현바랍니다.

⑧ 현재 생활에서 가장 견디기 어려운 점과 이전 생활보다 나아진 점을 구별해 본다면?

⑨ 그 사건 이후에 자신이 살아남기 위한 생존전략은 무엇이었다고 생각합니까?

학대받은 존속살해 무기수의 이야기심리학적 심리전기

본 논문은 학대받은 존속살해 무기수 바오로의 삶의 내러티브에 대한 심리전기적 연구를 목적으로 한다. 그는 2000년 5월 21일, 24세의 명문대 학생으로서 양부모 존속살해 사건을 일으켰으며 사체를 토막 내어 유기하여 사회에 커다란 정서적 충격파를 던졌다. 사건 직후 그의 형은, 자신은 동생을 이해할 수 있으며 사형만 면한다면 평생 뒷바라지를 하겠다는 형제애를 보여, 법조계, 학계, 종교계의 관심을 불러 일으켰다. 바오로는 1심에서 사형을 구형받았으나, 그의 구명을 위하여 김수환 추기경을 비롯해서 그의 가족이 다니던 천주교회 교우들이 탄원서를 제출하였다. 그는 2심에서 무기징역을 언도받았고 현재 원주교도소에서 8년째 수형인의 삶을 살고 있다.

연구자는 사건 보도 당시부터 바오로에 관심을 갖게 되어 당시 구속 중이던 과천 경찰서를 방문하였다. 2000년 6월 28일에 수원구치소에서 첫 면회를 가진 이후로 그해 8월 1일부터 서신교환을 하여 지금까지 약 120여 통의 편지를 받았으며, 24회에 걸쳐 면회를 하였다. 이 연구는 그의 편지글에 녹아 있는 삶의 내러티브를 이야기심리학의 심리전기적 방법으로 분석하는 데 주안점을 두고 있다.

이론적 배경으로는 부부갈등과 자녀학대의 상관관계, 이야기심리학, 분석심리학, 목회상담학을 토대로 삼았다. 이야기심리학에 있어서는 McAdams의 모더니즘적 6단계 발달구조를 근거로 삼았다. 또한 White와 Epston의 포스트 모더니즘적 이야기심리학에서 강조하는 문제의 외부화, 독특한 결과, 글쓰기 전통과 말하기 전통, 이야기로서의 편지에 대해서 고찰하였다. 분석심리학에서는 Bolen이 그리스 남신 헤파이스토스에 대해 연구한 것에서 연구참여자의 신화적 원형을 발견하였다. 그리고 목회상담학 이론 중 구성주의 신학자인 Poling의 힘의 남용에 대한 신학적 이해 가운데서, 가정폭력 피해자들의 증언과 악으로서의 힘의 남용, 생존자들의 모호한 자기(self) 극복을 위한 심리기제와 생존자들이 갖는 하나님의 양가성에 대한 논의를 고찰하였다. 이야기심리학적 심리전기 방법론으로는 McAdams의 '전체로서의 인간'에 대한 접근법과 '인생의 주기에 따른 심리전기적 방법론'을 근간으로 채택했다. 그리고 Alexander의 심리측정과 심리전기에 의한 인간학적 접근과 Runyan의 8단계 모델을 활용하여 전기문을 작성하였다.

바오로의 삶은 출생부터 순조롭지 못하였다. 그는 어려서부터 아스퍼거 증후군을 갖지 않았나 할 정도로 운동신경이 둔하였으며 사회적 상호작용에 문제가 있었다. 부모로부터 신체적, 언어적, 정서적 폭력과 의료적 방임, 영적 학대를 당한 그는, 초 · 중 · 고 졸업까지 성실하고 학업성적이 상당히 우수한 학생이었음에도 불구하고 친구들로부터 왕따를 당한 깊은 상처를 가지고 있었다. 그 결과 회피적 성격을 갖게 되었으며 교사들에 대해서도 극단적으로 부정적인 평가를 내리고 있다. 그는 중학교 3학년 때인 1991년에 모친과 심한 갈등을 겪은 후 "같이 살지 못하겠구나" 하는 '결정경험(結晶經驗, crystallizing experience)'을 하게 되면서 복수시나리오를 쓰게 된다.

한편 그는 책과 영화에 심취하여 인문과학 및 사회과학에 대한 식견을 쌓아가기 시작하였다. 영화 시나리오 작가가 되기 위한 꿈을 갖고 작가와 감독에 대해 연구하면서 약 700편의 영화를 체계적으로 감상하였고 영화 동호회 활동도 하였다. 그는 공군생활 동안 자신의 가족생활이 동료들의 삶과 매우 동떨어져 있다는 것을 자각하면서, 자신을 경멸하고 차별한 가족에 대한 증오심을 더욱 불태우게 된다. 바오로는 군 제대 후 대학 전공이 적성에 맞지 않아 인문계로 편입을 준비하던 중에, 토익 시험을 망쳤다는 생각으로 모든 의욕을 잃고 집으로 철수한다. 그리고 그는 심신이 미약한 상황에서, 자신을 일주일이나 방치한 부모를 살해하게 된다. 10년간 억압되었던 그의 자기애적 분노가 폭발한 수문현상이 일어난 것이다. 연구자는 그가 그리스의 뛰어난 장인 헤파이스토스의 신화적 원형을 갖고 있다고 이해한다. 부모로부터 박대받고 대인관계에서 어려움을 가지며 외모에 대한 콤플렉스를 갖고 있지만, 성실하고 예술 감각이 있는 생산자의 능력을 지니고 있다는 점에서 그는 헤파이스토스 남신의 원형적 모습을 보여준다.

연구자는 기독교 자녀양육에서 부모와 자녀관계에 동등한 존중이 이루어지지 않고 부모의 권위가 신적인 권위를 힘입고 있는 것이 가정폭력과 아동학대의 원인이라고 보았다. 이는 가정폭력 생존자들에게 신뢰감의 결여, 낮은 자존감, 사회화 기술의 부족, 무력감, 감정표현의 어려움, 플래시백과 공포증을 남긴다. 결국 이것이 기독가정에서는 영적 학대로 발전됨으로써 바오로의 삶에 그대로 노정되었다는 사실에 근거하여, 이에 비판적으로 접근하려는 것이다. 연구자는 8년에 걸친 연구참여자와의 교류를 Poling의 영적 성장 9단계 이론에 비추어서 성찰한 결과 선을 행하는 영성의 여정이 '인식의 전환—과감한 실천—확장하기'의 3단계의 순환적 모형을 나타내는 것을 발견할 수 있었다.

연구자는 전기문 구성 과정을 통해서 바오로가 존속살해 무기수라는 페르소나와 동시에 '바른 생활 십자가 사나이'라는 그림자를 쌍둥이처럼 가지고 있음을 확인할 수 있었다. 이 두 가지가 공존하는 그에게서 '분노하는 도덕군자'의 모습이 드러난다.

주제어 : 학대받은 존속살해자, 심리전기, 이야기심리학, 분석심리학, 신화적 원형, 헤파이스토스, 힘의 남용, 영적 성장 9단계 이론, 아스퍼거.

| Abstract |

An Abused Parricide Lifer's Psychobiography In Narrative Psychology

Park, Soon
Department of Theology
The Graduate School
Yonsei University

This dissertation aimed at a psychobiographical research on life narratives of an abused parricide lifer, Paul. He was once a student aged 24 at an illustrious university and threw tremendous emotional shock waves to society by committing double parricide, cutting the dead bodies into pieces and abandoning them. Immediately after the accident, his elder brother said that he could understand his younger brother and went on to say that he would take care of his younger brother for his whole life only if he would be exempted from capital punishment. Such a brotherly affection aroused a high interest in the legal circles, learned circles and religious world. Paul was demanded a death penalty in the first trial, but some fellow believers including Cardinal Kim, Soo Hwan at the Roman Catholic Church where Paul's family used to attend presented a petition for saving his life. Paul was sentenced to life imprisonment in the second trial, and has been serving his time for 8 years at the Wonju Correction.

This researcher came to have an interest in Paul from the beginning of the news report on this accident and visited the Gwacheon Police Station where Paul was put under arrest at that time. Later I had the first interview with him at the Suweon Detention House on June 28, 2000, and since then I have been exchanging letters with him starting from August 1, 2000, and received about 120 letters up to now along with 24 face to face interviews with him. This research was focused on the analysis of life narratives permeated in his every single letter using a psychobiographical method in narrative psychology.

As for the theoretical background, this researcher used the correlation between marital conflict and child abuse, narrative psychology, analytical psychology, and pastoral counseling as the foundation. In the category of narrative psychology, modernistic McAdams' six–stage developmental structure was used as a basis. In addition, this researcher took a look at an externalization of the problems, unique outcomes, written and oral tradition, and letters as narratives emphasized in post-modernistic narrative psychology of White and Eptston. In the category of analytical psychology, this researcher found out the research participant's mythological archetype in Bolen's research on Greek god Hephaestus. In constructive theologian Poling's theological understanding on the Abuse of Power among the pastoral counseling theories, this writer considered the discussion on domestic violence victims' testimony, abuse of power as an evil, psychological mechanism used for survivors' ambiguous self-search and God's ambivalence the survivors have. As for the psychobiographical method in narrative psychology, McAdams' approach as "a whole person" and "psychobiographical methodology subsequent to life-cycle" were adopted as the basis. This writer drew up a biographical writing using Alexander's personological approach based on psychometrics and psychobiography and Runyan's eight step model.

Paul's life was not auspicious from the very birth. He was slow in his movements from his infancy as much as to arouse a suspicion of Asperger's syndrome and had a lot of problems in social interactivity. He suffered from physical, verbal and emotional abuse, medical neglect, and spiritual abuse. Nevertheless, he managed to do his school work faithfully enough to achieve an excellent school record from the regular elementary course until the senior high school course but unfortunately he became a victim of bullying from his friends, leaving inerasable injury in his heart. In the aftermath of such an adverse process, he understandably came to have an avoidant character and tended to have an extremely negative judgment over even his teachers. When he was in the third grade of a junior high school in 1991, he fell into a deep conflict with his mother. Since then, he began to come up with a retaliatory scenario as he had a crystallizing experience of "We won' t live together."

In the meantime, he was immersed into books and movies while starting to enrich his knowledge of humanities and social science sectors. He appreciated about 700 movies systematically and also was involved in movie-lovers' club while doing research on writers and movie directors with a dream to be a screen writer. While serving his term in the air force, he became aware that his family life was too far from his colleagues', finally burning himself more with hatred against his family who despised and discriminated against himself. While Paul, after being discharged from the air force, was preparing for a transfer to the Humanities Department because his college major did not match with his aptitude, he lost all desires and retreated to his apartment in the thinking that he had made a big mess in his TOEIC. Under the circumstances of weakness both physically and psychologically, he murdered his parents who abandoned him more than a week. This means that his narcissistic rage, which had been oppressed for 10 years, exploded as a lockage phenomenon. This researcher understands that he has outstanding Greek artisan Hephaestus' mythological archetype. Though he was maltreated by his parents, had difficulties with interpersonal relations, and had an inferiority complex about his external features, I surely argue that he has an archetypal appearance of god Hephaestus in that he is equipped with the faculty of a faithful and artistic maker.

This researcher believes that, in Christian child rearing, parental authority empowered by godly authority without equal regard for the relation between the parents and the child is one of main contributors to domestic violence and child abuse. This aspect will often leave the survivors of domestic violence lack of trust, low self-respect, shortage of socializing skills, helplessness, difficulty in expressing feelings, flashback and phobia. Based on the fact that, after all, these adverse factors develop into a spiritual abuse in a Christian family and they were directly exposed in the case of Paul's life process, this researcher tries to make a critical approach to the case. As a result of considering the 8 years' communication with the research participant [Paul] in the light of Poling's nine-stage spiritual growth theory, this researcher found out that the journey of spirituality of

doing goodness displays a recursive model of three stages: conversion of consciousness; determined implementation; and expanding.
This researcher also found out that Paul has a persona of a parricide offender and concurrently a shadow of a "Right Life Cross Bearing Man" just like twins. Revealed is an appearance of "a wrathful gentleman renowned for his virtue" from Paul in whom these two aspects coexist.

Keywords : abused parricide offender(APO), psychobiography, narrative psychology, analytical psychology, mythological archetype, Hephaestus, abuse of power, nine-stage theory of spiritual growth, Asperger.

저자소개

박순(朴純)

연세대학교 연합신학대학원 겸임교수 및 부설 상담 · 코칭지원센터 전문상담사, 수퍼바이저인 그녀는 연세대학교 영문학과를 졸업하고 수원 매향여자정보고등학교와 신광여자고등학교에서 영어교사를 하던 중에 삶의 방향을 전환하여 상담자의 길을 걷고 있다. 2008년에 연세대 대학원에서 신학박사학위(Ph.D)를 취득하였다.

1979년에 연세대 연합신학대학원에서의 상담학 전공(문학석사)을 출발점으로 연세대 학생상담센터에서 카운슬러로 대학생상담을 하였고 1981년에 생명의전화 상담원이 되어 현재까지 교육위원, 소그룹지도자, 홍보위원장 등으로 참여하였고 홀트아동복지회에서 해외입양관련 상담을 하였다.

중년기에는 전업주부가 되어 자녀교육에 헌신하는 한편 감리교여선교회 전국연합합창단원, 중구용산지방회장, 서울연회부회장으로서 2001년 영국에서 열린 세계감리교대회(WMC)와 세계감리교여성대회(WFMUCW), 2006년 한국에서 열린 두 대회에 참가하였다. 서서울생명의전화 홍보위원장, 사단법인한국상담연구원 사무국장을 역임하였다.